引领驱动

现代化国际大都市
人才问题探索

汪怿／著

ON TALENT DEVELOPMENT OF
INTERNATIONAL METROPOLIS

上海社会科学院出版社
SHANGHAI ACADEMY OF SOCIAL SCIENCES PRESS

献给敬爱的沈荣华老师

目 录

第一章 人才引领驱动：中国式现代化背景下国际大都市发展的
　　　　重要命题 …………………………………………………… 1
　　一、中国式现代化进程中人才新变化、新要求 ………………… 1
　　二、人才引领驱动：中国式现代化的重要动力 ………………… 5
　　三、人才引领驱动：以高水平人才高地建设为突破口 ………… 10

第二章 战略科技人才：引领驱动国际大都市人才发展的决定力量 …… 17
　　一、战略科技人才的内涵、特征、意义 ………………………… 17
　　二、老一辈战略科学家成长路径分析 …………………………… 23
　　三、新生代战略科技人才成长分析：以潘建伟院士为例 ……… 26
　　四、推进战略科技人才成长发展的对策思考 …………………… 36

第三章 海外人才：引领驱动国际大都市人才发展的重要力量 ……… 54
　　一、上海海外人才发展的历史进程 ……………………………… 54
　　二、上海海外人才发展面临新形势、新任务 …………………… 67
　　三、上海海外人才发展面临的主要问题 ………………………… 70
　　四、上海加大海外人才引进的对策建议 ………………………… 73

第四章 创新创业人才：引领驱动国际大都市人才发展的变革力量 …… 81
　　一、全球创新创业人才流动新趋势、新特点 …………………… 81

二、上海吸引全球创新创业人才基本情况、发展瓶颈 ………… 83
　　三、国内先进地区吸引全球创新创业人才的比较与借鉴 ……… 93
　　四、上海吸引全球人才创新创业的对策建议 …………………… 102

第五章　企业科技创新人才：引领驱动国际大都市人才发展的关键力量 ……………………………………………………… 114
　　一、全球企业科技创新人才流动与集聚的基本特征 …………… 114
　　二、企业科技创新人才集聚动因分析 …………………………… 120
　　三、企业科技创新人才全球流动与集聚对我国的启示与思考 …… 125

第六章　健全国内人才引进：引领驱动国际大都市人才发展的重要基础 ………………………………………………………… 129
　　一、上海国内人才引进及其指标的主要问题 …………………… 129
　　二、上海国内科创人才引进面临的新形势 ……………………… 132
　　三、完善上海国内人才引进指标的对策建议 …………………… 133

第七章　推动海外人才从业自由：引领驱动国际大都市人才发展的新兴领域 ……………………………………………………… 140
　　一、开展海外人才从业自由的重要意义 ………………………… 141
　　二、海外人才从业自由的理解 …………………………………… 141
　　三、从业自由政策的比较与借鉴 ………………………………… 148
　　四、探索海外人才从业自由的对策建议 ………………………… 154

第八章　人力资源服务业：引领驱动国际大都市人才发展的赋能力量 ………………………………………………………… 165
　　一、全球科技创新中心建设对人力资源服务业发展的要求 …… 165
　　二、人力资源服务支撑全球科技创新中心建设的总体思路与对策建议 ……………………………………………………… 174

第九章　外国人才公共服务体系：引领驱动国际大都市人才发展的新域命题 ……… 186
　一、外国人才公共服务体系建设的新要求 …………………… 188
　二、外国人才公共服务体系的主要问题 ……………………… 192
　三、外国人才公共服务体系的国际经验 ……………………… 194
　四、建立健全外国人才公共服务体系的对策建议 …………… 207
　五、结论 ………………………………………………………… 212

第十章　创新型政府：引领驱动国际大都市人才发展的重要保障 ……… 214
　一、创新型政府：缘起 ………………………………………… 214
　二、创新型政府：内涵 ………………………………………… 219
　三、建设创新型政府：关键向度 ……………………………… 221

后记 ……………………………………………………………… 234

第一章
人才引领驱动：
中国式现代化背景下国际大都市发展的重要命题

习近平总书记在党的二十大报告中指出，教育、科技、人才是全面建设社会主义现代化国家的基础性、战略性支撑。要坚持教育优先、科技自立自强、人才引领驱动，加快建设教育强国、科技强国、人才强国，坚持为党育人、为国育才，全面提高人才自主培养质量，着力造就拔尖创新人才，聚天下英才而用之。

一、中国式现代化进程中人才新变化、新要求

人才工作在全面建成社会主义现代化强国、实现第二个百年奋斗目标，以中国式现代化全面推进中华民族伟大复兴进程中，地位重要、责任重大、使命光荣。我们在学习领会党的二十大报告中，发现有5个"首次提出"、6个"再次强调"、4个"新的变化"，值得我们深入思考、需要我们贯彻落实。

（一）5个"首次提出"

一是首次将人才问题提升到一级标题、作为专门篇章进行论述，人才在中国式现代化、高质量发展的战略重要性前所未有，人才的战略地位更加重要。二是首次将人才问题提前到与经济高质量发展并重的位置，高质量发展需要有经济层面的硬实力，同样也需要教育、科技、人才共同打造软力量，人才在中国式现代化、高质量发展的战略价值前所未有，人才的发展地位更加靠前。三是首次将"教育、科技、人才"一体表述，强调了教育、科技、人才"三位一体"密不可分的关系，同时也强化了当前和今后一个时期，教育、科

技、人才需要一体谋划、系统推进、全面融合、共同发展。四是首次强调突出人才引领驱动、人才自主培养国家战略人才力量,这是高水平科技自立自强的必然要求。同时,在党章中,首次把逐步实现全体人民共同富裕,把握新发展阶段,贯彻创新、协调、绿色、开放、共享的新发展理念,加快构建以国内大循环为主体、国内国际双循环相互促进的新发展格局,推动高质量发展,充分发挥人才作为第一资源的作用,促进国民经济更高质量、更有效率、更加公平、更可持续、更为安全发展等内容写入党章。

(二) 6个"再次强调"

一是再次强调了"坚持党管人才原则",这是做好人才工作的根本保证。二是再次强调了"尊重劳动、尊重知识、尊重人才、尊重创造",这是党对做好人才工作的价值主张。三是再次强调了"实施更加积极、更加开放、更加有效的人才政策",这是做好人才工作的重要任务。四是再次强调了"统筹推进各类人才队伍建设",要求"各方面人才一起抓",这是做好人才工作的重要要求。五是再次强调了"深化人才发展体制机制改革",这是做好人才工作的重要保障。六是强调了"把各方面优秀人才集聚到党和人民事业中来",这是做好人才工作的根本任务。

(三) 4个"新的变化"

一是人才战略重要性的变化。人才资源是第一资源,是具有基础性、战略性、引领性、未来性的资源。第一,人才的基础性、战略性。"教育、科技、人才是全面建设社会主义现代化国家的基础性、战略性支撑","培养造就大批德才兼备的高素质人才,是国家和民族长远发展大计",表明了人才在国家和民族发展中的基础性、战略性角色,特别是从党的十八大的"根本之举"、党的十九大的"战略资源",到党的二十大的"长远发展大计",不仅强化了人才在党和人民事业、国家和民族发展中的基础性、战略性,而且更加突出了这种基础性、战略性在当下和未来的重要意义,体现在全面建设社会主义现代化国家、以中国式现代化全面推进中华民族伟大复兴的全过程。第二,人才的引领性。强调"三个第一",说明人才位置最靠前;强调"教育优先发展、科技自立自强、人才引领驱动",强化深化了2018年两院院士大会、全国组织工作会议、2021年中央人才工作会议关于"人才引领发展的战略地位",不仅要引领,还要牵引和驱动;通过专门突出"功以才成,业由才广",表明功业因有人才方能建立、事业因有人才方能发展,表明人才是塑造高质量发展新动能新优势的根本,"国家发展靠人才、民族振兴靠人才",发展的内涵、发展的动能、发展的能级、发展的质量,都有赖于、依靠于人才的引领、驱动、带领、创造,发展是人才的结果,高质量发展是人才成长发展、活力迸发、创新创业的结果。第三,人才的未来性。"深入实施科教兴国战略、人才强国战略、创新驱动发展战略,开辟发展新领域新赛道,不断塑造发展新动能新优势",教育、科技、人才之所以放在"加快构建新发展格局,着力推动高质量发展"之后,除了由高水平社会主义市场经济体制、现代化产业体系、乡村振兴、区域协调发展、高水平对外开放等构成的"硬实力",作为"软力量",更加要求通过人才的新知识、新技术、新模式、新业态,引领驱动发展、打造创新优势、创造未来空间,开辟新领域新赛道、塑造新动能新优势,通过教育、科技、人才看到未来、看准未来、确定未来、创造未来。第四,人才的价值属性。一方面,强化了人才工作要有明确的价值属性。在突出"四个尊重"有关党对人才的价值主张基础上,党的二十大又明确提出了"为党育人、为国育才"的价值取向,进一步明确了人才队伍建设、人才工作、人才发展战略的根本目的、宗旨方向,从根本上来说,人才工作、人才发展就是要为全面建设社会主义现代化国家、以中国式现代化全面推进中华民族伟大复兴提供强有力的动力。另一方面,强化了人才自身要有鲜明的价值导向,"引导更多人才爱党报国、敬业奉献、服务人民",表明引导人才将个人前途命运与国家、民族、人民至上的事业紧密融合在一起,将人才自身成长与第二个百年奋斗目标、建设现代化强国、实现民族伟大复兴紧密联系在一道,在引导人才为党为国为民贡献智慧和力量过程中实现自身的价值,引导人才在矢志爱国奉献、勇于创新创造的过程中实现增人数与得人心相得益彰。

二是人才工作重点的变化。第一,人才强国目标从"迈向""加快建设"到"建成"的转变。党的十八大报告提出"进入人才强国和人力资源强国行列""推动我国由人才大国迈向人才强国",十九大报告则强调"坚持党管人才原则,聚天下英才而用之,加快建设人才强国",党的二十大报告专门强调到2035年我国要"建设教育强国、科技强国、人才强国、文化强国、体育强国、健康中国",从"迈向""加快建设"到"建成"人才强国,目标更清晰、责任更重、标准更高。第二,人才工作重心从"聚"到"育"的变化。与党的十八大报告强调"广开进贤之路,广纳天下英才"、十九大报告突出"聚天下英才而用之"不同,党的二十大报告在人才问题上,更加突出"育"。在"实施科教兴国战略,建设现代化人才支撑"的总要求中,明确提出"全面提高人才自主培养质量,着力造就拔尖创新人才,聚天下英才而用之"。在"深入实施新时代人才强国战略"的论述中,首先明确、突出的是"培养造就大批德才兼备的高素质人才,是国家和民族长远发展大计",这与"高水平科技自立自强"、与中央人才工作会议有关"走好人才自主培养之路""培养人才是国家和民族长远发展的大计"相呼应,是应对世界百年未有之变局、赢得战略竞争的关键之举,也是实现民族伟大复兴的必然要求。

三是人才工作战略层次的变化。总的来说,党的十八大、十九大报告对人才工作战略层次并没有过多的着墨,但从党的二十大报告提出的要求来看,做好人才工作,需要从整体、重点、关键等多个方面进行推进。第一,从整体而言,党的二十大报告提出,完善人才战略布局,坚持各方面人才一起抓,建设规模宏大、结构合理、素质优良的人才队伍。在突出人才战略布局、人才队伍建设的同时,突出强调了"各方面人才一起抓"问题。"各方面人才一起抓",不仅体现在抓"各类"人才上,即不仅要培养造就战略科技人才、科技领军人才、青年科技人才和高水平创新团队,重点关注"高精尖缺"人才,也要充分培养造就大批哲学家、社会科学家、文学艺术家等各方面人才,还要抓好包括乡村振兴、产业发展、医生、教师、企业家等各方面人才,还体现在抓"各层"人才上,即既要关注处在"塔尖"的顶尖人才,也要关注处在"塔身""塔基"的骨干人才、基础人才,还体现在抓"各种"人才上,让不同专业特长、能力水平、职业岗位的人才能够人尽其才、各展其长、各得其所,唯如此,才能真正厚植人才发展基础、夯实人才整体优势。第二,从重点而言,党的二十大报告明确"加快建设世界重要人才中心和创新高地,促进人才区域合理布局和协调发展,着力形成人才国际竞争的比较优势",目的在于依托高水平人才高地、中心城市、战略支点的雁阵格局,通过合理布局和协调发展,培育在赢得全球竞争的比较优势,这为建设人才强国战略树立新标杆、描绘新愿景。第三,从关键而言,党的二十大报告专门提出了"加快建设国家战略人才力量"的重要命题。战略人才站在国际科技前沿、引领科技自主创新、承担国家战略科技任务,是支撑我国高水平科技自立自强的重要力量,是实施人才强国战略的重中之重。在这之中,不仅要培养造就战略科学家、一流科技领军人才和创新团队、青年科技人才、卓越工程师,党的二十大报告要特别强调"更多大师""大国工匠、高技能人才"也是国家战略人才力量的重要组成部分,唯有培养造就属于战略领域、掌握战略资源、位居战略层次、具有战略影响的更多人才,充分发挥他们的作用,国家战略科技力量、国家战略人才力量才会变得更加强劲、更加具有核心动力。

四是人才发展体制机制改革的变化。深化人才发展体制机制改革,从党的十九大"识才的慧眼、爱才的诚意、用才的胆识、容才的雅量、聚才的良方"的"五才",到二十大"真心爱才、悉心育才、倾心引才、精心用才"的"四心四才",在内容上,保留了"爱才""用才",增加了"育才",变"聚才"为"引才",形式上减去了"识才";在位置上,"爱才"更突出,要建设重视人才、关爱人才的组织领导体制,要有全方位培养引进用好人才的机制,求贤若渴,不拘一格,把各方面优秀人才集聚到党和人民事业中来。[①]

二、人才引领驱动:中国式现代化的重要动力

办好中国的事情,关键在党、关键在人、关键在人才。人才是现代化的关键支撑,在中国式现代化、高质量发展中的战略地位、战略价值前所未有。突出人才引领驱动、理解人才引领驱动、打造人才引领驱动的硬核力量,这是中国式现代化发展的题中之义。

(一)着重突出人才引领驱动

从支撑发展、优先发展到人才引领发展,是实施新时代人才强国战略的一个重要命题。习近平总书记在2018年两院院士大会上提出,"牢固确立人才引领发展的战略地位,全面聚集人才,着力夯实创新发展人才基础"。2018年在全国组织工作会议上,他再次强调:"要加快实施人才强国战略,确立人才引领发展的战略地位,努力建设一支矢志爱国奉献、勇于创新创造的优秀人才队伍"。2021年,他在中央人才工作会议上明确要求,坚持人才引

---

① 汪怿:《二十大报告为何将这项工作,提升到与高质量发展几乎并重的位置?》,《上观新闻》2022年11月3日。

领发展的战略地位,深入实施新时代人才强国战略、加快建设世界重要人才中心和创新高地。党的二十大报告,立足新时代新征程党的历史使命,从突出创新在我国现代化建设全局中的核心地位,首次将人才问题提升到一级标题、作为专门篇章进行论述,首次将教育、科技、人才统筹部署、集中表达、共同推进,其中专门指出了人才引领驱动的问题。

社会主义现代化国家新征程,以中国式现代化全面推进民族振兴的进程中,之所以要把人才引领驱动放在一个突出的位置上,是因为在创新驱动发展的阶段,发展的动力、发展的能级、发展的方式正在发生重要的变革,需要真正转到人才引领、创新驱动的新发展之上,发展需要人才、发展依靠人才。首先,从发展的动力来看,发展的动力形成需要由人才驱动。习近平总书记曾经指出,人才是创新的根基,创新驱动实质上是人才驱动,谁拥有一流的创新人才,谁就拥有了科技创新的优势和主导权。迈克尔·波特认为,高端的人力资本及人才是对发展起决定性影响和作用的要素,对竞争优势具有重要的作用。在创新驱动发展阶段,发展需要创新驱动,而驱动创新的本质,源于人才、在于人才。其次,从发展的能级来看,发展的能级提升需要由人才来引领。研究表明,由人才集聚带来的资本汇聚效益,远远高于资本汇聚带来的人才集聚效益。充分培养造就人才、吸引集聚人才、用好用活人才,能够更加有效地撬动、整合更为广泛的资本、技术、信息等生产要素,联动、联系更为广泛的全球网络,为提升发展能级创造更多条件。再次,从发展的方向来看,发展方向的拓展与确立,同样需要依靠人才来引领。面对未来越来越多的不确定性、创新面临越来越多的"无人区",越来越需要具有才能、充满激情、富有动力的人才,在充分的条件下心无旁骛、潜心研究、尝试探索,依靠人才发掘新空间、依靠人才开辟新路径、依靠人才形成新优势。

(二)深入理解人才引领驱动

人才引领驱动,人才及其相关要素在一定的条件基础上,通过一定的方式,形成相应的动力和功能,在一定的机制下驱动、牵引发展,助力中国式现代化、推动高质量发展。社会主义现代化国家新征程,以中国式现代化全面推进民族振兴的进程中,之所以要把人才引领驱动放在一个突出的位置上,是因为在创新驱动发展阶段,发展的动力、能级、方式正在发生重要的变革,需要真正转型到人才引领、创新驱动的新发展之上,让发展需要人才、发展依靠人才。

1. 以人才硬核力量为前提

建立具有实力、能力、活力、潜力,具有全球竞争力、发展引领力的核心人才及其群体,为中国式现代化、高质量发展提供强大的创新驱动力、发展新动能,这是实现人才引领驱动发展的必要前提。人才力量越大、越硬核,在一定条件下,转化为引领驱动发展的能量就越大,引领驱动发展的作用就越明显、越充分。没有人才硬核力量,人才引领驱动高质量发展,就缺乏基础,成为无本之木、无源之水。打造硬核人才力量,取决于有没有包括顶尖人才、科技创新领军人才以及各方面的大师等在内的体现高度的人才,取决于有没有包括在创新维度、战略维度、未来维度等方面具有充满竞争力创造力、体现亮度的人才,取决于有没有涉及经济社会发展方方面面、具有多样化丰富性特点、体现宽度的人才,取决于有没有在"塔尖""塔身""塔基"各个层面都有卓越表现、体现厚度的人才,有没有能够积极面对风险挑战、敢于善于斗争、快速自我修复能力和本领、体现韧度的人才。

2. 以引领驱动作为核心

驱动、牵引、带领——作为引领者,要有充分的思维的能力、思维的模式,站在引领者的位置,没有可以借鉴、没有参考、没有参照、没有路径的依赖、没有跟随别人的策略,必须依靠自己,必须走别人没有走过的路,必须超越别人已有的路子,必须走出自己熟悉的舒适区做某些新的事情,不走寻常路,不简单照搬别人的路子,同时,引领者必须有前瞻思维、远见卓识,要有不走寻常路,为人开新路的勇气、魄力和能力,看见别人没有看到的未来,有给世界带来一些新东西的气魄,才能有未来;引领者还需要有坚定的信念和信仰的力量,还需要有对被引领者负责的某些道义或者责任。切实转变发展方式,让发展需要人才、发展依靠人才。实现发展新旧动能转变,让发展真正转到人才引领、创新驱动的新发展之上。

3. 以创新人才发展体制机制为关键

建立人才引领驱动发展的体制机制,破除限制人才发展的束缚,让人才及其要素可以形成"力",充分发挥功能、有效作用于发展之上,用人才的力量来引领驱动创新,用人才的活力来激活发展,有效驱动和牵引、引导、建构以及创造新的发展,实现从人才支撑发展、人才优先发展向人才引领驱动发展的转变,这是人才引领驱动的关键。

4. 以中国式现代化、高质量发展为归宿

人才引领驱动的目的,是要推进中国式现代化,是要驱动高质量发展。把人才作为实现人口规模巨大的现代化、全体人民共同富裕的现代化、物质文明和精神文明相协调的现代化、人与自然和谐共生的现代化、走和平发展道路的现代化的内在源泉,把人才作为新发展阶段实现更高质量、更有效率、更加公平、更可持续、更为安全的发展,有效推动国内大循环为主、国内国际双循环新发展格局的关键动力,这是人才引领驱动的出发点,也是衡量和判断人才引领驱动的标准。

(三) 着力推动人才引领驱动

1. 确立人才引领驱动的发展战略。

一要确立人才引领驱动的理念,推动高质量发展,确立与世界重要人才中心和创新高地相匹配的价值体系,不断提升国家软实力,不断增强对全球的吸引力、影响力、引领力,促进更高质量、更有效率、更加公平、更可持续、更为安全发展。二要确立人才引领驱动发展的战略地位,从实现社会主义现代化、进入创新型国家前列的角度,突出人才的基础性、战略性、决定性、引领性等作用,充分发挥人才作为第一资源的作用,注重发挥市场配置起决定性作用、更好发挥政府作用,把蕴藏在人才身上的智慧才能充分发挥出来、释放出来,实现从人才支撑发展、人才优先发展向人才引领发展的历史性转变。三要制定人才引领驱动的发展战略,加强党对人才工作、人才引领驱动的全面领导,突出尊重知识、尊重劳动、尊重人才、尊重创造,把握人才引领驱动的正确方向;确立进入创新型国家前列、成为世界主要科学中心和创新高地、建设世界重要人才中心和创新高地的战略目标,"三位一体"开展教育、科技、人才的中长期战略规划,谋划人才引领发展战略。第四,确立人才引领驱动的体制。适应新型举国体制要求,确立与中国式现代化相适应、与建设世界重要人才中心和创新高地要求相适应、与人的现代化要求相适应的人才制度体系,实施更加积极、更加开放、更加有效的人才政策,构建有效市场、有为政府、有机社会等三者有效互动,高效整合的人才引领驱动的发展体制,在守正创新中最大限度地激发人才活力、潜力、动力、创造力。

2. 打造人才引领驱动的关键力量。

一要打造人才引领驱动的"卓越力量"。围绕国家发展重大战略,重视教育培养的基础性作用,完善培养造就和规模宏大、结构合理、素质优秀人才的培养机制,打造一流卓越人才和优秀人才。聚焦具有全球影响力引领性人才,聚焦门类齐全、机制合理、满足各方需求的支撑性人才。二要打造人才引领驱动的创新力量。聚焦"卡脖子"及战略领域、前沿领域、核心领域、未来领域,全方位培养、引进、用好人才,栽培高水平战略科技人才,造就一流科技领军人才和高素质创新团队,建立创新型、应用型、技能型人才,打造赢得未来竞争的硬核力量。三要打造人才引领驱动的战略力量。前瞻未来发展前沿、瞄准国家重大战略需求,凝练战略方向,加大对重大战略、重点项目、战略项目研究的支持力度,加大对战略性、前瞻性和综合性的人才、团队、项目的支持力度,培养造就属于战略领域、掌握战略资源、位居战略层次、具有战略影响的人才,抢占战略前沿、核心领域。第四,打造人才引领驱动的未来力量。要注重具有竞争力青年人才和创新潜在人才的培养、发现、储备、使用,真正让把青年人才和创新潜在人才作为引领未来发展、赢得未来竞争、创造未来优势的生力军。

3. 完善人才引领驱动的机制。

一要突出"德才兼备、选贤任能"有利于优秀人才脱颖而出、充分施展才能的选人用人机制,建立进一步向用人主体授权、为人才松绑,健全以创新能力、质量、实效、贡献为导向的科技人才评价体系,落实攻关任务"揭榜挂帅"等机制,让人才创造活力竞相迸发、聪明才智充分涌流。二要着眼于人才对工作、生活、学习等各个层面多样化发展需求,创造宽松的环境,让人才全身心去跟踪、投入、判断未来可能会出现的重大突破方向,同时,创造人才友好型环境,打造宜居宜业、美好幸福、充满活力、持续发展的人才发展生态,让更多人才在好的环境下冒出来、长起来。三要着眼于国内大循环为主、国内国际双循环的新发展格局,以科技创新人才为突破点,推动各类人才有效融合、循环,推动"人才、项目、团队""人才、科技、资本""人才、创新创业活动、发展载体平台"有效融合,推动人才、产业、城市的融合,推动东中西之间、区域与区域之间、城乡之间人才的融合发展循环,让人才、资本、技术、信息等各种要素活起来、动起来、融合起来,形成驱动中国式现代化、推动高质量发展的高能量、活动能。①

三、人才引领驱动：以高水平人才高地建设为突破口

习近平总书记在中央人才工作会议上明确提出，深入实施新时代人才强国战略，加快建设世界重要人才中心和创新高地。同时他首次提出，可以在北京、上海、粤港澳建设高水平人才高地。

人才是上海这座城市最重要的资源和面向未来发展的源动力，要以更加宽广的视野思考谋划高水平人才高地建设，更好聚天下英才而用之，为上海更好担当国家战略使命、推动中国式现代化提供强大力量。

高水平人才高地是全球各类卓越人才集聚之地、成长之地、向往之地，是全球各类优秀人才与人才自身以及与资本、技术、信息、空间、环境充分互动的交融之地、创造之地、发展之地，是改变世界、创造未来的新知识、新技术、新流程、新模式、新产业、新文化的策源之地、发明之地、诞生之地、交汇之地。高水平人才高地是世界重要人才中心和创新高地的重要组成部分，亦即世界重要人才中心和创新高地，是由高水平人才高地、高层次人才集中的中心城市、战略支点以及更为广泛、各具特色的亮点各司其职、相互融合、协同创新、共同发展构成的雁阵格局和网络体系；高水平人才高地是世界重要人才中心和创新高地的重要组成部分，是高层次人才集聚中心城市、战略支点等构成的雁阵格局中的"排头兵""先行者"。

（一）高水平人才高地：上海的独特优势

上海之所以能够站在建设高水平人才高地的最前沿，与其自身拥有的诸多优势密切相关。

一是丰富的人才优势。数据显示，上海人才资源总量达到675万人。据欧洲工商管理学院发布的2020年全球城市人才竞争力指数报告，上海2020年人才竞争力位列榜单第32位。正是因为上海拥有来自全球各方面的优秀人才，大家才能在这里寻找到志同道合的伙伴、完备的上下游产业链，可以在相互支撑中发现新的机遇、新的方向、新的思路。

---

① 汪怿：《人才引领驱动：中国式现代化的重要动力》，《文汇报》2023年2月11日。

二是领先的创新优势。上海集聚众多高等院校、科研机构、跨国公司总部、外资研发中心,拥有一批大科学装置、国家实验室等创新载体平台,每天有众多基础研究、应用研究等科技创新活动在这个城市发生,不断有创新思想在这个城市涌动。据世界知识产权组织发布的《2020 全球创新指数报告》,上海2020 年跻身全球创新城市第9 名。连续19 年,上海获得国家科学技术奖奖项在全国占比保持10%以上。近年来,上海科学家在《自然》《科学》《细胞》三大国际顶级学术期刊发表论文数量占全国总数超过25%。正是这样的创新优势,使得科学新知、前沿信息、最潮观点不断在这里萌发、涌动、碰撞。

三是突出的国际化优势。据统计,目前在沪工作的外国人数量已达21.5 万,引进外国人才数量居全国第一。在"外籍人才眼中最具吸引力的中国城市"评选中,上海连续8 年排名全国第一。海纳百川、开放包容的气质,融合中西的海派文化,上海城市发展中越来越浓重的"国际范儿",吸引着越来越多的全球人才把上海作为职业生涯的第一选择。正是因为能够持续吸引一批具有全球影响力的大科学家、大企业家、大艺术家等高端人才,上海才能够厚植原创优势,推动城市发展动力加快转换,推动城市发展能级有力提升。

(二) 高水平人才高地:新角色、新担当

1. 提供高质量的人才供给

面对第二个百年奋斗目标,高水平科技自立自强是关键,人才是自主创新的关键。上海推进建设高水平人才高地,首先要建构"创新""战略""未来"三维结构培养造就高质量人才。

从创新维度来看,抓住创新生产者,即身在一线、作为科技创新探路者和先行者的基础研究、应用研究、研究开发人才;抓住创新的组织者,即发现和捕捉商机、组织创新资源和创新活动的企业家、创业者;抓住创新服务者,即围绕在创新人才周围、聚焦创新链,为创新提供金融、会计、律师、知识产权等领域的创新服务人员;抓住创新治理者,具有创新基因,识读创新、关注创新、敢于创新、善于创新、服务创新,为人才和创新提供场景和支持的治理者。

从战略维度来看,要把赢得未来、争取主动、具有优势的战略人才作为建设重点和关键,集聚培养抓住战略科学家、科技领域战略家、以科技引领发展的战略家、科学技术领域的智库专家,积极培育具有战略科学家潜质的高层次复合型人才,开辟创新发展的新空间;大力集聚创造新技术、新领域、新产业的科学家、工程师、技能人才,引领创新潮流、推动科技创新策源、赢得未来战略竞争;同时,还要充分关注属于战略领域、掌握战略资源、位居战略层次、战略影响的人才,对能够赢得全球科技创新和人才竞争主动,能够在全球范围内产生重要影响力、起到关键作用,能够引发重大突破、重大变革以及带来经济社会持续发展和人民美好生活的人才,进一步加大培养造就力度,充分发挥作用,为实现人才由支撑发展、优先发展向引领发展的历史跨越,夯实发展基础。

从未来维度来看,要强化未来的视野、前瞻的眼光,聚焦青年科学家、研发人员、工程师、企业家、技术工人,聚焦青年精英、未来领袖等,注重强化具有国际竞争力和创新潜力的未来人才的培养、发现、储备、使用,用未来集聚人才特别是青年人才,聚焦有基础、有优势、能突破的战略方向、优势领域、重点领域,看到未来、看准未来、培育未来、创造未来,给未来以未来,真正把青年人才和创新潜在人才作为引领未来发展、赢得未来竞争、创造未来优势的生力军。

其次,要从最能引领未来、最善抢占先机、最富创新资源、最能影响全球等角度,加大人才集聚力度。

吸引集聚最能引领未来的人才。着眼于创新作为未来竞争的核心,把握发展创新型国家、创新型经济的关键,建立面向全球、世界一流的新技术基础设施、新模式应用场景,完善国际众创空间,抓紧集聚创造新技术、新领域、新产业的科学家、工程师、技能人才,能够创造新市场、新业态、新岗位的创业人才,带来新理念、新时尚、新生态的创意人才,能够前瞻把握未来趋势,认识理解、关注重视、支持、推动驾驭或者治理创新的创新治理人才,引领创新潮流、推动科技创新策源、赢得未来战略竞争。

吸引集聚最善抢占先机的人才。把握科技发展动向和产业变革趋势,着力吸引集聚、培养造就人工智能、集成电路、生物医药、智能制造、金融、科技等重点领域、重点区域、基础研究领域"两重一基"的人才,不断扩大新一代信息技术、智能制造、能源科技、纳米科技等战略方向、未来方向、优先领域人才规模,加大科技创新、人才培育、产业发展等专项资金支持力度,不断提升战略领域的创新本领,代表国家参与全球竞争合作,抢占战略发展先机。

吸引集聚最富创新资源的人才。把握全球要素流动与集聚发展趋势,进一步加大制度性开放力度,加快市场准入、职业资格、政府采购等制度创新,加大掌握全球资本、全球信息、全球人才资源、国际社会网络等方面人才的引进和集聚,推动人才与资本、技术、信息高度融合,形成配置全球资源的重要承载地,促进全球高端要素资源的高度集聚、高效配置和高速增值。

吸引集聚最能影响全球的人才。把握全球人才流动的"头羊效应",塑造高效能的工作环境、高品质的生活环境、高优势的制度环境,加大国内外业界精英、明星科学家、文化大师、超级明星等吸引集聚力度,探索建立本地人才与具有战略影响力人才合作机制,影响、带动相关人才,牵动全球人才流动方向,改变全球人才集聚格局,构建全球创新网络和全球人才网络新的枢纽节点。

2. 建设高能级的人才平台

人才平台是培养人才、造就人才的基石,是吸引人才、集聚人才的"磁石",是成就人才、引领人才的推进器;人才平台的能级有多大,对高水平人才高地建设的助力就有多大。因此,面向世界科技前沿、面向经济主战场、面向国家重大需求、面向人民生命健康,围绕国家发展重大战略,建立一流卓越人才和优秀人才成长发展的高能级载体平台,是建设高水平人才高地的重要组成部分。

这就要求上海:必须进一步加快世界一流重大科技基础设施建设,加快国家实验室、综合性科学中心、科学工作室等全球领先科技创新重大设置、重大项目攻关项目,以科技创新重大项目吸引集聚一流战略科技人才、领军人才和创新团队;必须加快世界一流大学、学科建设进程,支持建设若干优势学科,共同引育高端人才,促进人才链、创新链与产业链的深度融合;必须加快战略产业发展,推动创新联盟、产业联盟,推动国家级和市级重点实验室、工程技术研发中心、企业技术中心、研发实验服务基地、技术中介机构、产业技术创新联盟等平台。

3. 构建高通量的人才节点

高水平人才高地是世界重要人才中心和创新高地联通全球人才网络和创新网络的核心枢纽，同时，也是构成和影响世界重要人才中心和创新高地的重要基础。从全局的视角来看，高水平人才高地处于全球网络与国内格局之间，是联通国内、国际循环高通量的战略链接、关键节点。

一是要突出上海的自身优势，以战略意识、战略眼光、战略本领、战略定力，把握科技革命和产业变革趋势，明确人才发展战略定位，制定具有竞争优势的制度体系、产业政策、创新政策、人才政策，围绕产业链、创新链、发展链、人才链，培育集聚站在创新创业潮头、站在行业科技前沿、具有国际视野、善于引领潮流的人才，把影响未来、造就未来的人才吸引过来、集聚起来、培养起来、发展起来，不断提升其人才实力、人才竞争优势、人才发展含金量。

二是聚焦高层次人才集中的中心城市、聚焦战略支点，加快建立以高水平人才高地为引领，推动区域协调发展、融合发展的人才发展共同体，特别是要聚焦世界第六大城市群发展，抓住长三角高水平一体化契机，突出特色意识、长板意识、共同体意识，结合各地自身特质、独特禀赋、各自所长，集聚具有比较优势、竞争优势的人才，培育具有特色的人才集群，协同开展人才发展体制机制综合改革试点，探索积累可复制可推广的经验，打造区域强力板块，同时，延伸一批"产才城"融合的增长极、聚集带、发展圈，整体提升国内人才网络的能级，推动科技创新与产业发展深度融合，促进人才流动和科研资源共享，让各类要素更为顺畅地自由流动，更大程度激发人才活力、形成人才创新创造活力。

三是要积极嵌入全球人才网络和创新网络，代表国家参与全球竞争、影响全球发展，对标世界最高标准、最好水平，厚植竞争优势、造就发展机会、增强流动动力，通过进一步丰富产业、市场、基础设施、创新集群、"引擎"企业、共性技术服务平台等人才引进的"硬"资源，丰富一流高校、专业、顶级科学家论坛、全球青年创业者论坛等人才引进"软"资源，建立多重人才发展社群和网络，打造全球创新和人才网络节点，吸引全球人才近悦远来。同时，要搭建更多的国际性创新平台，加快"走出去"步伐，加强离岸基地建设，统筹发展在岸业务和离岸业务，致力于创新、关注于创新的海内外人才同频共振、共同携手前行,共享发展机遇、共享改革成果、共对未来挑战。还要开辟人才新的方向、建立新的朋友圈、创建新的集聚机制、拓展新的发展网络,抓好高校、科研机构等创新策源地,抓好跨国公司、创新企业、重点产业重要渠道,抓住中介机构渠道有效路径,用中国的发展、中国的优势、中国的未来吸引和集聚全球人才,不断增强全球人才资源配置能力、吸引力、影响力,不断完善全球人才愿意来、乐于来的基础,让更多全球人才因中国而聚、因中国而兴,让高水平人才高地成为配置全球人才、发展全球人才的重要枢纽、重要平台。

4. 健全高成长的人才机制

建设高水平人才高地,要求抓住人才快速成长、有效成长进程中的核心诉求,破除制约发展的瓶颈难点,着力加大改革和开放的力度,让海内外人才基于此、快发展、高成长。

一方面,着眼于改革的角度,要以改革力量激发人才活力,用人才力量来引领创新,用人才活力来激活发展,有效驱动和牵引、引导、建构以及创造新的发展。建立进一步向用人主体放权,为人才松绑,给予用人主体在培养、引进、使用中更多的权利,让贴近人才的主体有权,向服务人才的主体赋权,让他们在第一线面对各种各样的人才及其发展诉求,能够用好权、能够服务好,能够最大限度满足人才需求,能够最大程度激发人才活力;同时,要通过改革,充分赋予人才更大技术路线决定权、经费使用权、资源调度权,健全以创新价值、能力、贡献为导向的人才评价体系,完善打破各自限制、给予有为政府和有效市场的人才流动机制,构建充分体现知识、技术等创新要素价值的收益分配机制,落实攻关任务"揭榜挂帅"等机制,完善人才创新创业机制,丰富创新创业资源、建立创新创业载体、优化创新创业服务,让人才创造活力竞相迸发、聪明才智充分涌流。

另一方面,立足于开放的视角,要着力推动人才规则、规制、管理、标准等制度型开放,抓紧建设具有国际吸引力和竞争优势的人才制度体系,让更多的海外人才能够因高水平人才高地而能更便捷地流动、更自由地从业、更良好地发展、更快速地成长。例如,通过创新更加便利的出入境、停居留和工作许可制度,让外籍人才更加便捷地申办工作许可、长期居留、永久居留;通过明确职业负面清单制度,明确从业自由范围、类型、程度,建立职业资格认可制度,创新学历、职业资格相互认证制度,与相关国家、区域、国际组织开展职业资格互认交流合作,开展外籍人才参加我国职业资格考试,让海外人才在华工作、执业门槛更低、范围更广。

5. 建设高品质的人才环境

建设高水平人才高地,要聚焦战略科技人才、科技领军人才、创新团队、青年科技人才、卓越工程师、技能人才等不同群体,对工作、生活、学习等各个层面多样化发展需求,以人才友好型环境为核心,打造宽松的工作环境,让科学家全身心去跟踪、投入、判断未来可能会出现的重大突破方向。积极优化公共服务和配套设施,完善优质基础教育项目布局,打造高水平综合医疗中心,提供前沿尖端技术服务、高水平医疗、先进适宜技术服务,引进优质医疗资源。完善区域内交通布局,加快5G基础设施建设,打造智慧城市示范区,提供智能生活方式,创造高品质生活,打造宜居宜业、美好幸福、充满活力、持续发展的人才发展生态。

6. 推进高效能的人才治理

建设高水平人才高地,要在加强党对人才工作的全面领导下,强化政府主体的职责,充分发挥用人主体的治理作用,激励企业、高校、科研机构、社会组织和个人等多元主体的积极参与,形成由政府、社会、市场、个人协同治理的责任共同体。要加强政府人才发展治理的职责,强化其制度供给、政策工具的职责,要落实用人主体、人才个体在微观组织的主体作用,还要重视专业团体、行业协会、民间组织多与特定层面人才发生有机互动和联系的价值,发挥其在人才发展治理中的代表、协调、联络、桥梁等多方面作用。更为重要的是,要着眼于当前和未来的发展,推动政府、市场、社会多元主体良性互动的结构,共同推进高效能人才发展的治理体系建设,真正让人才成为引领新时代发展的战略资源、关键动力、引领力量,让高水平人才高地成为海内外人才成长成功之地、事业成就之地、价值实现之地。①

---

① 汪怿:《两天内,北京、上海相继召开人才会议,释放了什么信号?》,《上观新闻》2021年11月18日。

第二章
战略科技人才：
引领驱动国际大都市人才发展的决定力量*

一、战略科技人才的内涵、特征、意义

(一) 战略科技人才的理解

1. 战略科技人才内涵、特征

领袖型科学家、战略科学家与科技将帅才阐述者主要有张九庆、路甬祥、郭传杰、方新、范维澄、何祚庥、阎康年等人，内容主要涉及关于"战略科学家"的阐述或相关概念特征的阐述。郑静晨认为战略科学家有两种表述和界定：一是战略层面的科学家，一是科学领域的战略家。应该说，这两方面意思应当兼而有之。所谓战略型科学家，必须站得高、看得远、把握准，既能深入专业探幽微，又能跳出专业览全貌，在洞悉学科专业的历史、现状和前景基础上，提出具有前瞻性的新理论、新思路、新方法。战略科学家，其要义是战略，核心是安全，载体是科技。打造一支战略科学家队伍，一方面可以为国家安全和科技发展提供更多高水平的战略咨询，从而提升国家安全战略决策力；另一方面有助于更好地领悟和实现国家战略意图，从而提高国家安全战略执行力。[1]谭红军等认为，战略科学家的基准定义可为：战略科学家是具有跨学科知识素养、科技创造力强、有战略眼光、能引领学科持续发展，并以科技创新成就为人类文明或社会的发展做出卓越贡献、为社会公认

---

* 上海市2018年"科技创新行动计划"软科学研究领域重点项目《战略科技人才的成长规律与路径研究》(18692100400)。

[1] 郑静晨：《时代呼唤战略科学家》，《解放军报》2012年6月14日。

的杰出科学家。①

2. 战略科技人才的标准

黄涛等以钱学森为例,分析战略科学家应具备的基本素养,如卓越的科学贡献、广博的知识结构、严谨的科学精神、深厚的哲学素养、超前的战略眼光、高尚的人格魅力、赤诚的爱国情怀。战略科学家应是卓越和引领的统一,战略科学家既是本学科领域的学术权威,又是科研工作的策划者、组织者与管理者的组织权威,还是维护国家尊严和人民利益的战略权威。②王汝发对钱伟长的研究发现,战略科学家要具有强烈的好奇心和求知欲,不断战胜自我、突破自我的创新精神,注重方法论研究,要从战略高度思考学科发展远景、协调学科发展方向和实施学科竞争策略;③有着报效国家,促进科技和产业发展的理想;科学兴趣强烈、知识渊博、创造力强,掌握科学的研究方法,有哲学思维能力,科技创新成就巨大;在性格上,要宽容、乐观、谦虚;科学阅历丰富,有洞察力;科学精神主要体现在追求真理、治学严谨、勤奋、坚强、执着、诚信,有奉献精神;在科学活动的领导行为中,善于培育、吸引优秀的科技人才,讲求团结合作,能有效地调配科技资源,并且是学科权威,能引领学科的发展。战略科学家的领导力一级要素指标分别是科技魅力、科技洞察力、科技原创力、科技影响力和科技激励力。

3. 战略科技人才的成长规律

关于人才成长规律的现有研究较为丰富,主要包括:王通讯归纳了人才成长八大规律,包括师承效应规律、扬长避短规律、最佳年龄规律、马太效应规律、期望效应规律、共生效应规律、累积效应规律、综合效应规律等。叶忠海将人才成长规律分为人才个体成长规律和社会人才总体成长规律,前者包括有效的创造实践成才规律、人才过程转化规律、最佳年龄成才统计规律等,后者包括时势造就人才规律等。还有学者将人才成长规律分为内因规律和外因规律。张俊生认为,外因规律包括环境影响规律、师承规律、时期决定规律等,内因规律包括实践成材规律、聚焦成材规律、扬长避短规律等。

---

① 谭红军、郭传杰、霍国庆:《战略科学家领导力研究》,《科学学研究》2011年第10期。
② 黄涛:《战略科学家是如何炼成的——以钱学森为例》,《中国科学基金》2010年第2期。
③ 王汝发、王鼎:《战略科学家的成材之路对当代教育的启示——以钱伟长院士为例》,《中国高校科技》2014年第4期。

第二章　战略科技人才：引领驱动国际大都市人才发展的决定力量

我国科学学专家赵红州提出了科学创造最佳年龄即成熟期是在25—45岁之间,峰值为37岁。①中国科学院通过研究得到科研杰出人才成长的阶段性规律:26岁首次发表索引论文,27岁博士毕业;31岁首次独立申请并获得研究资助;31—35岁,科学研究活跃;36—40岁,研究取得成果,索引论文发表,逐渐进入成熟期;41—45岁,以出色的研究工作与成果为同行所承认,而达到研究生涯的高峰,成为科研的中坚力量。②中国工程院通过研究认为,能够独当一面创造性地解决重大关键技术问题的工程科技专家和高层次人才的阶段性成长规律:一般要经历入门、成长、成熟和专家四个阶段。③中国航天科技集团对航天科技骨干人才、航天专才、航天将才、航天帅才的成长研究发现,对航天骨干人才而言,工程实践是基础、独立解决工程技术问题的能力是前提、有效的知识传承机制是保障;对航天专才而言,长期积累是根本、持之以恒是关键、合理的发展通道是保障;对航天将才而言,一专多能是先决条件、多岗锻炼是必备要素、良好的选用机制是保障;对航天帅才而言,岗位历练是必经之路、强烈的事业情怀是重要动力、团队合力助推是机制保障。④刘少雪等研究认为,领军人才要具备高目标的成就动机和坚韧的个性心理品格,优化的知识结构体系和宽广的视野,独特的人格魅力,领军人才成长阶段分为基本素质养成阶段、专业能力形成、创新能力激发、领军人才完型等四个阶段。同时,领军人才需要有适宜的成长环境,要有丰富的经历,同时,高水平研究型大学是领军人才成长和集聚的家园。⑤

美国学者朱克曼发现美国科学精英的形成路径是:从家庭出身来看,科学精英大部分出身于社会的中等阶层和中上等阶层;从教育出身来看,科学精英的本科和研究生教育相对集中在名牌学校,而且他们更早获得博士学位;从师承关系来看,科学精英大部分师从于前辈科学精英,受益于"精英培养精英"的模式;从职业生涯之初,科学精英们就显得相对多产,而且论文产出具有较高的质量和影响力;从机构任职来看,科学精英集中在

---

① 赵红州:《科学能力引论》,科学出版社1984年版。
② 白春礼主编:《杰出科技人才的成长历程》,科学出版社2006年版。
③ 中国工程院课题组:《我国高层次工程科技人才成长规律研究　总报告》,2007年7月。
④ 中国航天科技集团公司编:《航天科技人才成才之路——高层次科技人才培养规律》,中国宇航出版社2011年版。
⑤ 刘少雪:《面向创新型国家建设的科技领军人才成长研究》,中国人民大学出版社2009年版。

一流大学或科研机构,较多的科学精英很早就获得教授头衔,并且在获得诺贝尔奖之后得到更多的职位或荣誉奖励。高筱梅认为,战略型科学家的成长和培养主要有三种途径:从战略家到战略型科学家,从科学家到战略型科学家,科学家和战略型科学家同步成长。①付连峰研究指出,中国科技精英的形成路径,主要包括:教育背景的多重影响,机构背景和工作性质的差别,技术职称和管理职务作为重要依托,以师生关系为核心的社会网络,"资源—成果—奖励"的逻辑链条。②陈超认为,中国科技精英成长的生态环境包括:良好的制度保障、充分的经济投入、明确的社会文化导向和健康的学术环境是重要的外部影响要素,教育背景、家庭环境、工作平台是重要的内部生态影响要素。内外部影响要素的共同作用对于科学精英的成长发挥重要作用。③

4. 战略科技人才的政策

徐颂陶认为,抓好战略型创新型人才队伍建设,首先,需要各级领导高度重视,作出切实可行的人才发展规划,确定项目,落实到人。其次,要创新体制机制,形成竞争环境。既要重视后备人才的选拔培养,也不要搞一次选拔定终生。要扩大选人用人视野,坚持公开竞争,优胜劣汰。再次,要注重平台载体建设,应把重大科研项目、重要产品攻关开发,作为培养人才的平台。还要大力加强战略型创新型人才库建设。④

高筱梅、杨显万认为,要具有培养战略型科学家的明确意识,依靠一定的专家系统,发掘和遴选有战略型科学家培养潜质的科技人才。一是要尽早吸纳其参与国内科技发展计划的制定工作,使其在实践中得到锻炼和提高。二是在大学、科研院所高层次人才培养中,设置战略管理课程,了解战略制定方法。三是对已经取得相当成就并具有较高造诣的科学家,为其提供战略管理与研究的平台,通过开展战略管理讲座,培育战略自觉。四是制定科学发展规划时,应注重吸纳具有战略决策能力和水平的科学家。五是制定专门的评价制度、原则和标准,对战略型科学家的实际成果、作用及贡

---

① 高筱梅、杨显万:《战略型科学家及其培养途径》,《唐都学刊》2004 年第 5 期。
② 付连峰:《当代中国的科技精英及其形成路径研究》,南开大学博士论文 2014 年 5 月。
③ 陈超:《我国科学精英成长的生态环境研究》,武汉理工大学硕士论文 2013 年 5 月。
④ 卫敏丽:《中国人才研究会会长:我国战略型创新人才缺乏》,《新华网》(2013 年 4 月 2 日)。

献加以准确、客观、公正地评价。①

综上所述,基于前述学者的研究,我们认为战略科技人才是善于把握世界科技大势、能够确定科技发展战略方向,具备战略管理能力、组织能力、协调能力,引领创新团队抢占战略领域、赢得战略先机、形成战略优势,对科技创新、产业发展、国家安全、全球竞争和可持续发展具有全局性、系统性、基础性、决定性、前瞻性意义的优秀科技人才。

(二) 支持战略科技人才地位与作用、意义

战略科技人才对科技创新、赢得全球竞争具有决定性意义,有效把握战略科技人才成长发展规律,抓紧引进、培养造就战略科技人才是实施创新驱动发展、建设"五个中心"的前提基础。习近平总书记在中国科学院考察时指出,我们要建成创新型国家,要为世界科技事业发展做出贡献,必须有一支能打硬仗、打大仗、打胜仗的战略科技力量,必须有一批国际一流水平的科研机构。②在2016年"科技三会"上指出,要大兴识才爱才敬才用才之风,在创新实践中发现人才、在创新活动中培育人才、在创新事业中凝聚人才,聚天下英才而用之,让更多千里马竞相奔腾,努力造就一大批能够把握世界科技大势、研判科技发展方向的战略科技人才,培养一大批善于凝聚力量、统筹协调的科技领军人才,培养一大批勇于创新、善于创新的企业家和高技能人才。③在党的十九大报告中,习近平总书记强调,创新是引领发展的第一动力,是建设现代化经济体系的战略支撑。加强国家创新体系建设,强化战略科技力量。培养造就一大批具有国际水平的战略科技人才、科技领军人才、青年科技人才和高水平创新团队。在中国科学院第十九次院士大会、中国工程院第十四次院士大会上的讲话中,习近平总书记指出,牢固确立人才引领发展的战略地位,全面聚集人才,着力夯实创新发展人才基础。功以才成,业由才广。世上一切事物中人是最可宝贵的,一切创新成果都是人做出来的。硬实力、软实力,归根到底要靠人才实力。全部科技史都证明,谁拥有了一流创新人才、拥有了一流科学家,谁就能在科技创新中占据优势。④

---

① 高筱梅、杨显万:《打造战略型科学家》,《中国人才》2004年第9期。
② 习近平:《深化科技体制改革 增强科技创新活力》,《新华网》2013年7月17日。
③ 习近平:《为建设世界科技强国而奋斗——在全国科技创新大会 两院院士大会、中国科协第九次全国代表大会上的讲话》(2016年5月30日)。
④ 习近平:《在中国科学院第十九次院士大会、中国工程院第十四次院士大会上的讲话》(2018年5月28日)。

当前国家实力的展现,已经不限于有多少钢铁、煤矿、汽车、飞机、船舰及大量制造的能力,人才以及释放其内在创造力,并使之转化为新技术、新产品、新市场、新产业、新业态的本领,才是一个国家展现经济实力、维护总体安全的根本所在。人才资源作为经济社会发展第一资源、战略资源、引领资源的特征和作用更加明显,人才实力已经成为综合国力的关键内容,人才竞争成为全球竞争的重要方面。无论是宏观层面还是微观层面,谁能培养造就、吸引集聚更多掌握先进知识技术、具有发展能力的优秀人才,谁能打造和激发人才组合效应,谁能充分组合人才与技术、资本、信息等要素,发挥人才"点石成金"的作用,谁就能在竞争中占据优势,具有能够突破现有发展模式、提供未来发展动力的潜在的资源,对未来发展具有重要意义。基于这个意义,美国学者詹姆斯·坎顿指出,无论是国家、企业还是个人,都将为人才越来越少而陷入苦战。[1]

当前,上海正在把建设具有全球影响力的科技创新中心,作为未来发展的重要目标,要把上海建设成为具有全球影响力的科技创新中心,即世界创新人才、科技要素和高新科技企业集聚度高、创新创造创意成果多、科技创新基础设施和服务体系完善的综合性开放型科技创新中心,成为全球创新网络的重要枢纽和国际性重大科学发展、原创技术和高新科技产业的重要策源地之一。

从旧金山湾区、硅谷等经验来看,大凡全球科技创新中心都是世界上人才、知识最为密集的地方,吸引了来自世界各地的企业家、大企业员工、大学师生、风险投资家等在内的各类人才。美国竞争力委员会和德勤会计师事务所通过对超过 550 名全球首席执行官(CEO)的调查发现,成为驱动未来制造业发展最重要的十大因素之首就是"人才驱动型创新"(talent driven innovation),人才是驱动未来创新最为重要的因素。Inteligência em Inovação 指出,创新中心(innovation hub)有政府治理、连接性、集聚环境、人才和社会环境、建筑环境、文化环境、自然环境等七大支柱;其中,合格的人力资源、知识和创意员工、外国学生和外国员工及居留者是构成人才和社会

---

[1] [美]詹姆斯·坎顿:《极端的未来:超越未来的十大趋势》,上海三联书店 2008 年版。

环境的重要内容。①显然,能否吸引和集聚掌握先进知识技术、具有发展能力、善于创新创业的人才,能否吸引和集聚世界上最顶尖战略科技人才,能否成为全球网络中的重要枢纽节点,进而影响有能力引领潮流的创新、创业、创意人才的流量、流速,决定着能否建设具有全球影响力的科技创新中心。全球科技创新中心是诸要素高度集聚的中心,人才是诸要素中最基础、最核心的要素,只有真正发挥人才的引领作用,才能有效促进各类资源的高度集聚和融合,不断产生创新成果、不断推动创新发展。全球科技创新中心是多重优势充分叠加的中心,人才优势是多重优势中最重要、最关键的优势。没有人才优势,就不可能有创新优势、科技优势、产业优势。上海最重要的资源是人才,最重要的优势来自人才优势。只有充分发挥人才优势,才能突破资源禀赋、要素约束的限制,形成竞争优势,推动创新优势、科技优势、产业优势的加快形成;全球科技创新中心是体制机制最开放、最活跃的中心,健全人才发展机制是科技创新体制机制的重要组成部分,只有完善用好用活人才,建立更为灵活的人才管理机制,打通人才流动、使用、发挥作用中的体制机制障碍,最大限度打破阻碍的藩篱,科技创新工作"孤岛效应"才能真正消除,为科技创新发展奠定重要基础。

因此,加快吸引和培育战略科技人才,是紧紧围绕当好全国改革开放排头兵、创新发展先行者,努力推进科技创新、实施创新驱动发展战略的必然要求,是上海基于全球趋势、未来发展、国家战略、自身使命,把握全球创新发展新趋势,抢占全球人才竞争新优势,提高全球配置人才资源能力的战略选择;也是上海加快推进卓越的全球城市建设和具有全球影响力的科技创新中心建设,不断增强全球城市吸引力、创造力、竞争力的客观需要。

二、老一辈战略科学家成长路径分析

中华人民共和国成立以来,特别是改革开放以后,我国涌现了一批以钱学森为代表的优秀的战略科学家。这里,我们试图通过剖析老一辈科学家

---

① Inteligência em Inovação, *CREATIVE URBAN REGENERATION:THE CASE OF "INNOVATION HUBS"*, PT Intelligent Cities, Oct 2007.

的成才之路,从中找出战略科学家的成功经验及其借鉴意义。

(一)战略科学家成功的因素分析

一是热爱祖国,执着追求。老一辈科学家对祖国的强烈热爱和对科学的执着追求,引导他们走到了科学最辉煌的殿堂。新中国建立之初,许多老一辈科学家冒着生命危险,冲破重重阻力,毅然回到祖国,为我国的科学事业做出了巨大贡献。例如,被美国海军次长认为抵得上5个师兵力的钱学森即便受到美国政府迫害,遭到软禁,失去自由,也要冲破种种阻力回到祖国。何泽慧和丈夫钱三强听从党和国家的召唤,一起毅然回国,把爱国深情全部倾注在对新中国科学事业的自觉奉献之中。

二是勇于质疑,敢于创新。中国现代光学及光学工程的开拓者和奠基人之一,著名科学家王大珩说:"作为一个科技工作者,创新是我们的天职,是我们进行科学研究和技术工作中最原始的责任。这对我来说是很自然的事。""科技工作者要做建设大军里真正的排头兵。这个排头兵不仅是要找一条路,还要披荆斩棘,让后面的建设大军能够跟上来。这个披荆斩棘,就是不断创新。"[1]

三是严谨求实,一丝不苟。严谨求实的科研学风,是老一辈科学家的共同品质。他们对科研工作严谨细致、一丝不苟,同时表现出思想上的活跃和开放,不为书本或前人的条条框框所束缚。他们尊重客观事实,善于从实验现象中捕捉问题,有所发现和创新。

四是勤奋努力,不计名利。勤奋与努力,这是老一辈科学家的共同坚持,也是他们通向成功的一把钥匙。

五是甘为人梯,培养后学。老一辈科学家都是成功的教育家。他们甘为人梯,培养造就了一批又一批的国内顶级的各类高层次科学技术。例如,王振义不仅是一位著名的医学家,也是一名成功的教育家。王振义每一次都坚持把指导研究生陈竺、陈赛娟列为论文的第一、第二作者,而把自己排在了最后。1984年,王振义力荐陈竺夫妇赴法留学。

六是能团结人,有亲和力。"与师昌绪先生相处20多年,我感受最深的,就是他的亲和力。"国家自然科学基金委员会原秘书长袁海波很是感慨,"作

---

[1] 齐芳:《王大珩:创新是我们的天职》,《中国网》2007年10月22日。

为一个大科学家,做到这一点是很不容易的。在技术科学和工程科学领域,尤其需要德高望重的学术带头人,把方方面面的力量凝聚起来"。①

(二) 战略科学家成功的借鉴

一是兴趣和理想是战略科学家人才成长的萌芽。好奇心是科学研究的萌芽,也是科学研究人才进入科研领域的内在动力之一。有了对未知领域的强烈好奇心,才会有探索的冲动,从而奠定从事科学研究的目标。兴趣则是科学研究的起点,仅仅有好奇心对于一个科技人才来说是远远不够的,还要保持对探索的长期兴趣,兴趣使研究的热情始终保持较高的水平,从而能避免其他社会因素的干扰。考察"两弹一星"元勋23位中国著名科学家,不难发现,他们幼儿时期对科学都体现了浓厚的兴趣和爱好,而且成绩优秀。于敏自幼喜欢读书;王大珩儿时就喜欢跟随父亲,帮父亲摆弄天文观测设备;邓稼先小时喜欢抖空竹,还喜欢找其他奇形怪状的物品来抖,比如茶壶、茶碗盖等。②在兴趣和理想的支持下,科技人才迈入布满荆棘、坎坷不平的科学之路,攀登科学技术高峰,在漫长的艰难的甚至是孤独的努力和奋斗中,才能获得神奇的力量。

二是追求和努力是老一辈战略科学家人才成长的内在动力。中国许多老一辈战略科学家在异乡他域求学时无论遇到怎样的艰辛,他们都能坚持学习和研究,获得优秀的成绩。严济慈在法国学成后毅然归来,为了支援抗日战争,在条件极端艰苦的四川山沟里,亲自动手研制当时急需的显微镜。生物学家马世骏回国以后,在30年的漫长岁月里,为了根治中国的蝗灾,马世骏和他的助手们长年累月地深入蝗区做调查,冒着生命危险,经过多年坚持不懈的努力,终于消灭了在中国为害了几千年的东亚飞蝗。

三是自信和自立是战略科学家人才成长的必备素质。冯·蔡尔斯特(Van Zelst)和科尔(Kerr)收集了514名来自研究机构和大学的科技人员的自我描述,结果发现,和产量有显著偏相关的人格被自我描述称"善于辩论、武断和自信"。罗伊(Roe)发现,高创造性科学家比低创造性的科学家表现出更高的成就取向和较低的合作性。艾杜森(Eiduson)发现科学家都很独

---

① 赵永新:《师昌绪:"好管闲事"的战略科学家》,《人民日报》2011年1月15日。
② 宋健主编:《"两弹一星"元勋传(上、下)》,清华大学出版社2001年版。

立、好奇、敏感、聪明,带着感情投入脑力工作中去。钱伯斯(Chambers)发现,有创造行动心理学家和化学家往往被认为"独裁、雄心勃勃、自我满足,而且更主动"。①老一辈战略科学家,在人格方面具有自己的特征,他们往往比一般科技人员更加自信,甚至到了武断或偏执的程度,他们喜欢竞争,喜欢有挑战性的工作和课题,为了能实现自己的设想,勇于拼搏,非常努力。

四是责任和品德是战略科学家人才成长的根本条件。钱学森、王淦昌等一大批老一辈杰出战略科学家,具有报效祖国的爱国精神,具有学成归国、建设祖国的责任感。

五是前辈和导师是战略科学家人才成长的关键因素。老一辈战略科学家在通向成功的道路上,前辈导师的引导起着关键的作用。

三、新生代战略科技人才成长分析:以潘建伟院士为例

潘建伟,1970年3月生,浙江东阳人,物理学家,2005年8月加入九三学社。中国科学技术大学常务副校长、中国科学院量子信息与量子科技创新研究院院长、中国科学院院士、发展中国家科学院院士、奥地利科学院外籍院士、九三学社第十四届中央委员会副主席、安徽省第十一届委员会主委、第十二届全国政协委员、安徽省第十一届政协常委、第十一届全国青联副主席、第九届中国科协副主席、第五届中国青年科技工作者协会会长、西湖大学创校校董会成员、安徽欧美同学会第一届理事会会长。

作为国际上量子信息实验研究领域的开拓者之一,他是该领域有重要国际影响力的科学家,取得了一系列有重要意义的研究成果。首次实验实现量子隐形传态及纠缠交换、终端开放的量子隐形传态、复合系统量子隐形传态、16公里自由空间量子隐形传态。首次实现三、四、五、六、八光子纠缠。首次实验验证GHZ定理。提出利用现有技术可实现的量子纠缠纯化方案,并完成实验。实现突破大气等效厚度的量子纠缠和量子密钥分发。先后实现绝对安全距离超过100公里和200公里的量子密钥分发及全通型量子通信网络。提出基于冷原子量子存储的高效量子中继器方案,并完成实验实

---

① 白春礼主编:《杰出科技人才的成长历程》,科学出版社2007年版。

现；利用冷原子系综实现高品质的单光子和纠缠光子的量子存储；利用多光子纠缠实现重要的量子算法和突破经典极限的高精度测量；实现任意子分数统计的量子模拟。

潘建伟有关实现量子隐形传态的研究成果入选《科学》杂志"年度十大科技进展"，并同伦琴发现 X 射线、爱因斯坦建立相对论等影响世界的重大研究成果一起被《自然》杂志选为"百年物理学 21 篇经典论文"。其研究成果曾 6 次入选两院院士评选的"中国年度十大科技进展新闻"、3 次入选教育部评选的"年度中国高校十大科技进展"、3 次入选科技部评选的"年度中国基础研究十大新闻"、5 次入选欧洲物理学会评选的"年度物理学重大进展"、4 次入选美国物理学会评选的"年度物理学重大事件"。

（一）学习期（1970—2001）

1970 年 3 月 11 日，潘建伟出生于浙江东阳，先后毕业于马宅镇雅坑小学、吴宁镇中学。1984 年考入东阳中学（浙中名校，先后培养数名国内外院士，著名的有严济慈院士、李正武院士、王伏雄院士等）。1987 年，从浙江省东阳中学考入中国科学技术大学近代物理系，1992 年，毕业于中国科学技术大学近代物理系，1995 年，获该校理论物理学硕士学位。1995—1996 年任中国科学技术大学助教；1996—1999 年经导师推荐，赴奥地利留学，师从塞林格教授，并于 1999 年获维也纳大学博士学位。1999—2003 年留在塞林格组从事博士后研究，先后任博士后和高级研究员并担任共同首席专家（Co-PI）。

从成长初期来看，以下几点对潘建伟未来发展具有重要影响。

1. 早期因素

一是兴趣导向。潘建伟从小爱玩，父母重视能力培养、管制较少，家庭环境比较放松，潘建伟可以做自己感兴趣的事情，甚至在选择报考专业时，其父母也表示报什么专业都行，只要喜欢就好。这种家庭氛围对后来潘建伟对科学形成兴趣导向，依据自身对科学的兴趣，不选浙江大学而选择中国科技大学，不选择数学选择物理学专业，不选其他方向而选择量子方向，为开启"量子人生"，具有一定的影响。

二是个性风格。潘建伟从小有"不怕输"、爱探险的个性。潘建伟搬到县城读初中时语文作文、英语成绩较差，但他有"不怕输"的精神。为了把英语学好，他把同学约到家里来学，向老师请教，进步非常快。同时，潘建伟在高中时表现出爱探险的个性。高中时曾鼓动5个男生、4个女生骑车一起去雁荡山旅行。当时每人只有十多元钱,每到晚上,他拿着学校开的介绍信到当地学校请求住宿,表现出不惧困难、敢于尝试的潜质。

三是人际关系。从前述他约同学到家里帮助学习、号召同学雁荡山旅行等行为,可以看出他在人生初期具有一定的人际处理能力,即擅长向别人学习、汲取别人的优点,具有一定的组织、服务的能力,这为后期组建团队、领导团队、发挥团队作用具有重要影响。

四是良好的心态。潘建伟从小形成了做事情不急于求成,有耐心,注重循序渐进的性格。潘建伟表示:"喜欢做一件事自然就有耐心。在这个领域,智力没有太大的差别,成功与否就看耐心。有耐心就不怕失败,失败可以再来一次,至少在这个过程中我是愉快的。当然,最终的成功还需要一些幸运,其实,幸运也需要耐心。"这对他后来的研究特别是在留学海外期间不像其他学生急于出成果、急着发文章,而是沉下心来耐心做研究,具有重要影响。

2. 求学名校

一是好的学校。从潘建伟成长来看,好的学校为其成长发展奠定了重要基础。潘建伟就读的中学,东阳中学属于浙中名校,先后培养了严济慈、李正武、王伏雄等数名国内院士。本科、硕士研究生所在的中国科技大学(简称"中科大")是中国科学院所属的一所以前沿科学和高新技术为主,兼有特色管理和人文学科的综合性全国重点大学,是原211工程、985工程大学,是位列A类世界一流大学建设高校,2019年世界大学排名前200名,2018年中国百强大学排名第6。在中科大,潘建伟系统掌握了专业知识,同时,量子力学课程差点没及格,让潘建伟陷入苦思,也为其后来从事相关工作埋下种子。海外求学。先是奥地利因斯布鲁克大学,该校是量子物理研究的重镇;其后,跟随导师就读维也纳大学,该校是奥地利知名高校。量子物理"薛定谔猫"提出者、诺贝尔物理学奖获得者艾尔文·薛定谔曾在此就读并留校任职。

二是好的老师。中学时代,潘建伟的老师韦国清发现他是一个感受鲜活、对事物敏感、善于发现规律的孩子,更适合学物理,影响了潘建伟在高考时选择了中科大。研究生期间,导师建议他先从做实验开始,探索量子理论相关问题,为潘建伟后来基于实验探索量子领域问题奠定了重要基础。此外,在准备攻读博士学位的时候,老师鼎力支持、积极推荐量子物理实验研究领域领先的大学和导师,这也为潘建伟后来的发展奠定重要基础。

三是好的氛围。首先是学习氛围。大学期间,同学间比着早起晚睡学习,拼命喝茶熬夜读书,在这样的氛围中,有助于潘建伟形成勤奋踏实、刻苦钻研的风格。其次是学术影响。潘建伟大学时深受《爱因斯坦文集》影响,爱因斯坦关于"自然界的规律不会因为一个人是否高贵、是否地位显赫而变化,而是由自然界本身决定的;自然界的规律是永恒的,昨天、今天、明天都如此"的观点,影响着潘建伟以物理学为职业志向,把从简单的事实找到现在、未来不变的规律作为事业追求。

3. 海外留学

一是国际前沿。1996年潘建伟选择在奥地利维也纳大学塞林格教授门下攻读博士学位。后来被授诺贝尔奖金的塞林格教授当时仅是普通教授,但潘建伟认为塞林格教授学术活跃,从老师那里不断地获取量子信息前沿领域的最新知识,敏锐洞察这一学科未来发展的前景,及时追踪国际前沿。

二是重要转变。潘建伟跟随塞林格攻读博士学位后,从理论物理学转向实验量子物理前沿。随后,潘建伟和同事们在实验室完成的被认为是量子信息实验领域开端的成果,并以一系列标志性论文跻身量子物理研究的顶尖科学家行列。因此,转向实验量子物理,这是潘建伟成长道路上的重大转折。

三是重大突破。最初,他整天泡在实验室,从与本科生一起做光干涉实验以及一些相对简单实验作为起步,逐步加深对实验量子物理的体会。在此基础上形成了量子隐形传输实验设想,这与导师塞林格量子态隐形传输理论方案不谋而合。经导师同意,他加入相关实验组,实现了量子态的隐形传输实验,基于实验的论文发表在《自然》杂志上,被视为量子信息实验领域的开山之作,世界顶级《科学》杂志将此列为年度全球十大科技进展,这些为今后他走出自己的研究道路、成长发展成功起到了决定性的影响。1998年,潘建伟参加塞林格教授课题组,成功实现纠缠态交换。1999年,潘建伟有关实现未知量子态的远程输送的研究成果,同伦琴发现X射线、爱因斯坦建立相对论等影响世界的重大研究成果一起被著名的《自然》杂志评为"百年物理学21篇经典论文"。

(二)快速成长期(2001—2008)

2001年至今潘建伟任中国科学技术大学近代物理系教授,2003—2008年为发展冷原子操纵技术,兼任德国海德堡大学玛丽·居里讲座教授。在此期间,潘建伟及其团队迅速成长,研究成果不断突破,不断引起世界关注。2001年,潘建伟同团队实现首次四光子纠缠态,并利用多粒子纠缠态首次成功地实现了GHZ定理的实验验证(2000)。2003年,首次实现纠缠态纯化以及量子中继器的成功实验;首次成功地实现了自由量子态隐形传输,2004年,在首次实现五光子纠缠的基础上,实现了一种更新颖的量子隐形传态,即终端开放的量子隐形传态,为奠定分布式量子信息处理的基础做出了贡献,2005年潘建伟受综述权威杂志《现代物理评论》邀请撰写综述文章。2005年,潘建伟与杨涛、彭承志等同事们发表了题为《13公里自由空间纠缠光子分发:朝向基于人造卫星的全球化量子通信》的研究论文。2006年,首次实现了两光子复合系统量子隐形传态,并在实验中第一次成功地实现了对六光子纠缠态的操纵。2006年夏,中国潘建伟小组、美国洛斯阿拉莫斯国家实验室、欧洲慕尼黑大学—维也纳大学联合研究小组各自独立实现了诱骗态方案,同时实现了超过100公里的量子保密通信实验,其中,潘建伟小组在2009年进行的实验又将绝对安全通信距离延长到200公里。2007年,实现六光子薛定谔猫态。通过实验成功制备出国际上纠缠光子数最多的薛定谔猫态和可以直接用于量子计算的簇态,刷新光子纠缠和量子计算领域的两项世界纪录。

在此期间,潘建伟获得诸多荣誉。在国外奖项包括:2003奥地利科学院施密德奖(Erich Schmid)奖(此奖为奥地利科学院授予40岁以下青年物理学家的最高奖),2004欧盟玛丽·居里杰出研究奖,2004德国洪堡基金索菲亚奖,2004第八届"中国科学院杰出青年",2004第十五届"中国十大杰出青年",2005—2006欧洲物理学会菲涅尔奖(欧洲物理学会菲涅尔奖授予在量子电子学和量子光学领域做出杰出贡献的青年科学家)。在国内奖项包括2005—2008求是杰出科学家奖,2006—2010第六届中国青年科学家奖等。

从这一时期的成长来看,以下因素对其成长发展具有重要影响:

一是人才计划支持。2001年,潘建伟入选"中科院引进国外杰出人才"。

2002—2007年任教育部"长江学者奖励计划"特聘教授，"长江学者奖励计划"是高等学校国家重点建设的学科设置特聘教授岗位，实行岗位聘任制，在国内外公开招聘。入选此类人才计划，使得潘建伟能够国内、国外两头跑，一方面，在欧洲科研机构与量子研究前沿领域保持同步，与国际同行开展合作研究，把握发展最尖端技术；另一方面，能够在国内设立实验室、组建研究团队、选定研究方向，为追赶和领跑发展奠定重要基础。

二是重大项目平台。潘建伟能够在成长初期快速发展，与中科院、中科大重视重视量子信息研究，给予项目资助、平台载体建设是密切相关的。首先，项目资金支持。潘建伟回国后即获得中科院知识创新工程重要方向性项目的支持，获得中国科学院200万元经费和中科院基础局400万元经费支持，同时还获得国家基金委支持，这为后续发展奠定了重要基础。其次，载体平台支持。2001年潘建伟在中国科技大学负责组建了量子物理和量子信息实验室，2004年成立量子物理与量子信息研究部。2005年至今他任中国科学技术大学合肥微尺度物质科学国家实验室量子物理与量子信息研究部主任。正是有了学校的大力支持，使得潘建伟有了从零开始组建团队、确定方向、深入研究、招收研究生和博士后、拓展研究力量、快速创新发展的基础。

三是团队成员梯队。2001年开始，潘建伟开始组建相关团队，定位于学会和习惯做"领跑者"和"引领者"。首先，加快组建团队。从梯队构成来看，该团队多为30岁左右的青年学者，有5个教授、1个副教授、2个博士后、2个博士，培养硕士、博士生30个；从学科背景来看，5个教授学科背景不同，覆盖量子理论和实验研究、电子学、核磁共振和量子博弈等，团队成员知识互补、学科交叉，这个团队整体比较年轻、有综合学科背景，形成了良好梯队结构。其次，加强团队建设。潘建伟充满激情、眼光独到、富于前瞻性，出色领导和组织团队不断深入量子领域的研究。一方面，潘建伟利用这一阶段在国外合作研究、担任讲座教授的机会，将了解到的国际量子通信的研究动向传递给研究团队；另一方面，积极推荐学生到国外最领先的研究小组学习深造。在美国斯坦福大学的山本喜久教授（Yoshihisa Yamamoto）实验室、瑞士维也纳大学的吉辛（Nicolas Gisin）实验室、英国剑桥大学卡文迪许实验室的阿塔图尔教授（Mete Atatüre）实验室、德国马普量子光学研究所的布洛赫教授(Immanuel Bloch)实验室、奥地利因斯布鲁克大学的佐勒教授(Peter Zoller)实验室等世界顶级实验室，都有潘建伟派出访问学者，他们在合作中学到自己实验室长远发展所需的知识。为后续的发展积累了较为雄厚的人才和技术基础。尽管量子物理与量子信息研究部在微尺度物质国家实验室中是人数最少的，但成长快速、成果斐然：2001年组建，2002年就有成果，到2003年，在量子通信领域实验研究已有了很大进展，2010—2011年度，他们就在《自然》(Nature)及其子刊上发表了6篇国际领先水平的重要论文。

四是国际合作交流。2003—2008年，潘建伟得到中科院和中科大的充分理解和支持，在推进国内实验室建设的同时，在欧洲从事冷原子方面的学习与合作研究。2004年潘建伟获得欧盟玛丽·居里基金(研究经费115万欧元)、洪堡基金会索菲亚研究基金(经费105万欧元)、德意志研究联合会尼托研究基金(经费113万欧元)基金支持。在德国海德堡大学期间，潘建伟和国外同行进行着量子存储合作研究，在量子信息存储研究方向上有了相当的技术积累，为把握量子信息前沿方向奠定了重要基础。

(三)加速发展期(2008年以来)

基于前期快速地成长，潘建伟已经成为具有世界影响力的战略科技人才。2008年回国工作以来，潘建伟首次实现了光子比特与原子比特间的量子隐形传态；利用冷原子量子存储技术，在国际上首次实现了具有存储和读出功能的纠缠交换，建立了由300米光纤连接的两个冷原子系综之间的量子纠缠。2009年，潘建伟小组进行实验将绝对安全通信距离延长到200公里；团队针对量子通信实用化展开了攻关研究，研制成功量子电话样机，并在商业光纤网络的基础上，组建了可自由扩充的光量子电话网，节点间距达到20公里，实现了"一次一密"加密方式的实时网络通话和3方对讲机功能。2012年，潘建伟团队建成了国际上规模最大的量子通信网络"合肥城域量子通信试验示范网络"，标志着大容量的城域量子通信网络技术已经成熟。2013年，潘建伟小组和加拿大一研究组分别在国际上首次实验实现了测量器件无关的量子密钥分发，完美解决了所有针对探测系统的攻击。被美国物理学会《物理》杂志评选为2013年度国际物理学领域的十一项重大进展之一。2014年11月，潘建伟及其同事张强、陈腾云与中国科学院上海微系统所、清华大学的科研人员合作，通过发展高速独立激光干涉技术，结合中科院上海微系统所自主研发的高效率、低噪声超导纳米线单光子探测器,将可以抵御黑客攻击的远程量子密钥分发系统的安全距离扩展至200公里,并将成码率提高了3个数量级,创下新的世界纪录,该成果发表在物理学期刊《物理评论快报》上。2016年底把纪录刷新至十光子纠缠。2017年利用高品质量子点单光子源构建了世界首台超越早期经典计算机的单光子量子计算机。

2011年他被增选为中国科学院数学物理学部院士、当选发展中国家科学院院士,同时潘建伟及其团队获得众多学术奖励,主要包括:2012年国际量子通信奖、2013年何梁何利基金"科学与技术成就奖"。2015年获国家自然科学奖一等奖,2017年第二届"未来科学大奖"中,潘建伟荣获"物质科学奖",同年潘建伟入选《自然》2017年十大科学人物,获称"量子之父"。2019年潘建伟领衔的"墨子号"量子科学实验卫星科研团队被授予2018年度克利夫兰奖。

从这一时期的发展来看,潘建伟的成长发展受到了以下因素的影响:

一是国家战略。2006年1月时任中共中央总书记胡锦涛在全国科技大会上提出建设创新型国家,要求经济增长的科技进步贡献率要从39%提高到60%以上,全社会的研发投入占GDP比重要从1.35%提高到2.5%。同年,我国发布《国家中长期科学和技术发展规划纲要(2006—2020年)》,提出充分发挥科技对经济社会发展的支撑引领作用。其中,量子调控研究作为前沿技术,被列入国家中长期科技发展规划,作为战略方向。

二是人才计划支持。中央提出海外高层次人才引进计划,重点围绕国家发展战略目标,在中央、国家有关部门及地方分层次、有计划引进一批能够突破关键技术、发展高新技术产业、带动新兴学科的战略科学家和创新创业领军人才。作为国家引进的海外高层次人才,潘建伟获得来自中组部、中科院、科技部的大力支持,与此同时,上海、安徽等地也对潘建伟及其团队给予大力支持。

三是承担重大工程。2010年,潘建伟担任中国科学院"量子科学实验卫星"战略性先导专项首席科学家。2014年11月,作为项目首席科学家,44岁的他宣布"京沪干线"量子保密通信工程和"量子科学实验卫星"工程进展顺利,中国将在2030年率先建成全球化量子通信卫星网络。

四是壮大团队发展。中科院量子信息与量子科技创新研究院(上海)是以中国科学技术大学上海研究院为创新主体，联合中科院上海技物所、光机所、微系统所、小卫星工程中心等科研机构对量子科技重大前沿问题进行协同攻关的一支国际一流科技创新团队，凝聚了一支特色鲜明、优势互补的年轻研究团队，开展了卓有成效的研究工作，在多光子纠缠操纵及光量子计算、大规模实用化量子通信网络、自由空间量子通信、冷原子存储、超冷原子量子模拟等研究方向上取得了国际领先的成果。

五是创新体制改革。2017年潘建伟担任中国科学院量子信息与量子科技前沿卓越创新中心主任。建设卓越创新中心是中科院深入实施"率先行动计划"的重要举措，是促进创新跨越的重要抓手。建设卓越创新中心的目标是"树标杆、促跨越、聚人才"，在一些重要领域树立我国科技创新旗帜，率先实现重大突破，汇聚优秀人才团队，建设形成国际一流的创新平台，带动全院整体创新能力跃升，加速从跟踪模仿向原始创新的战略性转变。中科院卓越创新中心建设很重要的一个任务就是推动科技体制改革，探索组织重大创新活动的新机制、新模式，组合使用资源、政策和管理等手段和工具，营造最具吸引力的创新微环境。其中赋予科技人才充分的自由，不受编制、岗位、绩效工资总额、职称等限制，人员聘任、考核评价具有充分的灵活性。

六是地方政府支持。2008年，上海浦东创建中国科学技术大学量子工程中心；2015年年初，张江国家自主创新示范区专项发展资金重大项目对量子创新研究院给予项目资助；同时，上海推动建设上海量子通信产业园，包括陆家嘴金融量子保密通信应用示范网、量子通信上海总控中心与大数据服务中心，作为"京沪干线"和"量子科学实验卫星"等国家重大任务在上海落地的公共服务平台。2016年7月，中国科大又与张江高新技术产业开发区签署了战略合作协议，把上海量子通信产业园打造为集原始创新、应用研发、成果转化、国际一流人才为一体的量子信息技术卓越创新园区。这些为潘建伟及其团队抢占发展先机，引领量子通信发展具有重要意义。

七是动员社会资源。2013年12月起，潘建伟开始担任中国科学技术大学副校长，2015年6月又任中国科学技术大学常务副校长。在此期间，潘建伟的社会兼职不断增多，社会影响力不断扩大，先后当选第五届中国青年科技工作者协会会长、第十二届中华全国青年联合会副主席、中国科协第九届副主席、九三学社第十四届中央委员会副主席等职务。2018年12月18日，中共中央、国务院授予潘建伟改革先锋称号,颁发改革先锋奖章。在量子科学进入深化和快速发展的阶段,特别需要多学科交叉融合和各项关键技术攻关,需要在国家层面进行顶层设计和系统性布局,相关研究机构、国家相关部委和企业对潘建伟的研究工作给予了支持与协作。作为全国政协委员、民主党派成员,潘建伟充分运用社会影响力、社会资源对量子科学研究咨政建言,为国家在量子信息科技方面领域战略布局提出建议。

(四)几点总结

1. 个人特质

一是具有独特的个人特质,即拥有渊博的科学知识和杰出的创新能力,具有坚定的意志品质、顽强的人格特征、献身科学的精神和乐观的生活态度,具有科学精神和强烈的社会责任感、使命感。

二是具有卓越的专业特质,包括:创新性思维和创造性知识,熟稔领域发展、瞄准世界前沿的战略科技力量,具有跨越多学科的知识素养,对科技(学科)的发展做出过突出贡献,其成就为社会所公认,能引领与指导相应学科的可持续发展,善于培育、激励、造就大批科技优秀人才,领导科技研究团队或组织持续创新,形成科技持续竞争优势。

三是具有难得的战略特质,包括:战略视野,对于学科未来发展有着战略性、前瞻性的眼光,能够站在学科的前沿,凝练根本性的重大科学问题,建立独创性研究体系,开辟新的研究领域,引领学科发展新的方向;战略组织能力,组织协调、带领和影响创新团队、创新梯队甚至是几代人引领一个领域、一个学科、一门科学走在时代的前列,提出科技创新未来的生长点与制高点。

四是具有充分的全球特质。以宏观的国际视野俯视并把握学科全面发展,以触类旁通的视角精准指引关键领域突破,预测科技创新的未来生长点。

2. 团队特征

战略科技人才是"三个一大批"结合,即一大批能够把握世界科技大势、研判科技发展方向的战略科技人才,一大批善于凝聚力量、统筹协调的科技领军人才,一大批勇于创新、善于创新的企业家和高技能人才。

3. 成长因素

首先,战略科技人才依托国家实验室和世界一流科研机构、具备深厚科学积淀、合理创新团队和梯队、完备的科研基础设施。其次，嵌入全球发展网络，接触世界前沿领域，在全球科技风云中把握发展趋势、汇聚科研力量、引领科学发展。再次，前瞻布局国家科技创新体系、全面推动国家科技创新能力。

四、推进战略科技人才成长发展的对策思考

（一）深入理解内涵

战略科技人才是善于把握世界科技大势，能够科技发展战略方向，具备战略管理能力、组织能力、协调能力，引领创新团队抢占战略领域、赢得战略先机、形成战略优势，对科技创新、产业发展、国家安全、全球竞争和可持续发展具有全局性、系统性、基础性、决定性、前瞻性意义的人才。具体而言，主要包括三个方面：

1. 战略科学家

不同于一般的科学家，战略科学家是那些通过自己研究形成开创性的成果、开辟新的甚至是革命性变革的研究领域，在专业领域具有卓越成就，以科技创新成就为人类文明或社会的发展做出卓越贡献、引领未来发展、受到社会公认的杰出科学家。他们在洞悉学科专业的历史、现状和前景基础上，站得高、看得远、把握准，能够把握世界科技发展趋势，为本学科发展提炼出关键的科学技术问题，开拓新的科技领域方向，承担研究领域更宽、研究难度更大，研究内容更前沿的工作，提出具有前瞻性的新理论、新思路、新方法，他们以其学术品质、组织能力、道德风尚、人格魅力，赢得团队成员的信任，组织团结、引领带动大批科技创新人才、创新团队共同奋斗，制定一个国家、一个科学领域或一个学科方向发展，创造出具有对科技发展、经济发展、社会发展具有重要战略意义的成果。

2. 科学技术的战略家

例如被誉为"三钱"的钱学森、钱伟长、钱三强以及提出"863"计划的王大珩、王淦昌、杨嘉墀、陈芳允，他们本身为本领域开创性的科学家，其后超越既有领域，对相关领域甚至整个科学技术领域进行战略咨询、战略策划、战略制定、战略组织、战略实施的领军人物，是制定科学技术的发展战略、决定或者影响整个科学技术战略发展方向的人才。他们具有超前的战略眼

光、突出的战略胆识、高远的战略眼光、敏锐的洞察力、准确的判断力、超前的预见力,他们了解国家战略需求,把国家战略需求与科学技术的发展结合起来,他们能从全局角度思考和把握问题,在复杂局面中抓住关键和本质,综合多方建议形成正确意见,引导各方沿着正确的方向推动科学技术稳步、快速、创新发展。积极主动参与决策咨询,为努力解决经济社会发展中的战略问题提供咨询建议,提出前瞻性、战略性的规划和布局,为国家宏观举措提供科学依据。

3. 以科技引领未来的战略家

例如组织"两弹一星"的聂荣臻,又如推进"中国芯""大飞机"、新能源汽车的科学战略家江上舟,本身不是科学家或者科研人员,不直接从事科学研究和技术开发工作,但是懂得科技,对科技前沿动态、产业变革趋势、科技价值意义有着敏锐的感知,把科技放在突出重要的位置,把科技作为战略来推动,努力将现实国情与未来发展衔接起来,确定重大科技战略方向,对发展科学技术做出重要战略决策、规划跨越发展路径、谋划筛选重大科技攻关和产业化项目,积极组织领导基于科学技术的发展战略。他们是重视科学技术,尊重科学技术,依靠科学技术,支持科学技术,运用科学技术来制定、推动未来发展战略的战略家。与前者建立科学技术的发展战略不同,这里是以科学技术为基础的发展战略,包含科学技术战略,但同时又超越了科学技术发展战略,还有更为复杂的、多重的战略构成。

(二) 突出发展导向

1. 突出战略导向

必须着眼我国在世界科技发展进程中的地位、作用的变化,加快前瞻和战略布局,培养造就战略科技人才,组织优势力量积极承担重大科技任务,加强战略性技术和产品的科技攻关,突破一批关键核心技术,孕育一批颠覆性技术,创造新产品、新需求、新业态,形成支撑创新发展的先发优势,在新的世界科技竞争格局和创新版图中抢占事关国家全局和长远发展的战略制高点。确立和坚持人才引领发展的战略,围绕国家战略,聚焦有基础、有优势、能突破的战略方向、优势领域、重点领域,聚焦世界一流的首席科学家、战略科学家、世界级科技大师、风险投资企业家,依靠具有国际竞争力的人才优势形成未来发展的竞争优势。

2. 突出国际导向

必须置身于全球视野中,坚持国际一流标准,用宽广的国际视野、超前的战略眼光,找准未来发展定位和方向,加快集聚一批来自世界各地、站在行业科技前沿、具有国际视野的战略科技人才。面向世界科技前沿,把握科技发展趋势,以全球视野谋划和推动科技创新,加强重大交叉前沿战略布局,引导科技人才勇于挑战重大前沿科学问题,不断做出新发现、开辟新方向、提出新理论,建设若干世界级科学研究中心,赶超和引领世界科技发展新方向。

3. 突出创新导向

必须牢牢把握创新驱动发展态势,以体制创新、机制创新、制度创新为重点,创新有利于战略科技人才及其核心团队成员发挥作用的体制机制,创造有利于战略科技人才及其核心团队活力激情充分迸发的良好生态,推动创新链与产业链紧密衔接,大力推进重大创新成果转化应用,全面开放科技资源和设施,积极支持各类创新创业平台建设,提供更多有效和中高端科技供给,不断增强吸引力、创造力、竞争力。

4. 突出精准导向

必须聚焦关键人群、优势领域、战略方向,建立业内认可、基于大数据验证、符合科学规律的遴选机制,重点聚焦为我国基础科技领域做出大的创新、在关键核心技术领域取得大的突破、在科技成果推广应用转移转化方面获得大的发展的战略科技人才。

(三) 把握人才规律

1. 卓越的杰出科学家

具有战略科技领域独门武功、卓越研究成果的杰出科学家,他们本身就处在世界科技前沿、引领世界科技趋势、决定未来科技,代表着决定未来科技发展的起点、转折点和爆发点,影响和决定未来;也正是基于学术成果的专业权威和影响力,这样才能使大家相信、认同和追随其所提出的科技未来发展的战略思路、战略目标。因此,培养造就战略科技人才,首先要下大气力培育世界眼光、本领高强、战略取向的从事战略科技研究、抢占创新前沿制高点的优秀人才,在这些人才中发掘和遴选具有战略潜质的人才,把其培养造就成为有世界影响力、突破性成果的战略科学家。

要支持世界一流高校、科研院所建设,推进若干优势学科,共同引育战略科技人才,通过世界一流院所、一流专业、一流团队,瞄准世界科技前沿,以提升原始创新能力和支撑重大科技突破为目标,加快世界一流重大科技基础设施建设,加快国家实验室、科学工作室等全球领先科技创新重大设置、重大项目攻关项目落地,集中国家科研优势力量协同攻关的综合集成科研平台,以科技创新重大项目,吸引集聚和培养造就一流战略科技人才和创新团队。瞄准国家重大战略需求,聚焦战略科技方向,开展重大战略、重点项目、战略项目研究,在战略性、前瞻性和综合性研究实践中培养人才。

2. 杰出科学家向战略科学家转变

要培育杰出科学家、优秀科学家有战略意识、战略眼光、战略思维、战略洞察力,把握发展趋势。

一要增强杰出科学家的使命感,对人类命运与发展的使命感、对科学技术发展的使命感、对国家民族的使命感、对人民福祉的使命感。使命感越深,就会形成越来越深的战略观。

二要创造支持杰出科学家自由开展研究探索的环境与氛围,建立培育战略眼光、战略意识的项目载体、活动空间,健全相应支持系统,提供必要的资源。在充分把握本领域、本专业或者相关领域科学技术发展前沿、发展趋势、发展方向基础上,提出新的战略方向,提出新的发展战略目标和使命,并通过自身努力、团队创新实践引领更为广泛的学术网络,形成革命性变革甚至是颠覆性变革。同时,也要支持杰出科学家基于未来的战略思考、战略需求,进行战略判断,推动整体的战略转型,开辟新的研究领域、新的研究境地。

三要积极推动杰出科学家基于本领域、本专业、本行业,同时又超越本领域、本专业、本行业,联合战略科学家以及产业领域的战略管理者和政府部门的战略决策者、组织者,着眼于科学技术发展、国家发展、全球竞争等多重视角,基于对科学前沿、发展趋势、战略动向做出重大战略判断,在更高层面、更广领域、更大范围、更深程度,提出科学技术亟须突破的战略方向、亟须布局的重点领域,建构、组织、实施更系统、更全面、更深远的科学技术发展战略,提出战略目标、明确战略任务、发现战略路径,并在此基础上,在政府决策者的大力支持下,组织实施科学技术发展战略。

四要强化杰出科学家的战略领导本领,善于在综合各方面情况和意见基础上,做出正确、科学的判断,使相关课题在短期内顺利解决。领导和指导任务分解,确定研究的主要科学问题和关键技术,选择解决问题的技术途径,设立课题并制定重要攻关课题的实施方案。整合人力资源、物力资源的集中使用和大力协作,善于延揽人才、选人用人,协调好本学科、本单位的人员和项目,开展跨学科、跨单位、跨国界的学术联合、科研协作。

3. 战略科学家向科技创新的战略家转变

一要赋予战略科学家更多的战略使命。增强战略科学家科学研究的使命感、责任感,给予战略科学家更为重大的平台,提供更多的战略资源,赋予更多组织领导重大科技活动的权责,使其获得来自政府及各界的更多、更稳定的支持。从推动人类发展、国家发展、社会发展、科学技术进步的角度,要让科学家开展影响未来、决定未来的科技探索,不断提升、不断收获。要充分发挥战略科学家的组织领导、协调作用,基于市场环境、创新链或者内涵更为丰富的创新网络背景,对确定的重要方向、重点项目、重大工程,引领科学共同体跨专业、跨领域、跨区域、跨国界的整体协同,推进研究探索,实现科学发现和技术创新的大兵团作战;加大团队和梯队建设力度,储备未来人才;在国内外的政治博弈中谋求外界更多支持,取得优势地位,获取更多的资源。

二要建立科学技术战略决策咨询体系和机制。要给科学家思考和探索战略问题的机会。基于战略发展,组织开展国家创新发展战略、科学技术战略的建构活动,让科学家着手思考战略问题、未来问题。要推动建立战略科学家的联合体,发挥战略科学家及其学术共同体、专业团体在谋划、制定科学技术发展战略中的独特作用,组织具有卓越成就、世界影响力,富有战略眼光、未来取向的战略科学家,走出实验室,走出本专业、学科,积极开展世界科学技术前沿发展、未来发展方向、未来发展态势研判、技术预见的讨论、交流,使战略科学家成为科学技术发展战略的重要提出者、构建者、策划者、组织者、实施者。要完善科学家参政议政机制,在咨政建言过程中,提升战略思维、战略眼光,要建立战略科学家战略决策咨询的支持系统,给予必要的信息、技术、服务等方面的支持。

三要建立科学技术战略决策、组织和实施机制。战略决策、组织、实施机制决定着战略科学家聚焦何处,资源向何处聚集。要让战略科学家更多地参与到科技发展战略的提出、策划、组织、实施中,成为科学技术发展战略的策划者、制定者、组织者、实施者,做出影响未来、决定未来的科学技术的战略安排,明确战略目标、战略任务、战略领域、战略布局、战略路径。让战略科学家和国家整体发展战略有效融合在一起,通过积极开展科学技术发展中长期规划等重大科技规划、科技战略的谋划和制定等,在重大科技规划、重大科技战略谋划、实施过程中,发挥战略科学家的重要作用,激发和培养科学家的战略眼光、战略思维、战略意识,引导和激励科学家开展具有战略价值的科学研究和技术开发活动,让战略科学家在服务国家战略中提升战略本领,做出更多战略贡献。

四要建立战略科学家与政府部门的战略决策者、组织者和产业领域或企业的战略管理者协调互动的机制。一方面,要充分发挥战略科学家"谋"作用,让战略科学家在科技发展的方向和内容、科技发展的必要性和可行性、科技发展的战略价值、科技发展的策略和路径等涉及科学技术本身的事项进行判断,当好科学技术发展规划的"设计师",规划好创新发展的"路线图",科学地前瞻布局和系统部署。另一方面,要充分发挥政府决策者"断"的作用,在关涉重大战略利益、市场失灵的过程中,让懂得科学技术、重视创新发展的决策者,依据执政理念,在协调权衡各方利益的基础上,把发展科学技术作为发展的重点,对是否要确立科学技术发展、确立何种科学技术研究方向,以及公共资源的配置、基础设施的建设等内容进行重大战略决策,综合利用行政(各类治理工具)、法律(建立健全有利于科学技术发展的政策法规)、市场等各种政策工具,配置各方资源,支持战略科技的发展。在此过程中,政府积极把科学家引入战略选择、决策进程中,不断通过各种渠道,用自己的战略来影响科学家。

更为重要的是,要让科学家与国家发展的有效互动机制,特别是要把优秀的科学家、具有战略潜质的科学家与国家发展战略有效结合起来,把科学家的研究旨趣与国家发展的使命、人类发展的使命有机结合起来,建立起战略科学家"谋"的作用和国家决策"断"之间的有效互动。同时,还要加强对战略科学家的引领、引导,增强战略科学家的历史使命、战略意识、发展内驱力,把研究取向、努力发现与国家发展方向有效结合在一起,对符合未来发展方向、根本利益的战略研究要给予强有力的稳定支持。

4. 培育以科技引领未来的战略家

一要拥抱支持科技创新。战略家虽然不是科研人员、不直接从事科学研究探索活动，但对世界格局、未来趋势、变革动力、引领力量有准确的把握、深刻的理解，对科学技术中有战略价值、革命性突破性部分有敏锐的洞察力，充分认识到未来的发展源于创新、系于创新，把科学技术创新放在整体发展突出位置和重要位置；对科学技术自身的发展有比较清晰准确的认识，对科学技术创新的前沿、趋势以及可能的突破点有比较完整的把握，能够依据科学技术创新规律，对科学技术相关活动需要在哪里、什么范围、什么时间点给予什么样、多大程度的支持具有全面的把握。同时，基于科技的战略家不可能从一开始就培养，从中小学或大学进行系统的培养，而应该尽可能基于不同体制，在优秀的政治家、优秀的官员和公务员队伍中选拔或推选出对科学技术创新情有独钟，把科学技术作为重点发展战略领域、具有战略潜质的人才。要使其了解、懂得、深谙科学技术。

二要赋予决定未来发展的决策权责。着眼和把握未来发展趋势，基于自身的价值理念、政治主张，按照自身的基础条件、资源禀赋、能力水平，统筹协调各方利益，在均衡各方利益的基础上，对要不要做、为什么做或不做、有没有条件基础和能力去做、是不是合适的时机去做、要做什么、先做什么后做什么、谁来做、怎么做、运用什么资源和手段工具来做、如何调整内外资源、环境来做等一系列问题进行决策。要使战略家承担历史责任，要赋予其公共权力，要构建其做战略决策、开展战略组织领导的动力机制、激励机制，特别是应对那些可能承担战略方向、战略担当的激励机制，要构建战略家作战略决策的咨询支持机制、服务机制，给予资源支持。要有法律法规的机制。要使战略家学会和善于与科学家、企业家以及公众一道共同参与和完善决策过程，有效推进战略组织领导，通过构建支持科技创新的治理体系和制度架构，提升符合科技创新发展战略要求的治理能力。

三要提升决定未来发展的战略本领。第一，要有战略使命感。战略眼光一定程度上是与战略使命结合在一起的，没有对历史使命、对人民赋予权力的深刻认识，就可能陷入事务堆，缺乏对长远的、未来的事情展开深刻、系统、全面的思考，就不会有危机感。第二，要有战略格局观。要有大格局，要睁眼看世界，了解全球发展的格局，对现实有清醒的认识，对发展规律有整体的把握。要知道世界在哪里、全球怎么样、优势劣势何在。第三，要有战略选择本领。面对多数科学家都认为自己所从事的科学探索是最优秀、最突出、最重要的研究，面对各方主体都说自己认定的情形是最有道理、最有机会、最为重要的领域，面对各方资本基于自身利益不断推高或者"炒热"某些领域、制造虚假繁荣的情况，面对公众从众，战略家要保持头脑清醒、冷静思考，不过度热情、不过度迷失，开展正确的战略选择。还要有咬定青山不放松的战略定力和直面风险、面对压力的责任担当。要有战略决策本领。要掌握战略决策的能力，包括战略意识、战略眼光、战略胆识、战略协调能力、战略组织能力。

（四）加大培育力度

1. 培育战略意识、加强创新定位、聚焦重点方向

当前，人才发展进入新阶段、人才竞争具有新特点、人才工作面临新使命。要实现民族振兴、赢得国际竞争、赢得未来发展，归根到底要靠人才实力。这就要求我们要用超前的思维、关键的措施，加大战略科技人才开发力度。

一是要有强烈的人才意识、超前的战略意识、坚定的改革意识。要以习近平新时代中国特色社会主义思想为指导，突出人才的战略性、基础性，坚持党管人才原则，健全党管人才领导体制和工作格局，走中国特色人才发展道路，形成中国特色人才战略体系、理论体系、制度体系；要运用世界眼光，从赢得国际竞争的主动角度，认识人才工作的重要性、紧迫性，努力建设现代人才发展体系，加快构建具有全球竞争力的人才制度体系，聚天下英才而用之；要立足更高站位，放眼长远历史，从实现中华民族伟大复兴、建设现代化强国的角度，突出人才工作的前瞻性、引领性，谋划全面建成小康社会决胜阶段和2035年、2050年奋斗目标相一致的人才事业发展蓝图，最大限度地把党内和党外、国内和国外各方面优秀人才集聚到党和人民的伟大奋斗中来，加快建设人才强国；要进一步坚定改革决心和信心，突出人才工作的创新性、开拓性，全面深化改革和扩大开放，实行更加积极、更加开放、更加有效的人才政策，努力形成人人渴望成才、人人努力成才、人人皆可成才、人人尽展其才的良好局面，让各类人才的创造活力竞相迸发、聪明才智充分

涌流。

二是把创新放在突出的位置上，以创新来强化战略科技人才开发的内核。有效把握发展趋势，抓住科技变革、产业发展的机遇，抢先实现创新突破，完全有可能以新的知识、新的技术、新的业态、新的模式，实现"换道超车"，改变人才实力、竞争力的既有结构，以新锐力量开辟、引领、集聚新的领域，实现人才实力、能力的跃迁。第一，要强化自主创新的决心和意志，不被外部左右，不被别人蛊惑，不被自己迷惑，不被风险吓到，咬定青山不放松，不能轻言放弃，在战略前沿、核心领域、关键技术领域进行创新突破，特别是对认清的方向、趋势、领域，在新一代信息技术、生命科学、先进制造技术、能源技术、空间和海洋技术等决定战略、决定未来的优势领域、前沿领域，要抢占先机。第二，要增强创新的本领，加快建设世界一流大学、科研院所，加大对创新投入、完善创新基础，超前谋划和抓好国家重大科技创新平台、大科学设施和装置建设，加快推进政产学研金全方位合作，优化创新创业生态系统，优化人才友好发展环境，构建国际一流的营商环境，造就一批能够把握世界科技大势、研判技术发展方向的战略科技人才，培养一批善于凝聚力量、统筹协调的科技领军人才，集聚一批勇于创新、善于创造的企业家和高技能人才，让一流人才、一流技术、一流项目成为建设现代化经济体系，实现高质量发展的强大动能、关键力量。第三，要建立加强创新体制机制，要聚焦核心领域、关键技术，建立创新发展体制，健全战略明确、系统协同、军民融合、各司其职、运作高效、效果明显、持续发展，具有竞争优势、具有影响力的自主创新的顶层设计，发挥政府、市场主体的核心作用，推动形成战略科学家、科技领军人才、青年科技人才和高水平创新团队与企业家（创业者）、投资者、专业服务者、技能人才以及政府管理者等在内的具有竞争优势的人才集群，打造人才要素与资本、技术、信息等其他要素紧密结合的最佳组合，发挥更大的作用。

2. 加快战略科技人才培养

加大引进和培养一批具有国际影响力、世界一流的战略科技人才及其团队力度。依托高校、科研机构，鼓励支持拥有自主知识产权或掌握核心技术的高层次人才、中青年成长型人才带创新成果在职或离岗创业。

一是加快科技创新重大项目建设。瞄准世界科技前沿，以提升原始创新能力和支撑重大科技突破为目标,加快世界一流重大科技基础设施建设,加快张江综合性科学中心、国家实验室、科学工作室等科技创新重大设置、重大攻关项目落地,以科技创新重大项目吸引集聚一流领军人才和创新团队。

二是加快世界一流高校、科研机构建设。充分发挥高校院所在人才集聚、科技创新中的核心功能,加快世界一流大学、学科建设进程,支持鼓励在沪高校、科研院所建设与区域发展需求相匹配的若干优势学科,共同引育高端人才,促进人才链、创新链与产业链的深度融合。引导高校院所新布局一批国家(重点)实验室、工程中心等国家级重大科技基础条件平台,对新设国家(重点)实验室等,给予财政支持和配套服务。支持高校、科研机构等创新主体承担国家工程实验室、国家重点实验室、国家工程(技术)研究中心、国家企业技术中心、国家制造业创新中心等国家级重大创新载体建设,对承担市工程实验室、重点实验室、工程中心、技术中心、公共技术平台等各类创新载体建设任务,予以支持。鼓励支持新型研发机构建设,给予相应经费支持。以政府投资、企业化运作的建设模式为主,鼓励和支持高校、院所及龙头企业采用"研究机构、科技园区、产业基地"三位一体的运作方式,提高产业技术创新组织程度及效率,探索建设一批新型产业研发组织,围绕产业链部署创新链,开展应用研究、技术服务、标准固化、成果转化、人才集聚和产业规划。鼓励海外高层次人才创新创业团队发起设立专业性、公益性、开放性的新型研发机构。支持高校院所、科技企业联合创办国际大学、实验室、跨国合作协会组织等。

三是充分发挥跨国研发机构的作用。贯彻落实国家关于吸引跨国公司、国际组织及联盟落户相关优惠政策,鼓励跨国公司、国际组织及联盟利用其海外资源。支持企业在张江、自贸区发起成立国际性行业协会、产业联盟。充分发挥自贸区优势,支持跨国公司在张江、自贸区设立研发中心、结算中心、采购中心、营销中心、数据中心等功能性机构。

四是建立开放式共享创新平台。建立部市、院地、区校(所)合作,共建研究院所和产业技术创新联盟,加快推进共享科技文献信息、技术产权信息、大型科学仪器、生物种质资源、专家库等基础性科技资源,相互开放国家级和省级重点实验室、工程技术研究中心等创新载体,推进创新资源、创新基础设施向全球创新创业者开放。支持以政府财政投入的科研基础设施向中小微企业开放。鼓励有条件的企业单位和其他创新载体向社会开放大型科研设备。推动各创新载体围绕顶尖人才及其团队,以合作研究、开放课题、学术交流、委托试验、人才培训等多种形式开展良性互动,加大面向社会的开放力度,实现资源共享。出台相关资助办法,激励产业链上的资源整合及不同产业间的跨界合作,对促成合作的组织或个人,给予奖励。

五是建立产业创新中心。围绕信息技术、生命健康等产业的新一轮发展,引进和培育一批具有核心技术和创新能力的新兴产业龙头企业,发挥企业吸引、使用科技创新人才的主体作用。加强市区联动,推动企业、大学和科研机构的产业技术创新合作,以龙头企业为核心,运用市场机制集聚项目、资金、人才、企业等创新资源,组建若干家产业技术联盟,打造信息技术、生命健康、智能制造等一批具有持续创新功能的产业集群,形成国际影响力。符合条件的,可以登记为企业法人,按规定享受企业研发费用加计扣除政策,支持其承担市科技计划项目。

六是海外人才离岸创新创业基地。依据创新发展动向、产业发展趋势的判断,在影响未来创新发展的重大创新节点、创新城市设立海外人才离岸创新创业基地,有效发掘人才、发现项目、深度链接。推动自贸区、张江、中心城区等地强化海外人才创新创业基地的功能,吸引集聚海外人才和团队,开展为期3—6个月的早期适应性预孵化,克服海外团队"水土不服"的问题。完善海外人才离岸创新创业运作机制,通过会员制度、跨国公司产业智库、离岸研究院,帮助海外人才了解产业发展需求、熟悉市场、投资需求、明确发展定位,找准场景应用,提供建议咨询。完善离岸创新创业基地配套服务,包括:资金支持、政策解读、落地产业合作、人才扫描、猎头服务等。

3. 加快战略科技人才集聚

一是要继续加大海外战略科技人才的集聚力度。第一,要求树立开放的观念,突出"聚天下英才而用之",置身于全球视野中,用宽广的国际视野、超前的战略眼光,找准未来发展定位和方向,有效把握开放的战略机遇,超前谋划、优先布局,更加积极、更加开放、更加主动地吸引人才、培育人才、发现人才,有效集聚和配置全球要素资源。第二,要建立开放的网络,进一步加大全球布局和联系程度,加快集聚一批来自世界各地,站在行业科技前沿,具有国际视野,具有一流水平的首席科学家、战略科学家、世界级科技大师、风险投资企业家,不断强化与顶尖机构的国际合作交流,将更多居于重要学术网络、技术网络核心位置的外籍顶尖人才及其团队等引入中国,要把握"互联网+"特征,面向全球征集创新思想和项目,让更多分布在全球各地的人才、智慧向中国集聚。第三,要建立开放的平台,要支持高校院所、科技企业联合创办国际大学、实验室、跨国合作协会组织等,在境外设立研发、销售分支机构,为吸引全球人才搭建平台。要积极引进跨国公司、前沿公司,推动建立全球研发中心,利用自由贸易港、自由贸易试验区,推动保税研发。要加大对一流企业的招商引资力度,鼓励掌握新技术、锐技术、突破技术的企业来华发展,开拓中国市场。第四,必须建立开放的政策,要对标国际最高标准、最好水平,不断强化制度创新,加快全方位、深层次人才制度创新变革,进一步推进国际人才自由流动政策体系、服务体系的创新探索,进一步提升配置全球人才资源的能力,为新一轮高水平对外开放做出新的贡献。

二是要转变海外战略科技人才引进策略。第一,继续鼓励支持中国的学生、科学家以留学、访学的方式进入美国顶尖的高校、实验室,要通过合法的渠道、外交的渠道、民间的渠道,坚持合作共赢、对等互惠的原则,推动美国放宽中国学生、科学家签证限制。要在核心领域的周边区域有系统布局、统筹安排,有计划安排输送人员进入或者接近核心领域、核心人员、核心团队形成的创新网络亚层次人员。继续鼓励支持中资企业机构突出市场化运作方式,更加突出利益共赢的方式,吸引集聚海外人才及其项目。同时,要注意投资布局。第二,加快发展专业服务业,通过专业服务机构获取最新的信息,整合关键的信息。在目前突出购买"硬"技术、项目以外,要克服当前短板,加快推动专业服务业的海外发展。专业服务机构接触对象多、信息广泛、网络密集、人头熟悉,既可以掌握核心信息,也可以掌握核心周边的相关信息。第三,进一步加大与海外相关"圈子"的联系,加大全球布局和联系程度,加强与全球主要创新城市和地区合作,建立与伦敦、波士顿等世界级创新城市的交流与合作平台,探索建立国际科技合作联盟、国际科技合作基地、国际科技产业合作园区,打造具有国际影响力的博览会、高峰论坛和学术会议,吸引全球各类人才。

三是要设立吸引全球战略科技人才发展资金。支持企业、社会组织、创新创业团队基于市场原则,在全球布局,开展国际市场拓展、国际研发合作和国际化环境建设,基于市场原则,鼓励企业、机构通过自建、并购、合资、参股、租赁等多种方式建立海外研发中心、实验室、国际孵化器,开展关键核心技术研发、产业化应用研究,创新创业孵化,吸引和集聚更多海外优秀人才。对本市企业、创新创业团队围绕重点领域、产业与世界 500 强企业、全球 100 强大学、全球 100 强研究机构开展实质性合作,联合进行新技术、新产品研发、转化、技术引进创新等活动,给予在国际研发合作费用、国际技术转移服务费用的资金支持。

四是继续深入加强国际合作。对战略科技、前沿领域、关键学科国际学术交流、技术协作不能断,还要不断强化与顶尖机构的国际合作交流,将更多居于重要学术网络、技术网络核心位置的外籍顶尖人才,例如诺贝尔奖大师、核心人物、跨国公司的首席技术官等引入中国。要广泛举办国际学术论坛、技术论坛,让更多海外人才传递、分享关键信息。更为广泛地推动在美高校前沿领域的博士、博士后来华交流合作,推进博士后国际交流计划,推动博士共同研究,建立博士后论坛机制,充分利用优秀博士、博士后背后的导师资源和学术网络,抓住未来发展的生力军。要更广层次地开展商务交流合作。要积极支持海外创新创业大赛,充分利用日益增多的民营资本、创投资金,鼓励具有中资背景的资本投资美国的前沿项目。积极引进跨国公司、前沿公司,推动建立全球研发中心,利用自由贸易港、自由贸易试验区,推动保税研发。要加大对美核心企业、核心技术的招商引资力度,鼓励掌握新技术、锐技术、突破技术的企业来华发展,开拓中国市场。欢迎支持留学人员、连续创业者、美国非华裔国际创客,带着美国的技术、新模式来华创业,加快创业签证流程。拓展使用非传统的人才流动模式,善于运用众包、虚拟方式、临工经济(gig economy)等利用全球人才智慧。

五是完善战略科技领域顶尖人才引进机制。第一,建立顶尖人才、特殊人才遴选委员会,对具有顶尖人才、特殊技能技艺的海外人才,开辟遴选评价"绿色通道"。第二,建立海外顶尖人才创新团队成员积分评估机制,探索顶尖人才担保引进机制。

4. 聚焦人才体制机制创新

一是加大战略科技人才开发,必须明确人才体制机制取向,以改革释放人才的活力。第一,要建立面向全球、具有中国特色的现代人才发展治理体系,要在坚持党管人才原则下,在加强党对人才工作全面领导的基础上,着眼于"科学规范、开放包容、运行高效"的要求,建立围绕人才成长发展的政府、市场、社会等三者之间的合理关系,形成一个服务于人才成长的治理体系,不断提升支持人才发展的治理能力。第二,要在更深层次、更广范围、更大力度推进人才发展体制机制改革,推进流程创新、政策创新和制度创新,坚决破除束缚人才发展的思想观念和机制障碍,着力解决人才评价制度不合理、人才管理制度不适应科技创新要求、不符合科技创新规律等问题,重点围绕人才培养、人才评价机制、人才使用机制、人才激励机制进行创新突破,加快形成有利于人才成长的培养机制、有利于人尽其才的使用机制、有利于竞相成长各展其能的激励机制、有利于各类人才脱颖而出的竞争机制,以改革红利不断释放人才红利,最大限度把广大人才创造活力激发出来。

二是探索有利于战略科技人才及其团队成长发展的开发机制。对引进世界一流的战略科技人才及其团队,简化程序、一事一议、特事特办,给予顶尖人才及其团队连续5年的项目资助。积极争取有关部门支持,结合加快推进张江综合性国家科学中心建设契机,支持区内高校、科研院所、园区等试点建立"学科(人才)特区",设立海外诺奖大师、战略科学家人才工作室,探索建立新型研发机构运行机制,开展外籍顶尖专家及其核心团队成员申请有关科研、产业等项目基金的试点,开展海外顶尖专家及其核心团队成员薪酬突破事业单位绩效工资总额、专业技术岗位编制限制,探索符合国际惯例、灵活多样、有利于人才潜心研究的人才招聘、博士和博士后招生制度,科研经费管理、科研评价、科研管理等方面先行先试。支持建立战略科学家领衔机制,推动重大前沿领域跨学科交叉融合、创新要素开放共享、多主体协同创新。设立外籍顶尖人才及其成员综合补贴项目,给予住房补贴以及探亲费、语言训练费、子女教育费等,由领衔专家自主分配。对以非现金形式或实报实销形式取得的住房补贴以及探亲费、语言训练费、子女教育费等,给予暂免征个人所得税待遇。设立海外高层次人才社会保险专项补助资金,为外籍或持外国人永久居留许可证的高层次人才,按规定办理基本社会保险和补充养老保险。

三是建立符合国际发展惯例的人才管理机制。第一,建立新型科研管理制度。对战略科技人才设立国家实验室、科学家工作室,建立新型研发组织,实行以人才创新试验,形成可复制、可推广的符合国际惯例的科研管理制度。第二,建立新型的人员管理方式,不定行政级别,不定编制,实行人员总量管理。不受岗位设置、工资总额等限制,在人员聘用(任)、职称评定、出国审批等方面享有充分的自主权。建立新型的开放、流动、竞争、协同的用人机制,赋予首席专家更大的人财物支配权和技术路线决策权。第三,建立经费稳定支持机制,对面向战略科技人才的国家实验室、科学家工作室、新型研发组织单设预算户头,统筹安排人员经费、开放运行费、科研仪器设备与基础设施修缮购置经费、基本科研业务费、国家科技计划委托项目经费、基本建设经费等。第四,建立任务导向、目标导向,兼顾长期效益和短期目标相结合的评估考核制度,将任务及目标的完成作为评估考核的主要依据,不以发表论文、获得奖励为导向,评估以年度自评和外部中长期评估为主,注重第三方评估和国际同行评价。

四是创设优越的科研条件和保障。要有持续稳定的科研经费支持,保障科研人员潜心开展科研工作。提高科研队伍国际化程度,除特殊领域和项目外,应有一定比例的外籍科研人员。实行稳定与流动相结合、保障与激励相结合的聘用与收入分配制度。建立与科研人员能力和贡献相一致、具有竞争力的薪酬待遇,对于实验室负责人、部门负责人、首席专家,实行年薪制。对于各类特殊人才,制定相应的特殊支持政策。国家对突出贡献者给予荣誉和奖励。

5. 建立平战结合机制

养兵千日,用兵一时。既要着眼当前急需,及时组成人才团队,形成创新联盟,加快科技攻关,能够迅速形成战斗力,以最短的时间、最快的效率取得战果;又要着眼长远,加强战略谋划和前瞻布局,在安排战略领域、优势领域的同时,对可能导致重大风险的领域,储备一批战略人才及其团队、一批战略项目、一批战略平台载体、一批战略物资,甚至储备极端情况下的备份计划、替代方案,加大人才培养,加大重大科技创新,提高应对风险的能力。

一是加大人才、创新团队的战略储备。第一,摸清人才底数。充分发挥制度优势,坚持党管人才原则,强化人才部门职责,组织协调科技、教育、卫生健康、经信、建设等多个部门,要依托人才工作、人才计划、人才数据库,进行对现有人才及创新团队力量进行排查,摸清本地人才及其创新团队底数、来源、层次、分布,明晰人才知识基础、技术能力、前期积累、现有成果的专业优势。第二,建立清单制度。要针对重大风险,建立面对国家重大公共安全风险的人才大中小型名单制度,动态更新小名单(应对风险关键领域的战略科技人才、科技领军人才、核心团队成员)、中名单(有关领域的重要支撑人才)、人才大名单(相关领域的有用人才),加强应对重大风险人才战略储备。第三,完善倾斜机制。要充分认识面对重大风险技术、项目战略储备的特殊性,建立有别于一般人才培养的科研管理倾斜机制,建立"注重效果、不唯论文""注重社会效益、不唯经济效益"的人才分类评价考核机制,建立注重长期的人才激励、人才使用、人才晋升的管理办法和配套政策,引导科技创新人才加大相关领域研究。第四,建立诊断机制。要结合战略分析、危险分析,定期开展重点人才诊断机制,面对重大风险发生的关键时刻,能够给得出名单、挑得出人选、拉得出队伍。

二是加大技术、项目的战略储备。建立应对重大风险的技术和项目储备机制,通过设立专项基金,实施重大工程、重大科技攻关计划,积极开展相应领域的基础研究、应用研究和技术开发,储备一批技术、一批方法。要根据风险的性质、特点、阶段等不同需求,确定科研攻关方向,确定"近期项目""中期项目""远期项目"。要依托战略储备项目,强化基础研究、应用研究、技术成果转化等人才的锻炼培养,并从中发现新的风险点,探险新的技术路线和方法。

三是加大基地、物资的战略储备。第一,储备一批战略基地。依托有条件的高校、科研院所、企业、行业组织储备建设一批应对重大公共安全风险的基础研究、应用研究、技术与装备研发基地、技术标准及测试基地、成果转化生产基地。第二,储备一批战略载体。推动国家和地方重点实验室、工程中心、专业技术平台、功能型平台等各类科研基地成为战略储备载体,平时开展相关研究,"战时"优先面向各类创新主体开放载体,为人才创新联盟、应急攻关提供服务。第三,储备一批战略资源。积极储备有效应对重大公共安全风险的资本、技术、信息、数据、文献、病例、标准、案例、生物资源,以备战时使用。

四是强化应对风险的战斗准备。第一,有预判机制、定期会商机制,建立战略科学家、科技领军人才、核心创新团队、公共安全专家、政策制定者组成的联盟,建立专家顾问团,建立参谋系统。第二,应急响应机制。制定应急行动指南,完善风险预警机制,紧急情况下迅速启动。

五是建立人才创新"战时"应急响应机制。第一,快速甄选、组建人才团队。要打破常规,特事特办、急事急办、非常规事非常办,综合使用人才评价发现机制,依托高校、科研院所、企业等各方面现有优势力量,或者采取直接任命、直接点名,选定首席专家,组织精锐力量,建好应急人才创新联盟,快速响应、快速筹备、快速启动项目。对在某一方面能力卓越、但在有些方面还有些不足的团队,在引导各自拿出解决方案的同时,由政府引导组建大的协作创新团队,相互取长补短,开展联合攻关。要给予首席科学家充分的权力,包括"组阁权"、指挥权,对人财物的支配权,对科技路线决定权、分配权。第二,探索建立密切配合的协同创新、科研攻关机制。要突出"大兵团"作战特点,迅速掌握攻关需求,明确任务内容、突破方向和路径,亟须突破的技术难题,合理分解研究任务,采取更加果断、更加有力、科学周密的行动,强化协同创新,增强应急攻关能力。在协同创新机制中,要突出"没有大小、不分彼此",打破身份、资历、所有制界限,谁有办法思路、谁有最新技术,就可以试验,调动各种力量参与到课题研究、技术攻关、创新突破上来,通过全链布局,多种方案齐头并进,找出技术路线、找出可行方案。要建立人才创新联盟内部高效的定期沟通、问题诊断、知识共享、共同学习机制,及时共享研究收获,总结成功经验,对难题集思广益、出谋划策,不断调整、不断尝试。同时,要建立更大范围的国际协同创新机制,依托世卫组织等国际组织、政府间国际组织,强化与各国高校、研究所、实验室创新团队合作交流,探索建立应对重大公共安全风险的全球治理机制。

参考文献

1. 习近平:《决胜全面建成小康社会　夺取新时代中国特色社会主义伟大胜利——在中国共产党第十九次全国代表大会上的报告》,人民网—中国共产党新闻网 2017 年 10 月 18 日。jhsjk.people.cn/article/29613458.
2. 本书编辑组:《党的十九大报告辅导读本》,人民出版社 2017 年版。
3. 白春礼主编:《杰出科技人才的成长历程》,科学出版社 2007 年版。
4. [挪威]詹·法格博格、[美]戴维·莫利、[美]理查德·纳尔逊:《牛津创新手册》,知识产权出版社 2009 年版。
5. 九三学社中央宣传部:《潘建伟:量子人生》,《科普中国》2017 年 12 月 20 日。
6. 马林:《"70 后"院士　潘建伟的人生常数》,《人民网—中国共产党新闻网》2011 年 12 月 30 日。
7. [美]尼古拉斯·沃诺塔斯(Nicholas S. Vonortas)、[美]菲比·鲁吉(Phoebe C. Rouge):《创新政策:一本实用指南》,社会科学文献出版社 2016 年版。
8. 沈荣华:《战略科学家》(手稿)。
9. 吴长锋:《潘建伟:量子世界里的领跑者》,《科技日报》2015 年 6 月 2 日。
10. 郑静晨:《时代呼唤战略科学家》,《解放军报》2012 年 6 月 14 日。
11. 中国工程院课题组:《我国高层次工程科技人才成长规律研究总报告》,2007 年 7 月。
12. 朱春奎:《上海科技顶尖人才培养与引进战略研究》,《中国科技论坛》2004 年第 1 期。
13. Inteligência em Inovação, *Creative Urban Regeneration*: *The Case of 'Innovation Hubs'* PT Intelligent Cities, Oct. 2007.
14. OECD, *The global competition for talent*: *mobility of the highly skilled*, OECD.
15. National Intelligence Council, 2012, *Global Trends 2030*: *Alternative Worlds*, Sep 2008.
16. European Commission, 2012, *Global Europe 2050*, Luxembourg: Publications Office of the European Union, 2012.
17. America 2050 Research Seminar Discussion Papers and Summary(2009), *American 2050*: *New Strategies for Regional Economic Development*.
18. Asian Development Bank, 2011, *Asia 2050*: *Realizing the Asian Century*, 2011.
19. Pricewaterhouse Coopers, 2013, *World in 2050*, *the BRICs and beyond*: *prospects*, *challenges and opportunities*, 2014.
20. Johnasson et. al., 2012, *Looking to 2060*: *Long-term global growth prospects*, OECD Economic Policy Papers 2012.
21. 马林:《"70 后"院士潘建伟的人生常数》,人民网 2011 年 12 月 30 日。
22. 戴红:《潘建伟:量子人生》,《科普中国》2017 年 12 月 20 日。
23. 吴长峰:《潘建伟:量子世界里的领跑者》,《科技日报》2015 年 6 月 2 日。
24.《潘建伟演讲:为什么我们的学校总是培养不出杰出的人才?》,《科技日报》2018 年 9 月 27 日。

第三章
海外人才：
引领驱动国际大都市人才发展的重要力量

一、上海海外人才发展的历史进程[①]

(一) 从开放之初到 1991 年：初步恢复

1978 年，中国在经历了"文化大革命"之后，国家经济建设急需各方面的人才，特别急需掌握先进科学技术的高层次人才。邓小平在 1978 年 6 月 23 日清华大学汇报工作时指出："不要怕派出去，回不来"，并强调要"增大派遣留学生的数量，派出去主要学习自然科学。要成千上万地派，不是只派十个八个"。"要千方百计加快步伐，路子要越走越宽。"邓小平的这一决策，快速打开了留学人员出国的大门，为改革开放出国留学政策做出了重要的奠基工作。当年，第一批国家公派赴美 52 名留学生。在此基础上，党的十一届三中全会到党的十二大，国家确定了突出重点，统筹兼顾，保证质量，开拓渠道，力争多派的留学政策，主要派出对象以大学生、进修生和研究生为主。为此，1978 年 8 月至 1982 年年底，中国向世界上 54 个国家派遣各类留学人员共 14 000 多人，属国家计划统一选派的留学生有 10 596 人。

这一阶段，来自海外的科学家、实业家的鼎力相助，也推动了中国留学生赴海外求学的进程。1979 年，著名物理学家李政道提出创设中美联合培养物理类研究生计划(CUSPEA)，选拔中国留学生赴美求学。1984 年 5 月 21 日，为解决 CUSPEA 学子学成归国的工作问题，李政道向邓小平建议，借

[①] 汪怿：《上海集聚海外人才的现状与展望》，《神州学人》2019 年 Z1 期。

鉴国外的博士后制度,在中国设立博士后科研流动站,实行博士后制度。邓小平当即表示赞成。同年11月,我国试行博士后制度的帷幕正式拉开。1985年,在邓小平支持下,香港实业家王宽诚出资1亿美元建立"王宽诚教育基金会",1985年该基金会在时任上海工业大学校长钱伟长建议下,成立了留学生考试选拔委员会,于1985年10月从2 100名考生中首批遴选51名学生资助出国攻读博士学位。

从1980年8月开始,陆续有留学人员结业并回国。1984年10月《中共中央关于经济体制改革的决定》通过之后,改革开放各项政策展开,我国出国留学政策日渐放宽,推动了出国留学高潮的掀起。与此同时,1986年12月,国务院批转了《关于出国留学人员工作的若干暂行规定》,作为第一个法规性文件,首次对出国留学整体工作做全面系统规范。1988年进一步提出对留学回国人才提供各种服务,创造好的工作环境和生活条件,拓宽就业范围并实行人才流动等政策。20世纪80年代后期,留学工作一度因为留学人员滞留海外的问题有所反复,但20世纪90年代开始,江泽民重申,向国外派出留学生属于改革开放的一个部分,我们的改革开放没有变,所以这也没有变,而且今后还能做得更好。[①]

在上海,1984年9月3日,上海市欧美同学会(2007年增冠上海市留学人员联合会)恢复活动。1985年,时任市长江泽民参加该会活动,发表热情讲话,并亲笔填写了入会申请表。1988年,经时任上海市委书记江泽民和时任上海市市长朱镕基提议和决定,全国第一个省级政府人事部门所属留学人员专门工作机构——上海市回国留学人员服务中心,于1989年6月24日正式对外工作。1989年,经市政府同意,下发了《关于做好回国留学人员安置工作的意见》,就回国留学人员工作安置中的编制、职称评审的职数、户口申报、家属"农转非"等问题做出了具体规定。此时,引进的留学人才规模较小,但人才层次很高,分布在高校和科研院所,还有一部分作为交流学者到高校进行短期讲学,其中不少人才成为两院院士和高等院校、科研院所的学科带头人,这些高层次留学人才对于中国认识世界、走向世界、融入世界具有积极作用。

[①] 赵卫:《在改革开放的热土上——中国留学人员回国服务纪事》,《瞭望》1990年第52期。

(二) 1992 年至 2002 年：基本成型

邓小平南方谈话以后，社会主义市场经济体制确立。1993 年党的十四届三中全会明确提出"支持留学、鼓励回国、来去自由"的方针。1994 年，市委、市政府提出上海要建设人才高地，而其中留学人才是重要的资源，充分开发海外留学人才资源，采取有力措施支持留学人员更广泛、更有效地为国家和上海的建设发展服务，成为这个阶段留学人员工作的重要主题。

1. 建立工作服务机构

在从事留学人员工作与服务的机构方面，1992 年和 1994 年，先后经国家教委和国家人事部批准，上海建立了国家教委留学服务中心上海分中心（海外称中国留学服务中心上海分中心）和国家人事部所属上海市留学人员工作站，与上海市回国留学人员服务中心合署办公。1997 年 3 月，成立上海市留学人员工作处，与上海市回国留学人员服务中心合署办公。2000 年机构改革时，在国内率先实施市人事局国际合作处（留学人员工作处）与国际人才服务中心（上海市回国留学人员服务中心）"管办分离"。

在留学人员联谊、交流方面，一方面，充分发挥市欧美同学会的作用。1994 年 2 月 20 日为纪念上海市欧美同学会成立活动，江泽民在北京亲笔题词："广泛联络海内外学友，为振兴中华繁荣上海做出贡献。"从 1998 年起，上海市欧美同学会与上海海外联谊会连续成功举办十届"中华学人与 21 世纪上海发展"系列研讨会，成思危、韩启德、严隽琪、陈竺、华建敏、徐匡迪、韩正先后作主旨报告，众多海内外知名专家、学者与会，为上海的可持续发展共献良策。2000 年中央第一次将出国和归国留学人员纳入统战工作范围，留学人员成为统战工作的重要对象。市欧美同学会开始发挥新的作用。另一方面，1996 年 8 月 8 日上海成立了上海市留学人员联谊会，作为以来上海服务和回国来上海工作定居的学成留学人员为主体对象的民间组织。该组织成立以来，开展了向"希望工程"、灾区捐款捐物、资助回国留学人员科研等活动，发挥民间组织的独特作用。

2. 出台留学人员政策

1992 年市政府发布了《上海市鼓励出国留学人员来上海工作的若干规定》，及《关于出国留学人员来上海投资兴办企业的有关规定》《上海市引进海外高层次留学人员的若干规定》等一系列指导性文件和配套政策，鼓励和支持留学人员来沪发展。这些政策明确了留学人员回国工作按照双向选择的市场原则,可回原单位工作、自行联系工作或进入"三资"企业工作或自行开办企业。同时,也着眼于留学人员的现实需求,突破了旧有条框的限制,不断解决引进工作中的一些关键问题。例如,有效地解决了原从外省市出国留学学成来上海定居工作人员及其随归配偶、子女办理在沪落户手续问题,提出鼓励已获得国外长期或永久居留权的学成留学人员,可以最低注册金为1万美元来上海创办享有外商投资企业同等待遇的留学人员企业(当时对外商投资企业注册金规定最低为20万美元),提出了给予回国留学人员科研经费资助、子女就学等便利,市计委还专门拨出40多套二居室住房作为留学人员公寓。

1996年6月上海创立了专门的留学人员创业园区,之后,上海市人事局与张江、嘉定、漕河泾、虹桥临空和科技创业孵化基地、宝山等6个单位共建了留学人员创业园区。其中,浦东张江和嘉定园区被国家科技部、人事部、教育部、国家外国专家局认定为国家级留学人员创业示范园区。

2002年,上海实施了《引进人才实行〈上海市居住证制度〉》《上海市海外留学人员来沪创办软件和集成电路设计企业创业资助专项资金管理暂行办法》,一方面引入"柔性流动"理念,对来上海工作、创业的海内外人才实施上海市"居住证"制度,为不能或不便取得上海户籍的人才提供了优惠和便利;另一方面,在创业资助方面,规定凡是在海外有8年的留学和工作经历、所创办的软件及集成电路设计企业注册于2002年元旦之后、注册资金满6.2万美元或50万元人民币的留学人员,经过审批给予10万元政府一次性无偿资助,用于技术研发。

3. 开展慰问招聘活动

采用"走出去""请进来"的多种方式,到海外广泛招聘上海经济建设和社会发展所需要的各类留学人才。从1991年起,上海已先后多次参与国家有关部门组团的相关活动,赴欧、美、加、日、澳招聘、慰问海外留学人员。1993年4月,上海市政府首次派出"上海市赴美国慰问招聘留学人员工作团",在美国9个城市举行了10次慰问招聘座谈会,与留学人员座谈或联系逾千名。2002年9月和10月,上海市人事局先后在法国巴黎和美国旧金山硅谷设立上海国际人才交流协会驻法联络处和驻美联络处,这是中国省级政府人事部门首次在海外设立专门机构引进集聚海外人才。通过一系列走出去慰问和招聘的活动,使出国留学人员学成回国来上海工作定居或短期工作和来上海创办留学人员企业的人数明显增多,产生了良好效应。

除了走出去到国外慰问、招聘留学人员,上海还于1994年5月首次邀请了24名留学人员代表来上海举办"回乡省亲信息交流会"。历年来多批来自海外的留学人员代表团组,受到上海市委、市政府历任和现任领导的亲切接见。2000年10月,成功举办了"新世纪上海人才国际化论坛暨高新技术项目合作洽谈会",100多位在海外有影响力的留学人员来沪参加论坛,为构筑上海人才资源高地献计献策。

(三) 2003年至2008年:全面加速

2003年12月26日,中共中央、国务院做出了《关于进一步加强人才工作的决定》,这是建党80多年、新中国成立50多年第一次。该决定根据新形势的要求,提出了人才引进的四条新方针,就是"拓宽留学渠道、吸引人才回国、支持创新创业、鼓励为国服务"。在此背景下,以"万名海外留学人才集聚工程"为标志,上海引进留住留学人才工作按下了"快进键"。

1. 全面启动"万名集聚工程"

2003年8月16日,中共上海市委组织部、市人事局发布了《关于本市实施"万名海外留学人才集聚工程"的意见》,决定实施"万名海外留学人才集聚工程",计划在3年内,向海外留学人员提供1万个中高层次专业技术和管理岗位,集聚万名海外留学人才来沪工作。并明确要求创新工作机制,做到能用、敢用、会用海外留学人才。2003年8月月底,上海召开"万名集聚工程"发布会,除上海主会场外,在日本东京、美国华盛顿、法国巴黎和英国伦敦设立了分会场,众多的海外留学人员借助网络视频一同参加了发布会。会议通过网络面向海外留学人员公布了首批350多家单位、1 045个招聘岗位目录,涉及公共行政、市政建设、汽车、生物医药、微电子及集成电路、教育、医疗卫生等30多个行业类别。

"万名集聚工程"原计划用3年时间集聚1万名海外留学人才,实际到2005年11月,就已集聚了10 203名留学人才,提前9个月完成任务。工程启动前,上海平均每年只能吸引1 000名左右的"海归";工程启动后,每年来上海工作的留学生迅速增加到4 000人。这些人才普遍具有高学历(拥有本科以上学历 98%,其中,硕士生占 63%,博士生占 23%)、紧缺型(所学专业大多与上海的产业布局契合,大多是上海紧缺的管理、金融、信息、材料等专业人才)等特点。[①]

2006 年 1 月 7 日,启动了第二轮"万名海外人才集聚工程",计划用 2 年时间再集聚 1 万名高层次海外人才,这轮集聚,包括高层次留学人才、外国专家和港澳台专才三类人才。与第一轮相比,第二轮集聚工程有"四个转向"和"四个突出":一是引进对象从单一的留学人员转向留学人员、外国专家和港澳台专才,外延扩大了,突出了海外人才引进的全覆盖。二是人才集聚由注重"量"转向更加注重"质",突出重点引进高层次紧缺急需的海外人才。三是由单纯吸引海外人才转向鼓励海外人才进行自主创新,突出人才的自主创新贡献。四是由以集聚为中心转向集聚和管理并举,突出海外人才的管理工作。截至 2007 年 2 月 28 日,第二轮集聚工程共引进 10 324 名海外高层次人,其中留学人员 5 217 名、外国专家 4 791 名、港澳台专才 316 名,提前 9 个月完成预定目标。

2007 年 3 月 1 日,第三轮"上海海外高层次人才集聚工程"正式启动。这轮引才计划紧紧围绕上海建设"四个中心"、实现"四个率先"的要求,重点引进本市紧缺急需的海外高层次人才,包括:汽车(新能源)、通信(3G)、航空、隧桥等重大工程、创意产业、自主品牌、文化艺术等。与前两轮集聚工程不同的是,随着上海经济社会全面发展转型以及政府职责功能的逐渐调整,从第三轮万名海外人才集聚工程开始,上海的海外人才集聚工作进入了常态化管理模式,政府职责进一步明晰缩减,市场机制的决定性作用逐渐加强,上海的海外引才工作过渡到以政府为主导引领,以市场为主体的长效工作机制。

2007 年上海还专门出台了《上海市 2007—2010 年引进国外智力工作行动计划》,对吸引海外人才提出了"3100"工程、"雏鹰归巢"计划、归谷工程。3100 工程,即用 3 年时间,在"四个中心"建设急需领域,引进一批处于国际前沿,具有影响力的科学家、技术专家、企业家等领军人才。"雏鹰归巢"计划,即聚焦世界排名前 100 位的著名大学,选择学习成绩优秀的我国留学人

[①] 季明:《上海未来两年将引进万名"海外人才"》,《新华网》2006 年 1 月 7 日。

员,以及在国外跨国公司中担任中高级职位的海外优秀高层次人才,通过掌握信息、建立联系、加强合作、提供服务等多种形式,不断跟踪,加强培育,积极引进。力争每年跟踪100名海外留学人员,为各类海外高层次人才引进计划提供扎实的人才储备。归谷工程,即以留学人员创业园为载体,启动1—2个创业园区示范点建设,使留学创业人员在园区内享有子女入托入学、学术交流、技术公共平台共享等集约式配套服务。

2. 健全留学人才工作网络

一是在党委、政府管理机构方面,围绕党管人才工作体制,上海建立了组织部门牵头抓总、人事部门归口管理,组织、人事部门合力推进的工作格局。2005年,上海建立了由市领导牵头,17家市级单位共同参加的海外人才工作联席会议制度。这一时期,为推进海外集聚工程,市委组织部和市人事局还成立了专门的"万名海外留学人才集聚工程"办公室(简称"集聚办"),负责实施岗位征集、信息平台构建、留学人员申请受理、政策咨询、公共人事服务等具体工作。

二是在群团工作方面,2007年12月29日,为适应留学人员工作发展的需要,上海市欧美同学会增挂"上海市留学人员联合会"新会牌,时任全国人大常委会副委员长、欧美同学会·中国留学人员联谊会会长韩启德教授题写增冠会名。

三是明确用人单位是留学人才引进的主体,突出建立以市场机制为主导,实行双向选择、合同聘用、来去自由的基本模式。政府的作用主要是收集需求信息,建立服务平台,畅通引才渠道,提供公共服务。

四是发挥高校海外校友会、华人民间组织等在联系海外留学人员与国内用人单位的重要桥梁作用。上海交通大学硅谷校友会、华东师范大学海外校友会、美国硅谷中国工程师协会等一大批海外校友会和专业人士协会在信息发布、信息传递、人才预约、人才集聚等方面都发挥了重要的作用,在海外建立了很好的联系网络,并有为上海、为母校服务的愿望,成为国内与海外留学人员沟通的桥梁。

3. 留学人才政策突破力度不断加快

一是鼓励来沪工作创业。2005年,在市委组织部协调下,市人事局组织劳动保障、科技、教育、公安、工商、财税、医保等职能部门一起研究制定了

《鼓励留学人员来上海工作和创业的若干规定》，使留学人员在上海工作创业期间能够在养老、医疗、创办企业、外汇兑换、子女就读等各方面享受市民待遇，同时，切实解决了留学人员专业技术职务任职资格评定、报考国家公务员、社会保障及子女就学等长期难以解决的问题。

二是实施浦江人才计划。2005 年 7 月针对长期以来困扰留学人员的创业、科研启动资金缺乏问题，2005 年市人事局和市科委共同推出"浦江人才计划"，每年出资 4 000 万元，为初来上海工作和创业的高层次留学人员提供"第一桶金"。"浦江计划"资金主要用于科研开发、科技创业、教学、文化艺术创作等研发性领域，申报和资助项目分科研开发、科技创业、社会科学以及特殊急需人才四类。

三是加强留学创业园区建设。2005 年，经国家人事部和市政府批准，上海以张江留学人员创业园区为主体，联合所有的创业园区，成立"中国上海留学人员创业园"，整合各种服务资源进入园区，完善孵化功能，为留学人员提供更加全面的创业服务。创业园区中涌现了包括展讯、微创等在内一批具有自主知识产权的高新技术企业。

4. 留学人才服务环境不断完善

一是构建高层次人才服务工作平台。为完善留学和海外高层次人才公共服务，上海市人事局专门成立了海外人才服务中心，联合市公安、财政、工商、质监、外汇管理等 10 多个部门，集中为来沪工作、创业的留学人员提供高效的"一门式"服务、"延伸服务"，全方位服务留学人员及其家属，解决他们的后顾之忧。2003 年秋，上海市留学人员联谊会与静安区教育局专门在上外静安外国语小学、中学设立回国留学人员子女定点班。此外，为着力营造服务留学人员的良好环境，突出政治上关心、生活上关怀、工作上照顾，从 2002 年开始，上海开设留学人员党校班，让留学人员系统地学习邓小平理论和"三个代表"重要思想，通过专题报告、安排留学人员考察国情、市重大建设项目和规划等。2006 年 2 月 24 日，上海作为全国 3 个试点单位之一，启动留学回国人员党员恢复组织生活试点。截至 2007 年 2 月底，全市留学回国人员中有党员 2 116 人，已恢复组织生活的 1 982 人，占近 94%。

二是推进服务延伸到海外，扩展到海外人才身边。上海每年都派出海外人才招聘团赴欧美、日本、澳大利亚等发达国家。上海国际人才交流协会在美国硅谷、德国汉诺威、英国伦敦、法国巴黎、日本大阪、澳大利亚悉尼、加拿大多伦多、中国香港等地建立驻海外联络处,使之成为加强内外沟通、对外宣传的桥头堡,成为在海外直接为上海引才工作服务的窗口。2008年,全球金融危机爆发,上海市政府有关部门以及上海浦东发展银行、上海银行、上海证券交易所、中国太平洋保险公司等20余家金融机构赴伦敦、芝加哥、纽约举办3场"2008年上海市海外高层次金融人才招聘会",推出银行、基金、证券投资等专业领域170多个职位。此后,上海每年均有相关部门、区县海外招聘团,吸引了不少海外人才参与"四个中心"建设。

三是营造鼓励良好社会氛围。上海市与《人民日报(海外版)》《神州学人》杂志等主要涉外媒体建立了长期合作关系,宣传上海的海外人才政策和工作,沟通国内外信息。2004年7月,上海市人事局留学人员工作处联合上海留学人员联谊会和上海演出家艺术团主办了反映留学人员归国创业题材的小剧场话剧《动心》的演出活动。2005年12月31日至2006年1月2日上海成功举办海外华人音乐家新年音乐会,上海市、国家外专局主要领导与在沪的外国专家和留学人员代表千余人一起观看了海外华人音乐家的精彩演出。100位来自海外各著名乐团的华人音乐家齐聚上海,同台为上海奉献世界级水平的古典音乐盛会。

(四) 2008年至2012年:聚焦高层次

1. 加大高层次人才引进力度

一是继续推进海外高层次人才基地建设。根据《上海市实施海外高层次人才引进计划的意见》,申报确定复旦大学、上海交通大学、宝钢、中国商飞、杨浦、紫竹、国际汽车城等12家入选国家级海外高层次人才创新创业基地的同时,启动了首批市级海外高层次人才创新创业基地申报、评审工作。首批20家入选上海市级海外高层次人才创新创业基地。

二是积极开展引进海外高层次人才活动。2012年8月,上海在奉贤举办以"推动上海创业精神"为主题的"2012年上海国际英才创新创业活动周"。其间,先后举办外企高管、金融人才、投资与创业人才、工程与材料、生命科学等8个人才论坛以及9场上海人才政策及信息发布会,重点发布《上海民营企业引进海外高层次人才需求目录》《上海金融机构引进海外高层次人才需求目录》,以及各个人才基地所在区县的各项人才优惠政策。同时,上海每年加大面向海外的招聘力度,邀请中国留学毕业生来沪发展。2009年在沪举办英国牛津、剑桥、伦敦政经学院、帝国理工等"四大名校中国留学人员上海职业见面会",后来逐渐将来源范围扩大到英美加著名大学,越来越多的留学人员通过这一渠道向上海聚拢。

2. 继续加大政策创新突破

一方面,通过设立海外人才专项资助计划,加大对海外人才创新创业资助。另一方面,在对"三个10亿元"实施效果进行综合评估的基础上,市财政局会同上海银监局、市金融办等职能部门,进一步推出了以"两个增加"(增加安排本市商业银行信贷风险补偿财政专项资金10亿元;增加安排10亿元市级财政专项资金)为主要内容的财政政策新举措。此外,市政府设立30亿元规模的创业投资引导基金,引导民间资金投向本市重点发展的产业领域。

3. 加强留学人员团结引领

作为留学人员的统战团体,2008年以来,上海市欧美同学会·上海市留学人员联合会团结广大会员,发挥同学会海内外联系广泛、人才汇聚优势,继续举办"中华学人与21世纪上海发展"研讨会、院士座谈会、SORSA论坛、海外留学人员回国创业培训班等品牌活动,创建了归国留学人员理论研究班、海外留学人员创业培训班、留学人员职业发展公益论坛暨企业与人才对接会三个新品牌活动,深入开展调研,积极建言献策,广泛吸引海外高层次人才,在服务上海"四个中心"建设中取得了新的成效,会员在积极参与中更好地实现了个人价值。

(五)进入新时代:不断创新

1. 在推进海外人才引进政策方面取得重要突破

在出入境政策方面,争取公安部支持先行先试4批共32条创新性、突破性移民与出入境政策措施,优化外籍人才居留与出入境政策措施,建立由市场主导、门槛透明简洁的人才申请永久居留市场化渠道;进一步简化来沪创新创业外国人的入境和居留手续,扩大长期居留许可签发范围;扩大非上海户籍居民在上海申请出入境证件的范围,授权上海市公安机关制定港澳居民特殊人才及家属来上海定居政策并实施审批等,大力拓展外籍人才永居申请渠道。

在外国人来华工作政策方面,开展《外国人入境就业许可》和《外国专家来华工作许可"整合,颁发《外国人工作许可证》制度,实施"上海科技创新职业清单"制度,积极实施外籍高层次人才认定工作,率先允许"双自"地区(张江、自贸区)相关用人单位直接聘雇世界知名高校外籍应届毕业生,发放了第一张外国留学生就业证,实现了外国留学生毕业后直接在沪就业。推出外国人来华工作不见面审批制度1.0、2.0和3.0版本,出台外国人来华工作许可"不见面"审批4.0版,进一步放宽外国人来华工作许可申办年龄、学历和工作经历的限制,放宽外籍青年人才、科研团队成员办理工作许可限制,加大外国科技人才、创新创业人才及高技能人才的引进,试点允许在创业孵化期内的外国人才及研发团队办理工作许可,实施更加优惠的个人所得税减免政策,进一步加速推动境外高端紧缺人才税收政策的出台。推进长三角生态绿色一体化发展示范区外国高端人才(A类)和专业人才(B类)工作许可互认。

在留学人才政策方面,优化留学回国人员直接落户政策。用人单位引进的海外高层次留学人才和在国(境)外高水平大学获得博士学位的留学人才,全职工作后可直接落户。重点产业、重点区域和基础研究领域用人单位引进的在国(境)外高水平大学获得本科以上学历的紧缺急需专业留学人才,全职工作满6个月后可直接落户。拓展海外人才居住证功能,在临港新片区工作的已入外籍的留学人员可直接办理长期海外人才居住证,在全国第一个实现"中国绿卡"与地方海外人才居住证对接,推行电子证照,提高证照申请和使用便利度。

2. 在建设一流引才载体平台方面取得明显成效

充分依托国家实验室聚才,全力支持张江等国家实验室建设世界一流实验室,集聚造就一批世界一流人才和团队。实施具有国际集聚力的人才发展特殊机制,建立以信任为前提的顶尖科学家全权负责制,实施具有国际竞争力的薪酬体系,建立与国际接轨的人才评价体系。依托光子科学、生命科学等领域的重大科学设施聚才,依托上海光源、超强超短激光装置等重大科学设施,集聚一批从事基础前沿领域和攻关关键核心技术的世界一流人才和团队。依托世界顶尖科学家协会聚才,充分放大世界顶尖科学家论坛溢出效应,依托世界顶尖科举家协会,以具有国际吸引力的世界顶尖科学家社区、国际联合实验室等事业载体集聚海外顶尖科学家。

3. 在建立健全海外人才服务方面取得长足发展

一是推进"放管服"改革。在本市16个区和临港新城地区下放外国人来华工作许可审批权,建立市、区两级外国人来沪工作办证"单一窗口",实现外国人工作相关证件"同一窗口、并联审批、同步拿证",方便用人单位"填一张表、走一扇门、办两件事",审批由原来的10＋7天缩减为7天。

二是完善人才生活服务。在居住服务方面,实施人才安居工程,坚持"租购并举、以租为主,房补结合、以补为主,市区联动、以区为主"原则,加大市级人才安居工作统筹协调,建立全市人才安居供需对接平台。在医疗服务方面,2021年1月1日起,在浦东张江科学城内试点部分外籍人才单独参加职工医保。用人单位和持B证外籍人员本人按规定缴纳职工基本医疗保险(含生育保险)费,可按规定享受相应职工医保和生育保险待遇。在海外子女教育服务方面,出台《关于具有本市户籍留学人员其持外国护照子女享受优惠政策的通知》,在全国率先实现了留学人员的外籍子女在就学、参加医疗保险等方面享受市民同等待遇。进一步推进国际学校和中外合作办学机构(项目)建设,推进教育国际化讲程,更好满足高层次人才对子女国际化教育的需求。在生活便利服务方面,推出外籍人才薪酬购付汇FAST PASS办事指南(试行),将外籍高层次人才资格认定和外籍人才购汇业务功能纳入"一网通办"。在全市推广实施支持外国人才及团队成员在创业期内办理工作许可的政策举措和外籍人才薪酬购付汇便利化措施。

三是健全移民融入服务和外国人才公共服务体系。打造外国人移民融入服务站和社会融合服务站,构建政府主导、部门联动、社会参与的移民融入服务体系,打造成为全国"实践样本",着力打造"1个中心、2个平台、7个基地、300家服务站"体系,其中:1个中心为2019年9月正式启用的上海移民事务服务中心,首创试点开展"政府主导、部门联动、社会参与"的外国人融入服务模式;2个平台,即出入境电子政务服务平台和手机微信端服务平台"双平台";7个基地,即在国家移民管理局、市政府共同领导下,市出入境管理局与上海社会科学院共建的移民政策研究基地,以及和浦东新区、长三角一体化示范区、G60科创走廊等共建的6家移民政策实践基地;300家服务站,即3年内在全市范围建设300家移民融入服务站和外国人社会融合服务站。

（六）上海海外人才工作的基本经验

一是始终高度重视留学和海外人才的重要作用。改革开放以来，上海始终强调以留学和海外人才是我国现代化建设、城市发展不可或缺的重要人才资源，始终坚持留学工作方针，从"支持留学、鼓励回国"再到"支持留学、鼓励回国、来去自由"12字方针，再到"支持留学、鼓励回国、来去自由、发挥作用"16字方针，把引进和支持留学人员以多种方式为国服务作为人才工作的重要组成部分，在制定宏观发展战略、完善政策体系、健全工作协调机制、建立服务体系、实施创业支持计划以及努力营造有利于留学人员回国创业的良好环境等方面发挥了重要的指导作用。

二是始终以独特优势吸引集聚留学和海外人才。上海对留学和海外人才吸引力显示出强大的"人才磁铁"效应，得益于突出事业机遇、制度创新和环境优化三个优势的综合作用，特别是在不同的时代，以独特的上海机遇、广阔的空间和舞台，作为吸引、集聚留学和海外人才的重要动力，成为"海归"近悦远来的重要基础。

三是始终把高层次、国际化作为工作重点。结合我国经济社会发展特别是上海城市发展的需要，统筹开发利用国内国际两种人才资源，在加速国内人才培养的同时，始终把引进高层次国际化人才作为工作的重点。通过高层次海外人才的引进集聚，加强自主创新、加快发展高新技术企业和现代服务业，推动产业升级和结构优化，促进了经济社会的发展。

四是始终把制度创新作为重要突破方面。加大吸引留学和海外高层次人才工作的顶层设计，围绕人才高峰工程，不断加大人才工作领域改革开放的力度，不断破解一些长期制约人才发展的陈旧观念和体制机制障碍、难点热点，形成覆盖产学研、中央地方衔接、内容多样的人才引进体系和政策体系，不断加大工作投入和资助力度，不断加大海外人才载体平台建设，为海外人才保驾护航，为吸引海外人才奠定重要基础。

五是始终把环境建设作为吸引留学和海外人才的重要基础。得益于历史的积淀、独特的区位优势、规模经济以及来自中央政府的大力支持，各地在建设创新创业发展的投资基础环境，与国际接轨的公平、透明的营商环境和宜居、活力、幸福的生活工作环境方面都取得了长足的发展，特别是以北京、上海、深圳等为代表的城市，成为跨国公司研发机构集聚地、创新创业发展的策源地,为海外人才施展才华、安居乐业提供了良好的环境基础。改革开放40年多来,上海始终把优化环境、完善服务体系建设作为一项重要的工作任务来抓。针对海外人才特点和现实需求,制定特殊的支持政策,建立留学人员创业园和海外人才离岸创新创业基地,完善创业服务功能和网络,妥善解决他们工作生活中存在的现实困难,为海外人员回国创业提供了有力的支撑。

二、上海海外人才发展面临新形势、新任务

(一) 新形势

从世情看,世界处于百年未有之大变局加速演变阶段,全球力量"东升西降"趋势明显,中美战略博弈不断加剧,国际秩序深刻调整,全球治理处在重大变革的关键时期;新一轮科技革命和产业变革加速演进,国际环境日趋复杂,不稳定性不确定性明显增加,经济全球化遭遇逆流,单边主义、保护主义、霸权主义对世界构成威胁,后疫情时代全球产业链、供应链、创新链、人才链发生重要变革,美国对华人才遏制、科技封锁、经济脱钩呈现新动向。面对全球竞争,创新越来越成为取得全球竞争优势的关键基础,人才越来越成为引领发展、赢得未来的战略资源,人才竞争的激烈程度前所未有,人才变革的迫切需求前所未有。面对全球变局、把握发展态势,需要上海正确看待引才形势,因势利导、顺势而为,化压力为动力、变挑战为机遇,更大力度地吸引汇聚海外人才,创造更好的环境,让海外人才成为发展的重要力量,更好地肩负起代表国家参与国际合作与竞争的使命,更多地在全球发展中创造新的发展亮点、创造新的发展机遇。

从国情看,当今中国,正处在中华民族伟大复兴的关键时期,经济稳中向好、长期向好的趋势没有改变,继续发展具有多方面优势和条件,但面对的机遇和挑战有新的发展变化,发展不平衡不充分问题仍然突出,特别是在构建新发展格局中,全国各地千帆竞发、百舸争流,上海面临着国家赋予的更大使命、开展先行先试的新机遇。立足全面建设社会主义现代化国家新阶段,贯彻创新、协调、绿色、开放、共享的新发展理念,构建以国内大循环为主体、国内国际双循环相互促进的新发展格局,发展是第一要务、创新是第

一动力、人才是第一资源。充分发挥海外人才掌握先进技术、管理经验,具有国际视野开阔,熟悉国际规则,拥有丰富跨国人脉等优势,靠人才来引领高质量发展,让人才来释放巨大创新动能。

从市情看,当前和今后一个阶段,是上海抓住国家战略牵引、功能引领发展、都市导流创新、区域协调发展等机遇和有利因素的关键时期。在这一关键时期上海要加快推进国际经济、金融、贸易、航运、科技创新中心和文化大都市功能全面升级,基本建成令人向往的创新之城、人文之城、生态之城,基本建成具有世界影响力的社会主义现代化国际大都市和充分体现中国特色、时代特征、上海特点的人民城市,成为具有全球影响力的长三角世界级城市群的核心引领城市,成为社会主义现代化国家建设的重要窗口和城市标杆。对标最高标准、最好水平,担负起中央交给的重要使命、创造新时代发展新奇迹,要全面确立人才引领发展的战略地位,扩大"海聚英才"品牌影响力,进一步实行更加开放、更加便利的人才引进政策,大规模集聚海内外人才,加快形成具有全球吸引力和国际竞争力的人才制度体系,促进人才要素市场化配置,为科创中心建设提供强劲持续、全方位全周期的智力支撑,成为天下英才向往的机遇之城、逐梦之都。

(二)新任务

党的十八大以来,习近平总书记多次亲临上海视察,对上海人才工作做出重要指示,要求上海发挥国际化程度高的优势,广泛集聚各方面优秀人才。2020年在浦东开发开放30周年庆祝大会上,习近平总书记要求上海率先实行更加开放更加便利的人才引进政策,积极引进高层次人才、拔尖人才和团队,特别是青年才俊。《中共中央　国务院关于支持浦东新区高水平改革开放　打造社会主义现代化建设引领区的意见》明确要求,建立全球高端人才引进"直通车"制度。《中共上海市委关于厚植城市精神彰显城市品格　全面提升上海城市软实力的意见》专门对营造英才汇聚的创新"强磁场"。面对重大任务、历史使命、战略机遇,面对全面提升城市吸引力、创造力、竞争力、影响力,海外人才具有新的角色、海外人才工作具有新的使命、海外人才发展具有新的发展空间、海外人才机制需要释放新的强劲动力。

1. 进一步突出地位作用

充分把握世界格局变化、中美战略竞争、全球科技和产业变革、全球人才流动等趋势,理解吸引、用好海外人才的重要意义。要立足新发展阶段、贯彻新发展理念、构建新发展格局,推动高质量发展,充分突出海外人才在科技创新、产业变革、经济发展、社会进步领域不可或缺的中坚力量地位,把吸引、集聚、用好具有国际视野、通晓国际语言、熟悉国际规则的海外人才作为主要工作,让能够赢得全球科技创新和人才,能够在全球范围内产生重要影响力,起到关键作用,引发科学技术重大突破和产业重大变革、带来经济社会持续发展和人民美好生活的人才,能够引领潮流、创造新产品、新市场、新业态、新领域,能够创造市场、创造就业岗位的人才,成为吸引集聚的重点。上海要充分按照中央对上海的定位和要求,从建设"五个中心"、具有世界影响力的社会主义现代化国际大都市的角度,分析做好海外人才工作、充分发挥海外人才作用的重要任务。

2. 进一步加大集聚水平

立足新发展阶段、贯彻新发展理念、构建新发展格局,推动新时代上海高质量发展,要更大范围、更高水平引聚全球英才的力度,特别是聚焦重点产业、重点区域和基础研究重点领域的卓越海外人才。更大范围,指的是把握全球创新、全球人才流动的态势,从引进海归人才转到真正意义面向全球人才,聚天下英才而用之。更高水平,是指聚焦有基础有优势能突破的战略方向、优势领域、重点领域,通过集聚天下英才和改善人才发展环境,提升人才开放层级、调整人才开放结构、促进人才制度创新、优化人才发展环境,让各类具有真学识、真本领的天下英才能在中国共享机遇、共迎挑战、共创繁荣,让中国成为世界各类优秀人才施展才华、创业发展的热土,成为成就天下英才,实现自我价值,走向全球的起锚地、转折点。

3. 进一步强化政策创新

立足新发展阶段、贯彻新发展理念、构建新发展格局,推动高质量发展,要进一步加快海外人才政策突破和服务能级提升,探索建立具有中国特色、时代特征、上海特点、更具有竞争力的海外人才制度体系。一方面,要抓紧构建具有全球发展视野、突出公正平等价值、激发创新创业活力、强调市场配置作用和政府有为作用、加快人才成长发展和价值实现的人才制度体系;另一方面,抓紧建立政府、市场主体、社会组织及人才个体等主体有效互动,共同推进人才发展的治理体系,运作各种方式开展推动建立权责统一、运转高效、法治保障的人才开发机制,让上海成为更多海外人才成长之地、事业发展之地、价值实现之地,让人才成为引领新时代上海高质量发展的战略资源、关键动力、引领力量。

4. 进一步充分发挥作用

立足新发展阶段、贯彻新发展理念、构建新发展格局,推动新时代上海高质量发展,面对以创新创业为主的海外人才,要充分发挥现有创新基础、资源禀赋和独特发展优势,建立符合国际惯例、突出能力业绩、人才管理制度和人才评价制度、服务体系,积极培育创业生态,推动领军企业、高校院所、创业金融、创业服务、创业文化等要素协同互动,创造海外人才作用发展更大空间、才华展示更好舞台、创新创业更优生态。

三、上海海外人才发展面临的主要问题

(一) 顶层设计的问题

一是海外人才领导体制还不能有效适应战略竞争要求。面对中美战略竞争日益激烈,美国对华人才、科技遏制日益加剧的背景,海外人才领导体制亟待进一步加强、深化,包括在党委领导下,组织部门与统战部门之间围绕海外人才的部际协调机制有待加强,国内人才发展与海外人才发展事实上存在"两张皮"的问题有待破解,联动机制亟待建立。

二是海外人才战略布局还不能适应战略格局变化。面对中美战略竞争等外部格局变化,海外人才信息搜集、整合、分析机制亟待增能,海外人才当前的吸引集聚与长期接触影响缺少必要机制,坚持面上全职引进基础上,缺少针对特殊人才采取特殊吸引集聚模式,缺少针对不同国别、不同类型、不同领域人才采取灵活的吸引集聚手段、方式和政策,有效防控人才风险、维护人才发展海外利益、确保人才发展安全的总体战略以及多样化政策手段使用策略亟待系统设计。

三是海外人才经费支持还不能满足赢得战略优势要求。缺少海外人才寻访的专项资金,缺少重金延揽核心人才、重金购买核心技术、重金获取核心信息的制度安排、精准投入,缺少对人才领域海外布局、海外深耕的资金支持。

(二) 政策创新的问题

1. 出入境与工作许可方面

一是永居证待遇有待进一步落实。2012年中组部、人社部等25部门印发《外国人在中国永久居留享有相关待遇的办法》的通知、2015年中共中央办公厅、国务院办公厅印发《关于加强外国人永久居留服务管理的意见》,尽管本市一直在推动该项工作,但政策落地有待进一步加强,永居外国人的获得感和感受度仍然不强。

二是永居"绿色通道"需进一步拓宽。一方面,部分在"两重一基"领域、"卡脖子"领域、紧缺急需外籍人才,因无职称、资格证书、奖项,或未达到国际公认杰出成就,或未在国内知名企业、高新技术企业、创新型企业及国家重点高校、科研机构任职,不能被认定为海外A类人才,无法办理永居等相关待遇。另一方面,在沪长期工作海外人才办理永久居留"绿色通道"过窄,目前仅在临港新片区试行持工作类居留一定年限、符合一定条件后可申办永居的政策,缺少覆盖全市整体性、系统性制度安排,难以满足海外人才稳定发展的预期,难以满足浦东新区引领区建设、全市发展需要。

三是"创业签证"亟待突破。目前,本市存在不少外国留学生在本市高校毕业后有创业需求,还有不少外籍自由职业者来沪有创业需求,此外,还有不少工作合同期满后选择留沪创业的外企工作人员。尽管在"科创12条出入境政策"中运行申请S2(加注"创业")签证和居留许可,本市外专部门也针对外籍创业者在全国首创发放《外国人工作许可证》,但在开业、资金往来、收入、融资等方面仍有诸多不便,亟待像近年欧美、新加坡等积极推行"创业签证"那样,率先新设专门针对海外人才创业的签证政策,为吸引集聚更多海外人才来沪创业奠定基础。

2. 创新创业发展方面

一是人才使用方面,海外人才作用发挥还主要局限在"体制外"企业及部分国有企业初阶岗位或专业岗位,获得永居资格海外高层次人才在国有企事业单位法人代表、领导人员、高级管理人员等方面开放度还不高,改革创新滞后于海南,面向海外人才的特设岗位、聘用岗位还不多。

二是人才评价方面,人才评价标准仍旧突出学历、职称,突出SCI、SSCI,评价指标体系不够科学、不够灵活,影响人才在华潜心研究,一些业界具有才华的艺术家、设计师,因学历达不到要求无法引进。同时,海外人才在职称评审时,过往专业工作经历、学术或专业技术贡献认定缺少操作细则;与主要国家职业资格特别是职业许可互认进程较慢,单方面认可、部分认可、临时认可职业清单尚未推出,滞后于海南,海外专业人才在沪从业自由仍受一定影响。

三是人才创新创业方面,海外高层次人才领衔申请科研项目、产业项目时存在"软门槛",由于需用中文申请、缺少服务支持,导致成功申请概率低。缺少面向带项目、带技术、带资金来沪创办小微企业、科技企业外籍人才的专项创业支持项目,这些人才不能享受境内人才同等税收、项目、融资支持;对以服务海外创业人才为主,成功推进技术成果转化和模式创新的孵化器、众创空间,缺少专门的支持性和奖励性政策。此外,获得永居身份的海外人才以内资身份进行工商注册已在浦东新区试点,但与现有相关法律存在一定冲突,缺少立法保护。

四是职业发展条件还有待完善,互联网网速还不快,浏览境外网站获取专业或学术信息还受到一定限制,通过专线服务价格较贵等,人才在访问国外网站和数据库时"上不去""速度慢""下载难"等现象普遍存在,高层次人才对优化跨境访问互联网服务需求迫切、反映强烈。

3. 税收激励方面

外籍人才及其单位目前普遍存在"税收焦虑",即国家有关外籍个人津补贴免税优惠政策即将到期,后续政策尚未明确,如不享受住房补贴、语言训练费、子女教育费津补贴免税优惠,会抬高外籍个人或企业成本,导致外籍人才存在"外流"或离华倾向。

(三)服务保障的问题

一是在子女教育上,上海国际学校数量少、费用较高,有多子女外籍员工负担过重、望而却步,在高校、科研院所、国企工作的外籍人员无法获得经费资助,同时受到条件限制,外籍人才子女入读公立学校难度依然较大,子女教育的后顾之忧亟待解决。

二是在社会保障上,例如,外籍人士医保卡仍是无芯片旧卡,无法在医院自助设备上操作办理,仍需到服务窗口长时间排队。同时护照、医保卡、驾驶证等外国人姓名中文译名规则不同、后台数据不统一不互通,医保卡未与护照号绑定,无法通过微信线上预约挂号。又如,外籍人才失业保险规定尚未出台,已缴纳失业保险的外籍人才一旦失业需立即注销工作签证、居留许可离境,无法获得失业保险。一些高校、科研院所外籍人才缴纳社保,退休后养老待遇只能享受工人待遇,不能享受教授等事业单位职工待遇。

(四)公共服务的问题

一是公共服务上,党委领导、人才部门牵头抓总、移民部门整体推进,涉外部门、相关部门协同配合的外国人公共服务体系还不健全,移民融入服务机构编制尚未落实,但移民融入服务工作牵涉的医疗、教育、社保、住房等诸方面共同推进的机制还没有建立健全,符合国际惯例,给予外籍人才的免费语言、文化、社会融入等移民融入服务体系、服务载体和服务机构与国际化大都市服务要求还有一定距离,涉外社工队伍还需要加强,针对外籍人才、留学生的就业指导、职业规划、创业辅导等公共服务还比较缺乏。

二是国际传播、公共外交、民间外交的力度还有待加强,国家形象、城市品牌以及外籍人才在沪成功故事还需进一步推广,符合海外人才需求、多样化的活动形态还需要拓展。

四、上海加大海外人才引进的对策建议

(一)突出更加精准,加大海外人才精准引进力度

1. 明确引进重点对象

一是争夺帅才。加大力度争夺引领性的"帅才"。要抓住创新实践中具有重要影响力的诺贝尔奖获得者、顶尖科学家以及世界级学会、协会负责人或核心人物,抓住战略科学家、科技领域战略家、以科技引领发展的战略家、科学技术领域的智库专家,抓住重要学术刊物负责人、经营者及其学术委员会成员。要抓住创新服务,特别是世界一流的专业服务机构、人力资源服务机构、创新智库负责人或重要执行者;科技创新上下游材料、试剂、设备等相关供应商,基础技术研发、共性技术研发、专有技术研发、工艺技术研发、技术成果转移转化服务机构、产权教育、科技金融、科技战略情报服务等核心机构、核心人群、核心人物。

二是集聚英才。以更加开放、更加主动、更加有效、更加便利的方式吸

引各方面优秀人才。重点吸引集聚、培养造就重点领域人才，重点引进、集聚一批在创新创业方面具有竞争力、影响力、引领力的优秀人才。主要包括：赢得战略竞争的人才。抓紧集聚创造新技术新领域新产业的科学家、工程师、技能人才，能够创造新市场、新业态、新岗位的创业人才，带来新理念、新时尚、新生态的创意人才等，引领创新潮流，推动科技创新策源，赢得未来战略竞争。属于战略领域的人才。着力吸引集聚人工智能、集成电路、生物医药、智能制造、金融、科技等重点领域、重点区域、基础研究领域"两重一基"的人才。掌握战略资源的人才。加大掌控全球资本、全球信息、全球人才资源、国际社会网络等方面人才的引进和集聚。具有战略影响的人才。加大国内外业界精英、明星科学家、文化大师、超级明星等吸引集聚力度，探索建立本地人才与具有战略影响力人才合作机制，影响、带动相关人才。

三是吸引未来人才。要聚焦青年科学家、研发人员、工程师、企业家、技术工人，聚焦青年政治精英、未来领袖等，运用人才梯队培养思路，注重吸引青年科学家、企业家，要抓住青年对于机会、资源、资金、人际网络、发展等需求，在海外校园、大学或相关组织中积极开展社团活动，积极提供支持青年研究项目、创新创业辅导、社交活动等，积极主办暑期论坛、创新创业大赛，发现、捕捉、接近、影响、争取具有一定能力、潜力或具有一定爆发力的青年人才。

2. 开辟多元引进渠道

一是要把拓展高校、科研机构等创新策源地作为引才的核心渠道。要深化世界一流高校、实验室和企业研究院的合作交流，强化与国际知名高校技术转移办公室、国际技术转移促进和服务机构基于市场机制的合作，加强与技术转移机构合作，建设全球技术转移枢纽。

二是要把拓展跨国公司、创新企业、重点产业作为引才的关键渠道。实施更加有利的政策措施，积极吸引总部企业、跨国公司地区总部、研发中心、国际组织及国际性智库，利用其海外资源协助引进海外优秀人才智力、开拓国际化发展渠道。持续建立以企业为主体、政府推动、市场化运作的高端人才引进机制，引导企业与境外的国际知名实验室、外资研发机构、高校、科研院所等开展技术研发合作，探索中外协同创新、研发合作新路径。支持领军企业在技术源头所在地设立海外"人才飞地""能力中心",积极建立开放实验室平台,采取"人才+项目+基地"运行模式,在全球范围内吸引、储备和培养科技和产业人才。支持企业围绕产业链上下游"抱团出海",通过跨国并购、海外投资、建立海外分支机构等多种渠道,拓展海外市场,提高国际市场份额,在全球范围内发掘可实现的、有商业价值的创新技术成果,具有引领作用的海外人才智力资源。支持企业发起成立国际性行业协会、产业联盟,推动成立企业海外人才引进联盟,推荐和引导企业参加国际技术合作及其他中外政府间经济技术合作项目,支持行业协会、产业联盟等相关机构组织企业参与国际市场考察、关键人才寻访,建立信息共享渠道,支持联盟以集群方式,组织企业联合引进海外人才。

三是拓展中介机构渠道。培育具有国际竞争力的人力资源服务机构,提升"走出去"能力,提高国际竞争的本领,在创新发展前沿地带、先进区域开拓专业性、国际化、市场化的业务,提升获取、整合人员的本领。拓展使用众包、虚拟方式、临工经济(gig economy)、灵活用工等非传统人才流动模式。设立海外人才寻访资金,依托知名"猎头"、驻外机构、人才联络站、华人社会团体等,在全球范围内寻访人才。加快建设国际化第三方专业服务平台,积极发展法律、会计、知识产权、创业投资等服务机构,充分发挥专业服务机构引才聚才的作用。充分发挥创业投资机构作用,加大与海外相关高校、科研机构、企业以及一定的行业区域,共建创新创业孵化器,特别要通过海外离岸创新创业基地机制,汇聚发现最新的项目,吸引创业学者、企业科技创新者以及连续创业者。积极引进国际组织,推动与世界知识产权组织、国际标准组织的战略合作,吸引国际组织及其技术机构入驻。

四是充分用好政府渠道。加强与我驻外使领馆、外国驻华使馆、华商社团、外国商会/协会以及国际科技园区的合作。推动建立国际化平台,加大与"一带一路"相关国家开展创新创业合作,依托政府间创新创业多双边合作机制,充分利用各类国际合作论坛等重要载体,推动创新创业领域民间务实合作。开展国际科技合作,提升发展行动,鼓励高校、科研机构、企业在国际创新人才密集区和"一带一路"沿线国家布局国际科技合作网络,创建一批全球精准合作示范平台,打造一批精准合作重点园区和基地,新设一批海外创新孵化中心、国际联合实验室和国际化研发机构。

3. 加强国际合作交流

一是实施国际科学合作推进计划。加快建设一批世界一流学科集群，推动与知名高校、研究机构合作，加大与居于重要学术技术网络核心位置的外籍顶尖人才合作。支持高校、企业、专业机构发起成立国际性行业协会、产业联盟、人才发展联盟，引导企业参加国际技术合作及政府间合作项目。

二是扩大间接合作渠道。实施有利于跨国公司、国际组织、国际性智库等来华政策，支持建立国际知名开源社区。引导国内企业与国际知名实验室、跨国公司中央研究院合作建立实验室、研发平台，建立开放创新网络。支持企业"抱团出海"，在全球范围内多渠道集聚海外人才智力，推动民间务实合作。吸引国外知名创业孵化、技术转移机构和高端创业项目，鼓励境内企业在海外设立孵化器、能力中心，融入全球创业网络，建设全球技术转移枢纽。发展人力资源服务、风险投资、研发、法律、会计等专业服务业，提升"走出去"能力，提高国际竞争本领，强化其引才聚才、推动合作的穿针引线作用。

三是要健全政府间合作机制。加大与"一带一路"、RCEP、欧盟、以色列、日、韩等国家开展合作，建立政府间多双边合作机制，创建一批全球精准合作示范平台，打造一批精准合作重点园区和基地。

4. 创新灵活引进方式

一方面，积极推动有条件的民营企业、社会组织、跨国公司设立民间人才发展资（基）金，鼓励海外侨团、专业机构、民间机构设立海外人才发展基金。另一方面，要深耕海外人才基础，持续建立以企业为主体、市场化运作的高端人才离岸吸引、在地使用方式，支持领军企业在美国以外的国家、地区建立海外"人才飞地"、海外研发中心、能力中心，打造"国际人才蓄水池"的"涵养地"，扩大吸引、储备人才空间。

（二）突出更加开放，加大海外人才创新突破力度

1. 创新海外人才出入境政策

一是细化不同类别签证标准及其待遇。研究制定优秀及紧缺人才认定办法以及标准，按照杰出、优秀、紧缺等程度，给予不同人才在申请条件、申办程序、居留期限、出入境往返、永久居留或入籍等方面相应待遇。

二是建立海外人才特殊通道。积极争取国家移民部门放宽出入境政策

及相关举措，进一步完善外籍高层次人才认定办法，探索建立海外高层次人才工作许可证与永久居留资格的"直通车"机制，放宽海外高层次人才及家属"绿色通道"，建立海外高层次人才来华工作、创新创业稳定预期。完善永久居留推荐机制，在浦东新区探索"卡脖子"领域用人单位更大推荐权，对"两重一基"领域、"卡脖子"领域、高精尖缺外籍人才探索"特殊通道"。

三是设立"创业签证"。争取国家移民部门支持率先设立"创业签证"，吸引本市高校外国留学生和发达国家毕业 2 年内优秀高校毕业生、工作期满继续留沪创业海外人才，在浦东新区、虹桥商务区、长三角示范区创新创业，建立与外籍创业者工作许可有效衔接机制，探索工作签证、学习签证、人才签证与创业签证互转机制。探索与落实居留许可、税收、劳动、投资、融资等相关配套政策和待遇，为海外人才在沪创业提供便利。

2. 完善海外人才作用发挥机制

一是加大海外人才使用力度。借鉴海南实践，允许外籍和港澳台人才按规定参加事业单位公开招聘，在自贸区引领示范区、临港新片区内探索具有永居身份海外高层次人才担任新型科研机构法定代表人及事业单位、国有企业、法定机构领导人员管理办法。借鉴粤港澳大湾区探索，在浦东新区引领区、虹桥商务区、长三角一体化示范区国有企事业单位中高级管理岗位、新型研发机构开展面向海外人才开放特设岗位试点，探索采用法定机构或聘任制等形式，大力引进海外高层次人才参与建设和管理。研究推进港澳居民中的中国公民依法报考内地公务员。

二是完善海外人才评价机制。借鉴粤港澳、海南做法，以浦东新区引领区为突破口，推进服务业人员职业资格互认，逐步放开专业领域境外人才从业限制，扩大在沪外籍人才报考职业许可、开展执业活动，建立国际职业资格证书认可清单制度，加大在沪外籍人才专业发展等基础条件和服务支持。允许海外人才在满足境内监管要求条件下，以跨境交付或自然人移动的方式提供短期跨境专业服务，借鉴北京、苏州等有效做法，开展海外人才职称评审"直通车"，探索职称水平比照认定，建立过往专业工作经历、学术或专业技术贡献认可机制，开辟高级职称评审"绿色通道"。

三是强化海外人才创新创业支持。充分运用浦东新区引领区地方立法优势，推动工商注册便利化措施，探索以内资的身份以人民币进行工商登记注册,逐步放宽海外人才创业、投资、经营范围。允许有依托单位的外籍人才申报非涉密类科研、创新项目,允许具有永居资格的外籍人才申报产业项目。争取国家及有关部门支持,建立科技攻关"揭榜挂帅"机制,支持外籍高层次人才领衔承担国家及本市科技计划、高新技术产业项目、创业支持项目,放宽外国专家参与科研项目的科研经费管理限制,给予外籍人才在创新创业申请、科研项目、技术转移项目、创新券申请、产业支撑激励、政策采购项目等方面享有同等待遇。开展外籍创新人才创办科技型企业享受国民待遇试点,支持带有新技术、新成果、新模式在沪创业的海外人才,在本市创业落地达到一定年限、并有效带动就业的,可享受留学人才创业相关待遇。设立在沪外籍人才创新创业项目支持、资金支持专项方案,完善项目申请指导服务,在项目申报、创新创业、评价激励、服务保障等方面给予特殊政策。吸引资助科技创新领域研究生来引领示范区、临港新片区游学研修、见习实习。

(三) 突出更加便利,加大海外人才保障服务力度

1. 海外人才的生活保障

一是完善海外人才税收优惠政策。加快出台外籍个人津补贴免税优惠政策到期后续方案;探索已缴纳个人所得税外籍人才享受子女教育、医疗等公共服务国民待遇、市民待遇,对在高校、科研院所工作海外高层次人才给予适当子女教育补贴。

二是明确海外人才享有社会保险待遇。明确海外人才社保缴款细则,确保海外人才享受社保、养老待遇。制定外籍人才失业保险待遇办法,对失业外籍人才离境时返还失业保险个人缴纳部分。加快推进双边协议磋商,对来华从事中短期工作的外籍人员实施额外的社会保险豁免政策。推动我国与其他国家建立社会保障互认机制,探索社会保障携带、转移的办法和额度。探索优化非标准就业形式下海外人才就业权益保障服务,加强纠纷处理机制。会同相关部门,为海外及港澳台人才提供更加优质高效的医疗保障服务。

三是完善信息服务支持。尽快建立互联网国际通信专用通道,搭建信息高速公路,破解"上网慢"问题;会同电信供应商,创新开发安全、稳定、可靠的跨境访问互联网服务业务,破解"上不了"问题,海外高层次人才集中的

产业园、图书馆、国际人才街区、国际人才服务中心等地点,设立国际互联网连入服务点。争取国家有关部委支持,开展高层次人才跨境访问互联网政策试点,为制度创新积累经验。

2. 海外人才的公共服务支持

一是探索海外人才"一码""一窗""一站""一网"试点。争取国家有关部门支持,在浦东新区率先开展海外人才出入境、工作许可、居留及相关证件统一编码规则试点,探索外国人在华单一识别号码,实现在华"一人一码",为外籍人才在华工作、生活、学习、办事奠定数字化、智能化基础。用好外国人单一窗口和"一网通办",探索外国人"一件事""一站式"服务改革,建立海外人才申请信息"一张大表""一次填报、协调共享"机制,强化外国人政务服务数字化转型,提升服务智能化、便捷化、专业化,同时整治和规范涉外中介服务机构。

二是强化海外人才公共服务体系。抓紧建立健全海外人才公共服务体制,加强党委的统一领导,突出移民管理部门牵头作用,加快移民管理部门转型升级,把海外人才公共服务纳入外国人管理服务的基本范畴,强化海外人才公共服务的牵头职责,不断拓展服务范围、强化服务能力、提升服务水平。探索建立海外人才公共服务联席机制,加大与外事、外商投资、外国专家、外国人就业、侨务、留学人才等管理职能部门统筹协调,加大与发展改革、财政、教育、卫健、文化、交通、住房、金融、人力资源社会保障、环境、公安、国家安全等相关部门联动,整合多方资源,健全海外人才公共服务体系,强化公共服务载体建设,拓展公共服务网络,创新公共服务内容,建立定制化"服务包"。加快移民融入服务体系建设力度,对照国家层面机构设置,落实移民事务服务中心编制,推进移民融合服务实体运作,强化在沪外籍人员服务、管理,确保发展与安全。建立发动社会各方、企业、专业团体、志愿团体广泛参与的机制,为外国人提供多样化、专业化、高品质、符合外国人需求的公共服务产品,不断提升外国人在华的感受度、满意度。加大涉外社工队伍建设和能力提升,强化语言、文化、法律、就业等方面支持,提高移民融入程度。

(四)突出软实力,加大海外人才国际传播力度

提振海外人才信心,告诉海外人才、投资者:中国、上海开放不会变、发

展不会变、聚才不会变,中国已深入融入世界,大门永远开放,且会越开越大;上海具有坚实基础、强劲韧性,依旧是发展引擎、动力之源,选择上海就是选择未来;只要是"才"、有"才",就会找到机会、得到发展,上海依旧是机遇之城、发展之地。加大资金投入,运用公共外交手段,使用专业媒体,开展专业活动,改善中国人才发展的国际传播,做好国家形象、城市软实力以及人才成功故事的国际宣介推广,既客观展示中国发展成就,又积极宣传中国曲折艰辛探索,改变西方对华的刻板印象、负面形象;打响"海聚英才"的品牌,用生动的故事、成功的案例、亲身的经历,增进海外人才对中国和上海的了解和信任,不断扩大知华友华的人才网和朋友圈,为上海发展新阶段提供更大助力。要抓好在沪外籍人士对外友好工作,善于发挥在沪工作生活学习外国人的积极性,参照韩国首尔通讯员的做法,在外国人中选任联络员,联通管理部门和外国人之间的联系,发挥其在沟通政策、分享生活、工作、学习信息,加强与政府部门、社团沟通的作用,鼓励外国人参与社区活动,加大社会融入,共同为城市空间做出贡献。

第四章
创新创业人才：
引领驱动国际大都市人才发展的变革力量[*]

一、全球创新创业人才流动新趋势、新特点

（一）全球创新创业人才

纳德逊(Knudson)划分出熟练企业主、创新型创业者、创业型创新者、熟练创新者。GEM 认为，创业分为概念形成阶段、创办企业阶段、持续发展阶段。创业者一般分为：潜在创业者、新创者、新企业的所有者和经营者、企业持续发展的所有者和经营者；影响创业的一般环境条件（开放程度、政府、金融市场、技术研究开发、基础设施、管理、劳动力市场、制度）；创业环境条件还包括金融支持、政府政策、政府项目支持、教育与培训、研究开发转移效率、商业和专业基础设施、进入壁垒、有形基础设施、文化及社会规范。创业过程不同阶段对于技术、资金、人才、社会资源的需求也各不相同。有论者认为，创业政策的本质就是刺激创业，创业公共政策主要集中于创业促进、创业教育、创业和退出壁垒消除、初创期商业支持、融资、目标群体战略等，创业政策目标主要是培育创业文化，减少壁垒，降低资本约束，加强商业支持。

当前全球创新创业人才，主要包括以下几个方面：一是学术创新人才，主要指经济全球化背景下，在高校、科研院所创新的学术研究人员与科学

---

[*] 2017 年度上海市人民政府决策咨询研究重点课题"上海吸引全球人才创新创业机制研究"(2017-A-004-A)部分研究成果。

家,他们是当今世界最具有国际流动性、对经济社会发展影响最大的人才群体。[①]二是企业技术创新人才,这主要指在企业的科学、工程及相关领域拥有科学、工程及相关专业学士及以上学位者或者是拥有非科学、工程专业学士及以上学位者。三是海外创业人才。海外创业人才,可以细分为几个群体:第一,海外留学归国创业人才;第二,非华裔外籍创业人才。

(二) 国际创客的兴起

目前,伴随着国际创业的兴起,[②]创业者正成为国际流动的重要群体之一。所谓国际创业,就是跨越国境去发现、开展、评价和开发创业机会,以创造未来产品和服务的过程。有研究显示,美国旧金山湾区的 350 家高科技企业多是由来自欧盟成员国的欧洲人建立的,每年还有众多欧洲移民来到这里创办自己的企业。D.基布尔(David Keeble)研究发现,剑桥地区高新技术企业的企业家,有 70% 是移民。1998 年美国硅谷 1/4 企业的高层管理者来自中国和印度。在澳大利亚,投资移民企业家从 1993 年的 1 900 名(占总数 2.5%)飚升到 1996 年的 2 700 名(占总数 3%)。

以美国为例,斯图亚特·安德森(Stuart Anderson)研究表明,移民创业者在美国成长发展呈现以下特点:一是成长快。2006—2012 年期间在美国成功 IPO 的创业企业中,移民企业家创办的企业数有明显的增长,2006 年由风险资本投资并成功 IPO 的企业中 20% 是移民创建者,2012 年这个数字增加到 33%,而 1980 年这个数字仅为 7%。二是品牌响。当前,美国著名的新创企业诸如 Google、Intel、eBay、Facebook、LinkedIn、Zipcar、Tesla Motor 都有移民创始人。三是市值高。据推算,有风投背景、成功上市的移民创业企业 2013 年中期的总市值超过 9 000 亿美元;其证券市值排名全球第 16 位,超过俄罗斯、南非及中国台湾地区。四是促就业。据统计,新创的移民企业在全世界创造了 60 万个岗位,其中主要在美国。五是来源广。数据显示,移民创业者中,印度占 21%,以色列占 10%,英国占 8%,德国 7%,加拿大、法国分别为 6%。六是领域新。42% 的风投资助的移民新创企业是高技术制造,24% 是信息技术,21% 是生命科学,其他包括专业技术服务、金

[①] APEC Economic Committee, *Realising Innovation and Human Capital Potential in APEC*, 2004.

[②] *International Entrepreneurship in an Emerging Economy*, www.intechopen.com.

融保险、电子商务及其他服务或制造。①②

从动因来看,创业机会、税收补贴、产业资助以及风险资本是打动他们的主要原因。投资、创业的移民不仅能带来了资本和就业机会,而且也带来了其在海外市场积累的知识以及经营网络,基于这样的认识,众多国家或者地区出台有关签证、税收、保障、信用担保政策,以及鼓励风险资本投入高新技术企业,或者是加大对高新技术企业的公共资助等政策,加快了创业者在不同国家的流动。澳大利亚、加拿大、英国等还专门立法允许企业家在完成最低投资额之后,获得相应的移民资格,对吸引创业型科学技术人员的加盟具有推动作用。

二、上海吸引全球创新创业人才基本情况、发展瓶颈

(一) 上海吸引全球人才创新创业的基本情况

1. 全球人才来沪创新创业态势已经形成,在规模、结构上出现新的特点

从规模的角度看,海外人才来沪工作、学习的趋势正在发生积极的变化,2015年比2014年增长了近7000人,比2005年增加了近7万人。从结构上看,伴随2015年"科创22条""人才20条""人才30条",引进海外人才的出入境、工作许可、在沪外国留学生工作等新政效应正在显现,上海欢迎"老外"的工作、学习、创业大门开得越来越大,结构呈现新的特点。目前,来沪工作的外国人主要由以下群体构成:一是在高校、科研院所工作的学术创新人才。目前,上海引进了诺贝尔物理奖得主弗兰克·威彻克(Frank Wilczek)、诺贝尔化学奖得主巴里·夏普莱斯。二是以海外总部外派形式来沪居多,集中在跨国公司、外商投资机构。三是在众创空间、国际孵化器里的"国际创客",其中不少人是在沪(华)与企业合同期满继续选择创业的外国人、在沪求学的留学生毕业后选择在上海创业的外国人,受到中国及上海发展影响直接来沪创业的外国人,以及已经拥有外籍身份的留学创业人员。

---

① American Made 2.0: How Immigrant Entrepreneurs Continue to Contribute to the U.S. Economy, Arlington, VA: National Foundation for American Policy, 2013.

② OECD, 2010, Open for Business: Migrant Entrepreneurship in OECD Countries, OECD Publishing, http://dx.doi.org/10.1787/9789264095830-en.

2. 国际创客成为上海吸引全球人才创新创业新的增长点

当前,国际创客已经成为上海吸引全球人才创新创业新的增长点。例如,静安 X-node 多数是来自海外的"背包客"创业者,位于张江的"太库"有 6 成左右的创业者来自海外。不仅如此,从上海面向海外人才的创新创业大赛参赛的情况、上海自贸区海外人才离岸创新创业基地建设的情况来看,有越来越多的国际创客把上海作为重要目的地之一。从国际创客的分布来看,有着一定的区域特色。例如,文化创意领域、专业服务、管理咨询等领域的国际创客在中心城区比较密集;依托张江创新优势和自贸区保税优势,围绕新技术、新产品、新流程、新模式,以科技创新为重点,聚焦生物医药、机器人、大数据等方面的国际创客比较多。这一方面与各区的政策导向、产业集群有关,另一方面,与国际创客自身的创业类型有关,诸如创意、专业服务等领域的创业者,更加偏向于客户寻求型的创业,自然要紧贴"客户",像研发、创新等领域的创业者,属于知识、人才寻求型的创业,则更多聚集在专业人才充裕的地带。

3. 人才发展政策、创新创业环境为吸引国际创客奠定了重要基础

一是提高人才引进服务便利化程度。面对外国专家或来沪工作的外国人,上海设立《外国专家证》和《外国人就业证》一门式受理窗口申报材料,符合外国专家条件的外籍高层次人才可优先办理《外国专家证》。同时,上海深入推进中央和本市海外引才计划,协调推进"海外高层次人才集聚工程"和"雏鹰归巢"计划,加大对本市急需紧缺的海外高层次人才尤其是外籍专家的引进力度。同时,公安部推出支持上海科技创新中心建设的系列出入境政策措施,先后出台两次改革措施,加大海外高层次人才吸引力度,加大对创业初期人员孵化支持力度,促进国内人才流动,提高出入境专业化服务水平等。

二是加强人才创新创业服务体系。一方面,众创空间快速发展,为人才创新创业提供良好的空间载体。截至 2015 年年底,全市拥有各类众创空间孵化机构超过 450 家,较上一年年末增加约 50%。其中,创业苗圃 71 家、孵化器 149 家、新型创业服务机构 209 家。新增创业学院 8 家,新增备案创业导师 150 人,同比大幅度增长。另一方面,通过科技创新券有效调动创新创业者和科技创新服务机构发展。

三是推进中国(上海)自由贸易试验区海外人才离岸创新创业基地建

设。离岸基地,是面向海外人才,区内注册、海内外经营,以低成本、便利化、全要素、开放式、配套成熟完善的空间载体为基础构建的,具有引才引智、创业孵化、专业服务保障等功能的国际化综合性创业平台。基地建设力争成为具有国际影响力的海外人才、知名服务机构等高端创新资源集聚地,高端创业孵化项目的加速中心,在海外人才引进、创业孵化、运作机制和配套政策等方面形成可复制可推广模式,在海外资源渠道建设、国内外科技需求挖掘、创业孵化人才培育、人才和项目甄别和评价等工作中发挥引领作用。上海自贸试验区海外人才离岸创新创业基地将打造三大核心功能:一是引进和集聚海外高端人才,支持海外人才开展离岸研发、离岸贸易和离岸金融等业务;二是探索离岸创业模式,促进创新项目海内外预孵化和成果转化;三是开发和培育专业服务能力,通过模式创新和政策支持,促进海外优质创新资源集聚。

四是"单一窗口"。2016年2月,上海自贸区公安分局针对外国人证件业务分属公安、人社、外专等部门,办证过程"手续烦琐、时间较长,不利于人才引进"的问题,秉持"体制不变、机制先行"的创新理念,积极协调自贸区管委会保税区管理局,争取上级单位支持,率先在分局出入境办证大厅建立了全国第一个外国人证件业务"单一窗口",将公安、人社、外专3个部门的外国

表4-1 外国人来华工作申请流程

	涉及部门	申请手续	办理人	需要时间（工作日）
1	人社局就业促进中心	境外人员就业手续用户卡	单位	5
2	人社局就业促进中心	外国人（专家）就业许可证书	单位	15—20
3	当地政府外事办公室	申请签证邀请函	单位	3
4	中国驻外使领馆	工作签证	个人	10
5	居住地公安局派出所	临时住宿登记	个人	1
6	出入境检验检疫局体检中心	体检预约、体检	个人	10
7	人社局就业促进中心	外国人（专家）就业证	个人	5—7
8	公安部出入境管理部门	工作类居留许可	个人	7

人证件业务进行"三窗合一",从而变申请人"折返跑"为政府职能部门间的"接力跑",通过加强部门协作和信息共享的方式提高工作效率,简化办事流程,实现了"一个窗口、一套材料、一次申请、一并办结"。

4. 全球创新创业人才生活保障得到加强

一是医疗环境得到改善。根据海外人才的就医需求,在华山医院涉外医疗服务模式的基础上,探索完善涉外医疗服务流程。组织编撰海外人才在沪就医指南,第一批确定18家各类医疗机构,按现有的特需(涉外)医疗就诊须知(就诊流程)和特需诊疗科目,已签约的商业保险公司及外语服务能力等内容,配以相关图片后汇编形成网络版海外高层次人才国际商业医疗保险就医使用指南,并在上海国际人才网发布。同时,有关部门重点推进产品开发、健康管理服务、高端医疗服务专线、医院网络建设等方面的工作。目前,海外人才可参保保障额度更高、保障范围更广的团体高端医疗保险产品;投保高端医疗产品的海外人才,可获得国际旅行救援、国际医疗救援,网络医院就诊预约、医疗机构推荐和建议、直付等服务。有关机构还开通10108686咨询热线,为海外人才提供7×24小时双语电话服务。

二是子女入学便利性有所提升。有关部门加大了外籍人员子女学校建设规划力度,依据外籍人员及其子女数量和分布情况统筹,为引进的海外高层次人才开通"一条龙"服务通道,同时,本市新增了上海惠灵顿国际学校和上海法德学校两所外籍人员子女学校,进一步扩大国际化教育资源供给。

(二)上海吸引全球人才创新创业机制的发展瓶颈

1. 引进的力度不够

(1)吸引全球人才规模、力度还需进一步加强

一是在吸引和集聚人才的规模上,与发达国家、全球城市创新中心还有较大差距。一般而言,国际大都市的常住人口中,外籍人员的比例一般在10%以上,美国纽约的外籍人员比例在1/3以上、英国伦敦的比例近40%、新加坡的比例在40%左右。近年来在沪外国人的数字连年增长,但在沪外国人占常住人口的比例还较低。德国马普学会的78个研究所的270位所长、副所长中,1/4来自国外,26.4%的科学家来自国外,研究生、博士后、研究助理、访问科学家等流动科技人员中51.9%来自国外。而上海的高校、科研院所中,外籍人才非常紧缺。即使在外资研发中心,也是以国内的科技人

才为主,外籍科技人才一般低于10%。

二是上海对海外人才吸引力还不大。尽管外国科研人员远期看好包括上海在内的中国,但目前上海对外籍科研人员的吸引力还不大。据《自然》调研发现,60%以上生物和物理领域的受访者看好2020年中国科学发展前景,但仅8%的人表示准备现在去中国,多数人由于政治和文化等因素仍选择在美国、欧洲、加拿大和澳大利亚发展。[1]另据有关数据显示,无论是金砖国家(BRICS),还是G20及"欧洲5国"[2](PIGS)人才,上海都没有位列其最受欢迎目的地城市排名中。[3]另据波士顿咨询集团对全球20.3万名人才调查显示,最受人才欢迎的目的地国家依次是美国42%、英国37%、加拿大35%、德国33%、瑞士29%、法国29%、澳大利亚28%、西班牙26%、意大利25%、瑞典23%。最愿意去的5个城市:伦敦16%,纽约12.2%,巴黎8.9%,悉尼5.2%,马德里5.0%,柏林4.6%,巴塞罗那4.4%,多伦多4.2%,新加坡3.9%,罗马3.5%,迪拜3.4%,洛杉矶3.2%,东京2.8%,慕尼黑2.8%,阿姆斯特丹2.5%,维也纳2.5%,旧金山2.4%,苏黎世2.2%,蒙特利尔2.1%,奥斯陆2.1%,温哥华2.1%,都柏林1.9%,布鲁塞尔1.7%,圣地亚哥1.7%,墨尔本1.7%,哥本哈根1.6%,里斯本1.5%,日内瓦1.5%。[4]

三是人才整体竞争力仍然较低。在30个全球城市中,上海尽管在数学、科学能力方面得分最高,但在受高等教育人口、世界大学排名、创新城市指数等反映人才质量、人才创新能力方面的指标上,多处于中等偏下水平,与纽约、伦敦、巴黎等全球城市比较还有较大距离。

(2) 人才引进政策还需进一步疏通

一是缺少海外人才特别是顶尖人才评估机制以及特殊人才的认定机制、引进机制。尽管《关于服务具有全球影响力的科技创新中心建设　实施

---

[1] Franzoni, C., Scellato, G., & Stephan, P., 2012, "Foreign Born Scientists: Mobility Patterns for Sixteen Countries", National Bureau of Economic Research Working Paper 18067.
[2] 欧洲5国,一般指受欧债危机影响的5个欧洲国家,分别是葡萄牙、意大利、爱尔兰、希腊、西班牙。
[3] Global Talent Mobility Survey 2011.
[4] Boston Consulting Groups, *Decoding global talent: 200000 survey responses on global mobility and employment preferences*, https://www.bcg.com/publications/2014/people-organization-human-resources-decoding-global-talent, 2014.

更加开放的海外人才引进政策的实施办法》对海外人才进行了分类，对缺少对基于高层次人才基础上的顶尖人才遴选和引进标准的确定。同时，在海外人才认定上，有企业反映，外国专家和外国人就业证"两证合一"后简化了手续，但又强化了学历证明，一些五六十岁的人才，毕业几十年，情况发生了很多变化，反而难以办理。一些特殊领域的人才，本想低调引进来沪，但由于过于强调前雇主证明，给人才引进带来麻烦。

二是海外人才年工资、个税标准门槛高。相对于新加坡、香港等国际大都市的个人所得税税率，在沪工作海外人才的个人所得税税率依然相对较高。

三是吸引和集聚境外高校学生和在读留学生方面的政策还需进一步强化。"人才20条"规定对外国留学生来沪工作开了"口子"，但从调研的情况来看，一方面，申请门槛仍旧较高，本科生不能申请，另一方面，申请的范围仍旧较窄，只能在"双自"范围内，课题组在调研中了解到，某"985"高校毕业的新加坡学生，在沪已经找到较好的工作，由于用人单位不属于"双自"范畴，不能办理就业签证，只能放弃高薪。

四是创业签证还需要进一步强化。目前各国都在设计和实施创业签证，以此吸引外国创业者。例如，美国国土安全部公布的国际企业家规则（International Entrepreneur Rule）最终版本，EB-6创业签证新规落地。意大利通过法案，中国投资人投资最低5万欧元在意大利创建新公司或入股至意大利经济发展部认可的"创新型初创企业"，可获得自雇类创业签证，对于企业聘用高素质人才提供最高35%税收减免。新加坡规定准备在新加坡成立新的公司，有资格申请创业准证，并取得新加坡永久居留权，其配偶和19岁以下子女可以拿到家属准证。与此相比，上海目前的问题是：第一，缺少专门的创业签证类别，仅在私人签证、学习签证后加注"创业"；第二，缺少创业签证的申请标准、鼓励或禁止领域、待遇、相关配套政策的具体规定；第三，缺少创业签证与学习签证、工作签证之双向的转换机制，与各国对全球创业者的吸引和争夺的态势不相符合，与来沪创新创业的外国人才的需求不相符合。

（3）部门协调还需要进一步强化

在吸引和集聚人才的力度上，与兄弟省市相比力度略显不够。近年来，中关村支持中小企业国际步伐,深圳通过离岸基地在海外设点,江苏提出搭建具有全球影响力的聚才活动平台,举办世界物联网大会、世界智能制造大会、世界未来网络大会等具有全球影响力的产业科技活动,以产业集聚人才。与兄弟省市加快全球布局的做法相比,上海在集聚海外人才"主动出击"力度方面有待加强。从政府层面来看,上海在利用驻外使领馆、海外机构、社团等作用还要强化,海外人才联络站的功能定位需要进一步明晰,作用发挥需要升级;从民间的角度来看,企业、孵化器基于市场的力量,有"走出去"的动机,但缺少必要的支持和引导机制,目前仍处于自发的状态。

此外,公安、人力资源社会保障、外汇管理、海关、检验检疫等相关部门之间信息共享不充分,证件办理时限等要求统筹不够,造成海外人才申请办理耗时较长、手续不够简便等。

2. 支持力度不够

(1) 空间支持力度不够

上海创业孵化器在全国发展较早,具有一定特色,目前全市有超过100家新型孵化器,但从众创空间的发展来看,还存在以下问题,不足以吸引更多全球人才来沪创新创业:第一,众创空间碎片化、同质化倾向较为明显,包括众创空间在内的科技孵化器同质化倾向明显,存在服务对象趋同、聚焦创业阶段相似、提供孵化模式单一等问题,缺少具有区域特色,体现未来发展趋势的差异化、品牌化、主题类众创空间,众创空间服务链与区域发展的产业链还没有很好的结合起来。第二,众创空间能力较弱。传统科技企业孵化器亟待转型,事业单位与国有企业孵化器处于主导地位(占比约70%),市场化程度不高、活力不够、集聚度不高,缺乏创业辅导、研发检测公共服务、融资服务、市场开拓等创业企业需要的增值服务。目前包括众创空间在内的科技孵化器,提供房地产式、地租式的发展模式多,提供专业技术、市场拓展、商业贷款、风险投资、上市培育等综合性科技孵化服务少;依靠政府托底扶持多,依靠市场机制发展的少,发展的激励政策还不到位,还不能通过线上线下服务手段结合,促进优质服务溢出、推动企业做大做强、推进产业发展壮大。第三,众创空间服务能力和品牌效应还有待提高,一方面,以科技部认定的三批众创空间数量来看,上海为47家,远远低于北京的125家、广东的188家、天津的73家;另一方面,缺少类似中关村创业大街、车库咖啡这样具有品牌效应和影响力的创新型孵化器,整合区域内高校院所、龙头企业、投资机构、专业团队的创新资源,推动技术、市场、人才、资本有效对接,发挥创新创业资源的集聚效应和创新创业活动的规模优势等方面还待加强。

(2) 创业支持力度不够

一是工商注册问题。外籍人才(包括外籍华人、获得永久居留权的外国人)无法以内资的身份以人民币进行工商登记注册,只能以外资身份注册,其投资、经营范围就会受到限制,无法有效参与基因检测等涉及安全及自贸区负面清单确定的领域。

二是外籍人才股权激励问题。不少海外人才来沪工作、创业,看中的是创新企业的股权、期权,不少核心员工宁可拿低工资、高股权,但受制于相关政策法规限制,外籍人士不能成为民营企业股东,无法获得股权;如果要给予外籍人才股权的话,企业的性质就要变为中外合资企业,一旦企业性质变更,投资、经营活动会受到限制,有些领域会对涉外机构设置门槛。即使企业为此变更企业性质,让外籍人士成为股东、享受股权,但受制于外汇管理限制,授予外籍人才的股权难以转变成外币。

三是外汇管制问题。近期,外汇管制趋严,在防止资金外流方面"一刀切",致使外国人才资金结算、流动出现问题:第一,"左口袋"的钱无法转到"右口袋"问题。即使在自贸区使用人民币账号,也存在"物理隔绝",不少人反映,都是自己的钱,为什么海外赚的钱只能用在海外、国内赚的钱只能国内用。第二,受到外汇管制的"牵连"或者外汇审批速度的影响,在海外碰到具有前景优质项目、潜力项目时,无法及时投资,往往会贻误投资的时机。有企业表示,为了解决这个问题,只能托海外的合作伙伴,以借款的名义暂时借用他的钱、借他人的名义与好的项目进行合作,公司和合作伙伴公司以协议的形式约定,借合作伙伴公司的名义与他人签订协议占有一定股权,到公司外汇方便的时候,再还给合作公司。但这里的风险是,公司投资的项目一旦爆发性增长,如果朋友"跳帮",把名义的合同变成实质的合同,企业就会碰到麻烦。

四是执业问题。具有海外相关执业资格的人才,受到专业资格互认的限制,无法在境内执业,开展相关活动。

(3) 项目支持力度不够

一是各类人才项目无法有效覆盖到外籍人才。上海有关创新创业项目,如科委的科研项目、技术转移项目、创新券,发展改革委的高新产业项目,都未将外国人才纳入其中。

二是缺少创业服务包。相较于通过跨国公司派遣来沪或者在上海生活学习以后希望留下来决定创新创业的海外创客而言,经人介绍来或者直接来沪创新创业的国际创客,目前最大的困难是信息不对称,对上海的生活环境、市场环境、创新创业环境等情况不甚了解,亟须在创新创业方面的服务支持。与此同时,因为国际创客、国际"背包客"以个体、团队及小微企业为主,无法承担跨国管理咨询机构提供的专业服务的成本。目前,缺少专门针对小微海外创业者的创新创业服务包。

(4) 投入支持力度不够

目前上海在投入力度低于兄弟省市,已影响到上海在人才竞争中特别是吸引全球人才创新创业的影响力。与深圳《关于促进人才优先发展的若干措施》(深圳"人才81条")每年44亿元人才工作投入(主要用于人才引进、人才培养、人才公寓)相比,上海用于人才的市级财政投入仅为其12%。从相对比重来看,2015年上海市级财政人才投入占市本级一般公共财政收入0.18%,而江苏人才发展专项资金不低于财政一般预算收入3%,浙江要求省、市、县(市、区)本级财政人才专项投入占本级公共财政收入比重超过2%,相比之下,上海还有很大的差距。从资助的力度来看,上海领军人才计划资助幅度10万—30万元之间,而江苏省"双创"人才分别给予100万元或50万元的创新创业资金资助,杭州对入选"领军型创新创业团队引进培育计划"的人才团队项目,给予60万—2 000万元资助,对顶尖人才和团队的重大项目实行"一事一议",最高可获得1亿元项目资助。因此,无论从人才投入的绝对总量、相对比重,还是人才投入的资助力度,与上海的经济社会发展水平、城市地位,与建设具有全球影响力的科技创新中心要求,与建设国际人才高地、形成人才竞争优势的要求,与人才发展的客观需求而言,都还有比较大的差距。

3. 服务的力度不够

(1) 面向外国人的"单一窗口"办证范围还比较局限

目前,外国人证件办理"单一窗口"主要由公安出入境、人社、外专部门三家构成,但与外国人办理证件相关的部门还涉及外事、商务、工商、文化、教育、检验检疫等部门,这些部门尚未加入;出入境、人社、外专、商务等职能部门申办有各自系统、标准不尽相同、信息共享还不充分,办证标准、流程、时限、手续、信息等的"化学整合"还有一定差距。

(2) 引进海外人才服务有待健全、联动

外籍人士的居住、入境、居留手续、科研启动资金申请等,还面临制度障碍,这些都在不同程度上影响了海外人才特别是顶尖海外专家的引进。

(3) 医疗服务、子女教育等难题

上海目前仅有34家医院为外籍人士提供特需门诊服务,纳入国际医疗"直付网络"结算的医疗机构少,外籍人才使用国际医疗保险不便。上海高水平国际教育资源紧缺,国际学校供需悬殊,一些知名度较高的学校入学比例低,外籍人才子女在沪就学不易。同时,国际学校还有价格偏贵,国际部教育质量不符合海外人才需求,部分学校外籍教师缺少资质等问题。

4. 创新创业生态建设的力度不够

(1) 机会优势排名靠后

全球机会指数显示,包括上海在内的中国排名第53,远低于香港、新加坡。其中最主要的问题在于法律壁垒(排名第90)、营商便利(第65)、法律体系(第56)。

表4-2 全球机会指数排名

	香港		新加坡		美国		日本		韩国		中国	
	分数	排名	分数	排名	分数	排名	分数	排名	分数	排名	分数	排名
综 合	8.54	1	8.49	2	6.91	22	6.79	23	6.29	35	5.55	53
经济基础	7.00	3	7.30	2	6.25	23	6.05	30	6.35	15	5.90	32
法律壁垒	9.20	4	9.20	4	7.20	49	7.00	53	7.00	53	5.40	90
营商便利	8.78	1	8.14	5	7.01	30	6.55	42	7.83	12	5.51	65
监管治理	8.55	1	8.44	2	6.00	27	6.55	22	4.44	63	6.11	26
法律体系	9.18	2	9.36	1	8.09	11	7.82	13	5.82	34	4.82	56

资料来源:Keith Savard and Heather Wickramarachiwith Ross C. DeVol and Apanard (Penny) Prabha,2013,*Global Opportunity Index*:*Attracting Foreign Investment*,Milken Institute。

(2) 营商环境有待改善

据世界银行 2014 年营商环境报告,2014 年,中国的营商环境在全球 189 个经济体中排名第 96,比 2013 年下降 5 个排位,与排名前 10 的新加坡、中国香港、新西兰、美国、丹麦、马来西亚、韩国、格鲁吉亚、挪威、英国差距甚远;在金砖国家,虽比俄罗斯(第 92 位)、印度(134)、巴西(116)排名靠前,但与南非(41)有较大距离。[1]另外,从城市比较来看,上海在全球 30 个城市的成本负担比较中,排名倒数第二,仅比北京好。

(3) 城市文化需要进一步繁荣

一是城市文化的繁荣程度还有待提高。作为全球城市,上海文化事业和文化产业的发展,对外的吸引力、影响力,在全球范围还比较靠后。从全球机会城市的比较来看,全球城市中伦敦、巴黎、纽约的文化影响力、吸引力最强,上海仅位居 30 个全球城市中略靠前的位置,这表明城市文化对全球的影响力、吸引力还有待深耕。二是城市品牌对外推介程度还不高。英国《卫报》"世界城市品牌"(World Cities Most Powerful Brands)报告显示,城市品牌建设排名前 5 的全球城市依次是洛杉矶、纽约、伦敦、阿姆斯特丹、巴黎、香港,上海仅为倒数第三。三是创新创业文化。硅谷之所以成功,与 10 个文化簇集相关,包括"能者在上"的公司信仰;对失败的极度宽容;对"背叛"的宽容;崇尚合作;嗜好冒险;赚钱之后,不作"守财奴",再投资到创业环境中去;热衷改变;对产品而不是金钱的痴迷;机会的慷慨分布;分享财富的强烈倾向,[2]但从文化的角度来看,上海"职员文化、白领情结"较为浓厚,科技人才冒险精神不足,创新团队"大兵团"协同创新力度不够,存在"小富即安"倾向,创新创业文化仍需进一步倡导强化。

三、国内先进地区吸引全球创新创业人才的比较与借鉴

(一) 聚焦创新创业人才

深圳提出,实行更具竞争力的高精尖人才培养引进政策,具体包括实施

---

[1] 世界银行:《2014 年营商环境报告》。
[2] 张景安等:《创业精神与创新集群》,中国科学技术出版社 2002 年版。

杰出人才培育引进计划、深化和拓展"孔雀计划"、培育引进高层次创新创业预备项目团队、加强基础研究人才稳定支持等四方面的政策。其中,杰出人才培育引进计划的目标是,未来5年重点培养一批具有成长为中国科学院、中国工程院院士潜力的人才并争取入选3—4名,重点引进诺贝尔奖获得者、国家最高科学技术奖获得者以及两院院士等杰出人才15名左右。对"孔雀计划",市财政每年投入不少于10亿元,用于培育和引进海内外高层次人才和团队。对具有成长潜力、但未入选"孔雀计划"的创新创业团队,作为高层次创新创业预备项目团队,给予最高500万元资助。对符合条件的、从事基础前沿研究的高层次人才,给予相对稳定的科研经费支持。对于基础前沿类科技计划(专项),可提供若干周期的项目经费支持。此外,深圳还着眼于扎实推进创客之都建设,提出在中小学校建设创客实践室,实施创客培养项目资助计划,壮大各类创客导师队伍,塑造创客文化氛围,夯实创新创业基础。

江苏提出,大力引进金字塔塔尖人才。对引进世界一流的顶尖人才团队,实施顶尖人才顶级支持计划,简化程序、一事一议、特事特办,最高给予1亿元项目资助。深化实施"双创计划",聚焦重点产业、重点企业、重点园区和其他重要领域,大力引进产业发展最前沿、科技创新最核心的领军型人才。

湖北紧扣全省重大战略部署和重点产业人才需求,加大高精尖紧缺人才引进力度。湖北提出围绕中国制造2025和智慧湖北建设,重点引进一批站在科技前沿和产业高端、具有国际视野和能力的领军人才。以新一代信息技术、高端装备制造、新材料、生物、节能环保、新能源、新能源汽车等战略性新兴产业和新业态为重点,精准引进一批攻克产业技术难关、填补产业空白、提升产业层次的高层次创新创业人才,以及互联网跨界融合创新人才和产业策划、工业设计、资本运作、电子商务等现代服务业人才。注重引进跨国公司、中央企业、民营企业500强的企业家人才。

武汉提出实施武汉"城市合伙人"计划,围绕产业链部署创新链,围绕创新链构建人才链、资金链、服务链、政策链,力争5年内,重点在信息技术、生命健康、智能制造等战略性新兴产业领域,引进聚集10名国内外顶尖人才、1 000名产业领军人才以及100名知名创业投资人、1 000名各类天使投资人,培育集聚20万名青年研发创业人才,带动形成100万产业大军,努力把武汉建成全国最具影响力的产业人才聚集高地、创业投资高度活跃的天使之城、开放包容高效的创新创业中心。

(二) 更加开放的人才引进政策

1. 加大人才引进力度

北京实行更具竞争力的海外人才引进政策。适度放宽引进海外人才的条件,加强对海外人才在项目申请、成果推广、融资服务等方面的支持。探索外籍人才担任新型科研机构事业单位法人代表、相关驻外机构负责人的制度。实施"全球顶尖科学家及其创新团队引进计划",建立人才与项目的对接机制。深入实施"北京高校高精尖创新中心建设计划",依托高校引进一批战略科学家,形成国内外创新资源深度融合、前沿基础研究与应用技术创新紧密结合的体制机制。运用大数据、云计算等手段动态绘制"全球高端人才分布地图",建立海外人才供需精准对接机制。发挥外事、侨务、外专、海外人才服务机构等渠道作用,建立海外联络机构协同运行机制。进一步完善引才配套政策,逐步建立与国际接轨的保障机制,切实解决引进人才在任职、社会保障、户籍、子女教育、住房等方面的问题。

江苏充分发挥企事业单位引才的主体作用。鼓励有条件的企事业单位在境外通过设立研发中心、共建实验室等形式,吸纳用好海外优秀人才。鼓励各类企业和高校、科研院所、公立医院根据发展需要,按照上年度销售额或总支出的一定比例,设立人才发展专项资金。企业引进高层次人才,支付的一次性住房补贴、安家费、科研启动经费等费用,可按照规定在计算企业所得税前扣除。国有企业引进高端人才经费视同利润考核,新招录高层次人才薪酬不纳入企业当年和次年薪酬总额。高校、科研院所、公立医院等事业单位通过年薪工资、协议工资、项目工资等形式聘用的高层次人才和创新实践成果突出的优秀科技人才,其人员及实际薪酬发放水平不纳入所在单位绩效工资总量核定范围。研究制定国有企事业单位聘用外国人才的方法和认定标准。

杭州提出全球引才"521"计划,面向全球大力引进带有重大项目、带领关键技术团队、带动新兴学科的海外高层次创新创业人才。实施杭州市领军型创新创业团队引进培育计划,人才团队项目经评审认定后按规定给予资助,对顶尖人才和团队的重大项目实行"一事一议"。加大国内外智力柔性引进力度,深入实施钱江特聘专家计划、"115"引进国外智力计划。大力推进院士专家工作站、博士后科研工作站建设,积极吸引两院院士及其创新团队、知名高校博士进站开展成果转化工作。

2. 加快出入境政策改革

2016年1月,公安部支持北京创新发展的20项出入境政策措施正式实施,涉及外国人签证、入境出境、停留居留等方面。同时,公安部中关村外国人永久居留服务大厅正式对外办公,受理、审核永久居留申请,提供咨询服务。这些出入境新政主要包括:第一,根据中关村外籍人才积分评估标准进行评分,达到一定分值的,可以申请在华永久居留,进行了积分制市场化的探索。第二,首次明确申请人需满足50万年收入,缴纳个人所得税10万以上的市场定义。第三,由用人单位向中关村管委会出具申请公函、单位承诺书,真正体现了用人单位的主体地位。第四,对于在中关村创业的外籍华人申请工作类居留许可、私人事务类居留许可、在华永久居留等做出明确规定,对于吸引华人回归是新的探索。第四,在京就业外国人办理居留许可时限放宽。第五,对申请永久居留的中关村外籍高层次人才的审批进程从180个工作日缩短至50个。第六,中关村创业团队外籍成员和中关村企业选聘的外籍技术人才可持邀请函件申请人才签证入境。第七,符合条件的在华留学外国学生,可以申请在学习类居留许可上加注"创业"后,在中关村实施兼职创业活动。第八,首次实现港澳居民特殊人才及家属来京定居并落户。

3. 推进人才国际合作

北京构建更加灵活的海外智力开发利用机制。一是加快"走出去"步伐,建设中关村硅谷创新中心、芬华北京创新中心、中以技术合作转移中心等境外技术转移和人才开发平台,支持有条件的企业在境外设立研发中心、分支机构、孵化载体,积极开发利用海外人才智力资源。二是加快中小企业国际化进程。北京通过"促进中小企业国际化发展五年行动计划(2016—2020年)",推进各地中小企业主管部门和中国银行各分支机构建立政银企合作机制,强化信息共享和政策协同,发挥中国银行"中小企业跨境撮合服务平台"的作用,创新金融支持方式,改善金融服务,促进中小企业融入全球市场,利用全球要素。三是加快国际合作力度,通过共建合作园区、互设分基地、成立创业投资基金等多种方式,深化人才国际化创新合作。同时,北京加快市科技计划(项目)对外开放,支持外籍高层次人才领衔或参与承担。在北京自然科学基金中增设"国际(地区)合作与交流项目""海外及港澳台学者合作研究项目"和"境外青年学者研究项目",柔性开发国际高端智力。

深圳在人才国际合作方面:一是设立"引才伯乐奖"。鼓励深圳市企事业单位、人才中介组织等引进和举荐人才,对引进人才(团队)给予奖励补贴。二是发挥驻外机构招才引智作用。在市政府驻境外、市外机构加挂人才工作站的牌子,增加驻境外人才工作站布点,赋予其招才引智工作职能。同时,鼓励和支持深圳市企业和社会团体等驻外机构设立人才工作站,完善人才工作站管理机制、激励机制和经费保障机制,开展招才引智工作。三是发挥企业主体招才引智作用。鼓励和支持企业根据发展需要面向全球广泛吸纳人才。对国有企业新招录的高层次人才和硕士及以上学历的人才,其薪酬不纳入企业当年和次年的薪酬总额。结合举办高交会、文博会、国际创客周等,政企互动开展多种形式的招才引智活动。四是完善深港人才交流合作机制,建立深港联合引才育才机制,选聘香港专业人士到深圳前海管理局所属机构任职。深圳毗邻港澳,具有开展国际人才交流合作的独到区位优势,同时前海管理局被国务院授予相当于计划单列市的管理审批权限,可自主决定机构设置、人员聘用和薪酬标准。

江苏搭建具有全球影响力的聚才活动平台。定期举办海内外江苏人才交流活动,畅通与全球人才对接联系渠道。依托江苏省特色优势产业,举办世界物联网大会、世界智能制造大会、世界未来网络大会等具有全球影响力的产业科技活动,以产业集聚人才。吸引国内外高水平学术会议、专业论坛在江苏省举办或永久性落地。面向海内外积极开展各类创新创业大赛等活动,实现以赛荐才、以赛聚才。探索重大引才活动服务外包,运用市场力量,提高引才质效。同时,扩大人才国际交流便利。支持教学科研人员参与国际学术交流,对高校、科研院所中直接从事教学或科研任务的人员、担任领导职务的专家学者,出国(境)开展教育教学、科学研究、学术访问、出席重要国际学术会议以及执行国际学术组织履职任务等,实行计划报备、区别管理,单位和个人出国(境)批次数、团组人数、在外停留天数,根据任务需要合理安排。

(三) 创新载体平台

1. 创新载体

深圳提出,推进高水平院校和学科建设。一是鼓励高校积极参与世界一流大学和广东省高水平大学建设。大力推进优势和特色学科建设,鼓励高校按照国际同类一流学科专业标准,开展学科专业国际评估或认证。实施一流学科培育计划,对入选国家、省重点学科培育计划的学科给予相应资助,对新增未来新兴产业和民生领域急需学科专业给予一定资助。二是推动高水平科研机构和新型智库倍增发展。未来5年引进若干家国内外知名科研院所落户深圳,力争建成80家创新能力强的科研机构,国家级工程中心、重点实验室、工程实验室、企业技术中心达到100家以上。重点引进和培育10家左右在国内外具有一定知名度和影响力的高端智库。三是吸引市外技术转移机构来深发展。支持境外机构在深圳设立具有独立法人资格、符合深圳市产业发展需求的技术转移机构,政府给予最高1 000万元研发资助。市政府与国内外知名高校技术转移服务机构、科研机构建立合作伙伴关系,对合作伙伴每年给予最高200万元资助。

杭州在创新载体建设上,一是实施一批创新创业重大项目。围绕"互联网+"创新创业中心的战略定位,对接浙江省"七大产业"发展规划,组织实施一批在国际先进、国内领先的科技创新重大项目。二是建设一批"互联网+"创新创业平台。依托浙江省科技创新云服务平台建设杭州"智慧孵化"云平台,提供创业辅导、科技金融、技术转移人才培养等方面的一站式孵化服务。加快推进阿里"百川计划"、富士康"创新牧场""淘富成真"腾讯创业基地等"互联网+"创新创业平台的建设。三是推进高校科技资源开放和共享。推进高校和科研院所的大型科学仪器设备、科技文献、科学数据等科技资源和科技基础设施向创新创业者开放。支持以政府财政投入的科研基础设施向中小微企业开放。鼓励有条件的企事业单位和其他创新载体向社会开放大型科研设备。加大创新券的使用力度,对使用创新券的企业和平台,由市、区县(市)财政给予一定的经费补助。

2. 众创空间

杭州在众创空间发展上,一是大力发展众创空间。支持国家级高新区、省级高新园区、科技企业孵化器、大学科技园、海外留学人员创业园、大学生创业园和高校科研院所、行业领军企业、创业投资机构、社会组织等力量，打造一批低成本、便利化、全要素、开放式的众创空间。发挥政策的集成和协同效应，实现创新与创业相结合、线上与线下相结合、孵化与投资相结合，为广大创新创业者提供良好的工作空间、网络空间、社交空间和资源共享空间。鼓励创新型孵化器的发展，将创新型孵化器纳入政策支持范围，以政府采购服务的方式对做出成效的创新型孵化器进行扶持。支持以硅谷孵化器模式为蓝本提升孵化器服务功能，鼓励孵化器采用"海选项目、天使投资、创业养成、精益孵化"的孵化服务模式。

二是大力推进科技企业孵化器建设。加大政策扶持力度，做强国家级科技企业孵化器、大学科技园，做优省市级孵化器，培育一批区级创新园、产业园。加快链接全球孵化器资源，积极引进国内外行业领军企业、知名科技园和孵化器管理公司来杭建设孵化器，输出品牌和管理，共建创新创业基地。推进杭州硅谷孵化器建设。推进"苗圃—孵化器—加速器"科技创业孵化链条建设，通过为不同发展阶段的创业企业提供个性化的孵化服务，形成从项目初选到产业化的全链式创业孵化体系。鼓励民营企业以产业链为核心，以资本为纽带，投资建设科技企业孵化器等创新创业空间。

三是打造创新创业要素密集区和科技创业街区。支持杭州高新开发区、临江高新区、未来科技城、青山湖科技城、西湖区、杭州经济开发区等打造创新创业密集区，出台政策吸引研究开发、投融资、技术转移、知识产权、检验检测等各类机构和平台入驻，推动人才、资本、技术、市场等创新要素集聚。支持在西湖区文三街、滨江区海创基地、余杭区阿里巴巴西溪园区等沿线建设以"分享、共享"理念为指导的创业公共平台。引入"创业咖啡"、创业服务机构，打造以创业为特色的科技创业街区。推进杭州湾信息港、互联网金融大厦、创智天地等一批特色科技楼宇发展，培育"互联网+"新业态创业楼宇。

四是大力推进特色小镇建设。鼓励各地整合存量资源，因地制宜，打造各类以创新创业为主题的特色小镇。大力推进上城玉皇山南基金小镇、江干丁兰智慧小镇、西湖云栖小镇、余杭梦想小镇、富阳硅谷小镇、临安云制造小镇等首批省级特色小镇建设，打造一批集聚创新创业要素的新平台。

3. 资金支持

北京完善有利于人才优先发展的财税金融保障机制。一是推进财政科技资金管理改革。调整优化全市各类人才工程（计划、项目），建立跨部门统筹决策和联动管理机制，搭建统一规范的信息化平台。探索事前申报事后奖励制、科研成果购买制等科研项目管理方式。强化财政科技资金的分类支持，对基础前沿类科技计划强化稳定性、连续性支持，对市场需求明确的技术创新活动通过风险补偿、后补助、创业投资引导等方式，发挥财政资金的杠杆作用，引导社会投入。二是优化有利于创新创业的科技金融体系。加大财政资金投入，引导产业资本、金融资本共同组成多种类型基金，重点服务种子期、初创期企业发展，形成对不同阶段创新创业人才及所在企业的金融支持体系。鼓励天使投资、风险投资、商业银行等机构开展股、债、贷相结合的融资产品与服务。支持创业板、新三板、北京市区域性股权市场、机构间私募产品报价与服务系统等多层次资本市场发展，完善高层次人才及所在企业借助境内外多层次资本市场融资的政策机制。

深圳在人才创新创业资金支持方面：一是设立人才创新创业基金。发挥市政府投资引导基金引导作用，依托市属国有金融机构参股，并吸引社会资本和社会力量参与，设立80亿元规模的人才创新创业基金，支持人才创新创业。二是完善人才创业贷款风险补偿机制。对人才创办的种子期、初创期科技型企业，符合条件的给予信用贷款和贷款担保支持。对人才创办的科技型企业购买科技保险产品，符合条件的给予保费资助。对符合条件的科技研发项目和创业担保贷款，给予贷款贴息资助。

（四）建设海外人才离岸创新创业基地

目前深圳离岸创新创业中心的探索主要有以下几个方面：一是明确发展定位。发达国家制造业空心化导致部分领域的源头创新结果遭遇产业化的困境，同时，中国在过去30年需求快速进化、产业配套能力不断完善，与发达国家的源头技术端呈现出互补的局面。因此，要充分发挥民办非营利的作用，有效链接海外创新端与中国需求端，打造海外创新端和中国的制造端的桥梁纽带。例如，美欧在人工智能技术、产品等方面有优势，中国在智能手机和其他智能终端的数量和需求方面的有优势，通过离岸基地，成功把海外创新资源端与中国高级化需求端链接。精准医疗和健康、无人驾驶汽车领域的人工智能技术、金融科技。二是设立第三方民办非营利机构运作离岸基地,符合国际惯例、外方需求,推动国内产业的合作,产业资源支撑和政府支持。三是健全运营体系。第一,设立海外中心。依据创新发展动向、产业发展趋势,在影响未来创新发展的重大创新节点、创新城市设立海外孵化中心。第二,加大人才吸引。实施海外人才计划,开展海外路演,集聚海外人才和海外项目。第三,在深圳设立物理形态的孵化中心,对通过海外中心链接人才和团队,开展为期3—6个月的早期适应性孵化,克服海外团队"水土不服"的问题。第四,建立离岸基地会员制度,一方面可以投资购买海外人才的项目、技术或者专利,开展合作,另一方面,可以引导海外人才,告诉他们市场需求,明确发展定位,找准场景应用,提供建议咨询。第五,建立产业智库,创建创新百人会,为离岸基地提供技术支持,特别是对前沿技术提供战略咨询,开展顶层设计。第六,导入政府资源,完善配套服务,包括资金支持、政策解读、落地产业合作、人才扫描、猎头服务等。一方面,争取政府补贴和资助;另一方面,通过向企业会员和园区会员收取会费,获取海外资金和人才资讯等服务,实现基地运作的盈亏平衡。

沈阳紧紧抓住全面创新改革试验区、自主创新示范区和自由贸易试验区三区叠加的重大战略机遇,通过政府引导、市场化运作和专业化服务,坚持离岸与落地相结合,将沈阳市海外人才离岸创新创业"自由港"打造成具有国际竞争力的东北地区海外高端人才聚集中心,力争形成可复制、可推广的经验模式。具体包括:第一,投资自由化。在"自由港"内,对海外人才离岸创新创业实行备案制和负面清单管理(负面清单禁止除外),非禁即入,其他行业、领域和经济活动实行市场准入自由制度。推行承诺制和审慎监管。第二,贸易便利化。在"自由港"内,对海外人才离岸创新创业涉及的保税、通关服务、商品交易、出口退税等方面,在政策允许范围内,率先复制推广已设自贸试验区的创新监管制度。实行AEO企业信用动态管理,给予高级认证企业相应的通关便利措施。第三,权益保障国际化。在"自由港"内,对海外人才离岸创新创业实行国际离岸公司通行规则。创新创业公司在办理离岸注册、国际经营业务时,经营地不受限制;在股东资料、股权比例、收益状况等方面,享有保密权利;在合理避税、避开贸易壁垒、境外融资及上市、规避投资风险等方面,享有国际通行权益;可在国际银行开设账号,以实现国际金融服务便利化。第四,关税优惠。依照相关法律法规规定,对"自由港"位于海关特殊监管区域内的企业,执行现行海关特殊监管区域有关税收政策。第五,税收优惠。"自由港"内海外人才离岸创新创业符合高新技术企业条件的,企业科技人员通过科技成果转化取得的股权奖励收入,可在5年内分期缴纳个人所得税;市及所在区政府引进的海外人才列入市高层次人才中的顶尖人才、杰出人才范畴,视其对地方税收贡献情况给予奖励。第六,收费优惠。在"自由港"内,对海外人才离岸创新创业实行行政事业性零收费。除资源类、补偿类收费外,免征"自由港"内涉企的其他行政事业性收费;免征海外人才离岸创新创业工业及生产性服务业投资项目城市基础设施配套费。第七,服务保障待遇。经沈阳市高层次人才认定标准认定的高层次人才在"自由港"创新创业,根据相关政策,予以奖励和资助。通过东北海外高层次人才创新创业服务中心,对在"自由港"创新创业的海外高层次人才实行"一站式"保姆服务,即在公司注册、办公场所和住房租赁、就医、子女入托入学、出入境签证、暂住登记(满半年后领取居住证)、就业、邀请函手续办理等方面实行全覆盖保障。第八,科技奖励待遇。按照"从新、从优、从高"的原则,全面对接国家、省、市科技人才政策,在成果转化、市场推广、技术交易、政府采购、收益分配、学术评定、科技交流等方面,对海外离岸创新创业人才实行国内同等科技奖励政策。第九,知识产权国际保护待遇。海外离岸创新创业人才享受国际知识产权保护待遇。遵循国内外共同研发、国内统一申报的原则,建立海外专利国内申请、国际保护业务体系,实现研发成果的知识产权本地化。鼓励企业申请知识产权海关备案。

四、上海吸引全球人才创新创业的对策建议

(一)明确吸引集聚对象、优势领域、战略方向

1. 聚焦重点对象

一是顶尖海外人才及其团队。对引进世界一流的顶尖人才团队,简化程序、一事一议、特事特办,给予顶尖人才及其团队连续5年的项目资助。积极争取有关部门支持,结合加快推进张江综合性国家科学中心建设契机,支持区内高校、科研院所、园区等试点建立"学科(人才)特区",设立海外诺奖

大师、战略科学家人才工作室,探索建立新型研发机构运行机制,开展外籍顶尖专家及其核心团队成员申请有关科研、产业等项目基金的试点,开展海外顶尖专家及其核心团队成员人员薪酬突破事业单位绩效工资总额、专业技术岗位编制限制,探索符合国际惯例、灵活多样、有利于人才潜心研究的人才招聘、博士和博士后招生制度,科研经费管理、科研评价、科研管理等方面先行先试。支持建立战略科学家领衔机制,推动重大前沿领域跨学科交叉融合、创新要素开放共享、多主体协同创新。设立外籍顶尖人才及其成员综合补贴项目,给予住房补贴以及探亲费、语言训练费、子女教育费等,由领衔专家自主分配。借鉴浙江、西安做法,对以非现金形式或实报实销形式取得的住房补贴以及探亲费、语言训练费、子女教育费,给予暂免征个人所得税待遇。借鉴武汉做法,设立海外高层次人才社会保险专项补助资金,为外籍或持外国人永久居留许可证的高层次人才,按规定办理基本社会保险和补充养老保险。

二是海外优秀人才。对新引进的海外高层次人才人选,符合条件的,分别给予配套资助,用于项目研究与开发过程中已发生的直接费用和间接费用。实施引进海外优秀人才或海外顶尖人才的团队成员学术研修津贴制度,获邀参加由著名高校、科研机构、协会举办(或者由国家、地区行政机构、著名企业协助合办)的该学科领域高层次学术交流活动或短期赴高校、科研机构进修或做访问学者等学术活动的,可根据举办地获取 3 000 元—1 万元的学术研修津贴。优先推荐海外优秀创新创业领军人才及其团队申报国家、上海市重大科技专项和高新技术产业化项目;享受地方财政奖励、股权激励、科技金融、人才等优惠政策;其开发的国家和上海市新产品可列入政府采购目录,享受首购首用政策。依托全球高层次科技专家信息平台及国际知名引智引才工作网络,加强海外人才引进的针对性和精准度,引进一批在专业领域拥有自主知识产权,且科技成果领先,有良好产业化条件和市场前景的海外高层次人才,给予创业扶持资金。用好区域内高校、科研院所、企业的资源,创新招聘海外人才的模式,拓宽招聘渠道。

三是留学人才。参照深圳前海做法,鼓励出国留学人员创业,从事科研工作,其研究课题经认定属于高新技术项目的,可获一次性科研启动经费 10 万—15 万元。设立"留学人员创新创业前期费用补贴"项目,根据在海外取得学位、学习或工作经历,拥有技术或项目先进性、突破性,经评审分别给予前期创新创业资助,用于参加国内、国际学术交流或展会费用,购置科研材料、科研设备等,留学人员所在企业房租、水电费、物业管理费,留学人员差旅费。对符合条件的留学回国人员科技创业项目,经综合评价,给予一次性不高于10万元的资助。

四是国际创客。要细分国际创客的类型,包括:第一,直接来沪创新创业的外籍人才,虽然目前还是一小部分,但可能成为未来发展的关键群体。第二,已经在沪工作、学习的外籍人才,其中,一部分是在沪跨国公司工作过的外籍人士,有些在跨国公司已经担任高级经营管理人员、首席科学家,由于各种原因不愿意回国,继续留在上海、留在中国发展的外籍人才,另一部分是在上海高校留学的外籍学生,毕业以后以大学毕业生为主的创新创业群体,这一群体的共同特征是对上海有一定的生活、工作、学习经验,对上海的基本情况比较熟悉,已经初步建立了一定的社会资本。第三,离岸创业者。通过引进国外知名创新创业服务机构,鼓励有条件的孵化器开展"国际联合双向孵化"等,加大对国际创新创业项目引进力度,落实外国人办理永久居留、签证、停居留证件,上海高校外国留学生到张江国家自主创新示范区就业办理工作证明等措施,为国际创客提供便利。

2. 聚焦优势领域

着眼于张江综合性国家科学中心核心需求,着眼于提升全球科技创新中心显示度、影响力,聚焦光子科学与技术、生命科学、计算科学与信息技术、类脑智能、能源科技、纳米科技等优势领域人才;围绕研发与转化功能型平台、市级科技重大专项、战略性新兴产业专项需求,聚焦生物医药、新材料、新一代信息技术、智能制造等领域人才;围绕全球科技创新中心重要承载区,重点在张江核心区、紫竹、杨浦、漕河泾、嘉定、临港等科创中心承载区,吸引全球创新创业人才。

3. 聚焦战略方向

聚焦国家战略需求和战略目标,从重大基础科学创新、颠覆性技术开发和城市发展重大问题研究三个角度开展人才高峰建设。主要包括:暗物质研究与天体观测、生物遗传与表型研究、量子通信及计算技术、合成科学、脑科学等重大基础科学创新高峰;先进计算技术,机器人与人工智能,智慧交通与智能城市,新一代通信及物联网技术,精准医学与重大疾病诊疗,纳米技术与材料科学,航空航天科技,海洋、极地科技及装备颠覆性技术开发高峰;能源、动力的清洁化,环境保护与污染治理,城市安全与灾害防治等城市发展重大问题研究高峰领域。

(二) 加大全球创新创业人才的引进力度

1. 拓展引进渠道

加大实施创新驱动发展、供给侧结构性改革、"大众创业、万众创新",加快建设具有全球影响力的科技创新中心建设,以中国机遇、上海机会吸引、集聚海外优秀人才,特别是"国际创客",为他们提供空间和舞台。

一是加大全球布局和联系程度,加强与全球主要创新城市和地区合作,建立与硅谷、伦敦、波士顿等世界级创新城市的交流与合作平台,探索建立国际科技合作联盟、国际科技合作基地、国际科技产业合作园区,打造具有国际影响力的博览会、高峰论坛和学术会议,吸引全球各类人才。

二是参照中关村国际化发展做法,设立吸引全球人才创新创业国际化发展资金,支持企业、社会组织、创新创业团队基于市场原则,在全球布局,开展国际市场拓展、国际研发合作和国际化环境建设,基于市场原则,鼓励企业、机构通过自建、并购、合资、参股、租赁等多种方式建立海外研发中心、实验室、国际孵化器,开展关键核心技术研发、产业化应用研究、创新创业孵化,吸引和集聚更多海外优秀人才。对上海市企业、创新创业团队围绕重点领域、产业与世界500强企业、全球100强大学、全球100强研究机构开展实质性合作,联合进行新技术新产品研发、转化、技术引进创新等活动,给予在国际研发合作费用、国际技术转移服务费用的资金支持。对参加境外重要展览时发生的展位费、公共布展费、大型展品回运费、会议注册费等相关支出,给予相关资金支持。支持资助高校院所、科技企业联合创办国际大学、实验室、跨国合作协会组织等,支持资助在境外新设立研发、销售分支机构,吸引国际知名高校技术转移办公室、国际技术转移促进和服务机构在张江、自贸区设立分支机构,建设全球技术转移枢纽,为上海引进跨国技术转移项目、吸引全球人才搭建平台。把握"互联网+"、大数据特征,完善海外人才数据库,积极发展众包平台,面向全球征集创新思想和项目,举办国际创业大赛、原创思想大赛、解决方案竞赛,汇聚全球智慧。

参照深圳、武汉等地做法,鼓励和支持人才服务机构和人才载体积极参与海外创新创业人才的引进和服务工作,对做出贡献者给予一定的奖励;引进或推荐本单位人才入选国家顶尖人才与创新团队类的单位,每成功1个给予20万元的奖励;引进或推荐国家引进创新长期类、创业人才类、外专类的,每成功1人给予10万元的奖励;引进或推荐国家创新短期类、青年类的,每成功1人给予5万元的奖励。每年度对同一人才引进机构奖励最高不超过100万元。

2. 实施更加开放的引进政策

一是参照北京、广东做法,建立海外人才积分评估机制,适当简化学历证明、雇主证明要求,调整海外人才年工资收入、个税标准门槛,年工资收入和个税达标准的认定标准分别为调低到50万元和10万元左右。

二是建立顶尖人才、特殊人才遴选委员会,对具有特殊技能技艺的海外人才,开辟遴选评价"绿色通道"。

三是积极争取有关部门支持,探索设计创业类签证和居留许可。近期,在工作类、私人类、学习类签证方面,明确加注"创业"的申请对象、申请标准、投资限度、申请额度,明确政府鼓励进入的正面清单及外国人不能进入的负面清单。支持计划来上海投资或者创新创业的外国人凭投资证明或者创业计划、生活来源证明等,直接申请S2签证(私人事务签证),入境后办理私人事务类居留许可。延长创业类居留许可有效期限,从2年(24个月)到30个月,最长有效期可达到5年,制定创业签证、居留许可税收、劳动、投资、融资等相关配套政策和待遇,制定创业类居留许可,签证的合伙人、家属、随员的签证政策,完善创业签证与学习签证、工作签证、人才签证(R字)、旅行签证、口岸签证之间转换办法与规范流程,支持外资企业工作的外籍人才辞职后、外国留学生毕业后继续上海创新创业。远期建立探索建立创业类签证类别。

(三)加大创新创业扶持

1. 加大载体平台支持力度

一是加快科技创新重大项目建设。瞄准世界科技前沿,以提升原始创新能力和支撑重大科技突破为目标,加快世界一流重大科技基础设施建设,争取国家、上海市关键技术协同创新攻关项目落地,以科技创新重大项目吸引集聚一流领军人才和创新团队。

二是高校、科研机构。充分发挥高校院所在人才集聚、科技创新中的核心功能，实施校（院）区合作战略，鼓励区域内高校、科研院所建设与有关区域发展需求相匹配的若干优势学科，共同引育高端人才，促进人才链、创新链与产业链的深度融合。引导高校院所新布局一批国家（重点）实验室、工程中心等国家级重大科技基础条件平台，对新设国家（重点）实验室等，给予财政支持和配套服务。支持高校、科研机构等创新主体承担国家工程实验室、国家重点实验室、国家工程（技术）研究中心、国家企业技术中心、国家制造业创新中心等国家级重大创新载体建设，对承担市工程实验室、重点实验室、工程中心、技术中心、公共技术平台等各类创新载体建设任务，予以支持。鼓励支持新型研发机构建设，给予相应经费支持。以政府投资、企业化运作的建设模式为主，鼓励和支持高校、院所及龙头企业采用"研究机构、科技园区、产业基地"三位一体的运作方式，提高产业技术创新组织程度及效率，探索建设一批新型产业研发组织，围绕产业链部署创新链，开展应用研究、技术服务、标准固化、成果转化、人才集聚和产业规划。鼓励海外高层次人才创新创业团队发起设立专业性、公益性、开放性的新型研发机构。支持高校院所、科技企业联合创办国际大学、实验室、跨国合作协会组织等。

三是跨国研发机构。贯彻落实国家关于吸引跨国公司、国际组织及联盟落户相关优惠政策，鼓励跨国公司、国际组织及联盟利用其海外资源。支持企业在张江、自贸区发起成立国际性行业协会、产业联盟。充分发挥自贸区优势，支持跨国公司在张江、自贸区设立研发中心、结算中心、采购中心、营销中心、数据中心等功能性机构。

四是建立产业创新中心。围绕信息技术、生命健康、新能源、新材料等产业新一轮发展，引进和培育一批具有核心技术和创新能力的新兴产业龙头企业，发挥企业吸引、使用科技创新人才的主体作用。加强市区联动，推动企业、大学和科研机构的产业技术创新合作，以龙头企业为核心，运用市场机制集聚项目、资金、人才、企业等创新资源，组建若干家产业技术联盟，打造信息技术、生命健康、智能制造等一批具有持续创新功能的产业集群，形成国际影响力。符合条件的，可以登记为企业法人，按规定享受企业研发费用加计扣除政策，支持其承担市科技计划项目。

五是国际孵化器。大力发展市场化、专业化、集成化、网络化、国际化的众创空间，推动不同种类的众创服务平台协同发展，为海外创业者提供低成本、便利化、全要素、开放式的工作空间、网络空间、社交空间和资源共享空间。通过给予财政补助的方式，引导企业、投资机构、行业组织等社会力量，培育发展创业咖啡、创客空间、微观装配实验室等各类众创空间，积极发展面向"国际创客"众创空间。加大政策扶持力度，做强国家级科技企业孵化器，做优市级孵化器，培育一批区级创新园、产业园。高度重视科技园区国际化运营团队的建设工作，加快运营人才的引进。加快链接全球孵化器资源，运用税收、办公用地、项目支持等手段，积极引进国内外行业领军企业、知名科技园和孵化器管理公司建设孵化器，输出品牌和管理，共建创新创业基地。通过基础设施投资、优惠政策、优化资源配置等方面，支持有关机构在海外设立国际孵化器。支持推进"苗圃—孵化器—加速器"科技创业孵化链条建设，通过为不同发展阶段的创业企业提供个性化的孵化服务，形成从项目初选到产业化的全链式创业孵化体系。鼓励民营企业以产业链为核心，以资本为纽带，投资建设科技企业孵化器等创新创业空间。鼓励创新型孵化器的发展，将创新型孵化器纳入政策支持范围，以政府采购服务的方式对做出成效的创新型孵化器进行扶持。

六是海外人才离岸创新创业基地。第一，设立海外人才离岸创新创业基地。依据创新发展动向、产业发展趋势的判断，在影响未来创新发展的重大创新节点设立海外人才离岸创新创业基地，有效发掘人才、发现项目、深度链接。第二，推动自贸区、张江、中心城区等地强化海外人才创新创业基地的功能，吸引集聚海外高层次人才和团队，开展为期3—6个月的早期适应性预孵化，克服海外团队"水土不服"的问题。第三，完善海外人才离岸创新创业运作机制，通过会员制度、跨国公司产业智库、离岸研究院，帮助海外人才了解产业发展需求、熟悉市场、投资需求、明确发展定位，找准场景应用，提供建议咨询。第四，完善离岸创新创业基地配套服务，包括资金支持、政策解读、落地产业合作、人才扫描、猎头服务等。

2. 加大政策激励支持力度

一是推动工商注册便利化措施。对在沪创业外籍华人、获得永久居留权的外国人才，只要不涉及人民生命财产安全的领域，探索以内资的身份以人民币进行工商登记注册。逐步放宽海外人才创业、投资、经营范围。对在自贸区海外人才离岸创新创业基地范围进行离岸创新创业的外籍人才,在办理离岸注册、国际经营业务时,经营地不受限制;在股东资料、股权比例、收益状况等方面,享有保密权利;在合理避税、避开贸易壁垒、境外融资及上市、规避投资风险等方面,享有国际通行权益。

二是探索外籍人才激励办法。对来沪工作、属于高新技术企业、具有核心技术、做出较大贡献的外籍人士,允许其通过科技成果转化获得不参与、不影响企业决策的限制性股权或期权奖励,享受国内人才递延纳税同等待遇,授予外籍人才限制性股权的企业不变更企业性质,投资、经营活动不受限制。在成果转化、市场推广、技术交易、政府采购、收益分配、学术评定、科技交流等方面,对海外人才实行国内同等科技奖励政策。

三是实施投资自由化和贸易便利化政策。在"双自"范围内,对海外人才创新创业实行备案制和负面清单管理(负面清单禁止除外),非禁即入,其他行业、领域和经济活动实行市场准入自由制度。在张江自主示范区范畴内,对海外人才离岸创新创业涉及的保税、通关服务、商品交易、出口退税等方面,在政策允许范围内,率先复制推广已设自贸试验区的创新监管制度。依照相关法律法规规定,对"自由港"位于海关特殊监管区域内的企业,执行现行海关特殊监管区域有关税收政策。加大外汇支持力度,依托自贸区人民币自由贸易账户,在自贸区、张江等范围内,推动金融服务便利化。加快外汇审批速度,支持海外人才及其组织为本市收购前景优质项目、潜力项目。

四是税收优惠政策。对引进的外籍海外高层次人才,以非现金形式或实报实销形式取得的住房补贴、伙食补贴、搬迁费、洗衣费、标准内的出差补贴、税务机关审核批准合理的探亲费、语言训练费、子女教育费等,暂免征个人所得税。参照有关国家和地区做法,探索海外人才来沪工作前3年个人所得税政策,或安家等费用、子女教育费用税前抵扣政策。充分运用创业就业平台税收优惠政策,对吸引和集聚海外人才的科技企业孵化器(含众创空间)、大学科技园免征增值税、房产税、城镇土地使用税,对符合非营利组织条件的孵化器、大学科技园的收入免征企业所得税。实施对海外人才提供资金、非货币性资产投资助力的创投企业、金融机构等给予税收优惠,对创投企业、有限合伙制创业投资企业法人合伙人按投资额的一定比例抵扣应纳税所得额,以非货币性资产对外投资确认的非货币性资产转让所得分期缴纳企业所得税、个人所得税,金融企业发放涉农和中小企业贷款按比例计提的贷款扣失准备金企业所得税税前扣除。

五是人才项目支持力度。要用事业吸引高端人才,除涉及保密的,外籍人才在创新创业申请、科研项目、技术转移项目、创新券申请、产业支撑激励、政策采购项目、人才支持计划等方面,享有同等待遇,同时按照国际规范强化合同约束和法律约束。

六是执业问题。在"双自"范畴内,探索对工程类、经济类海外相关执业资格的人才境内执业的相关办法,准许有关人才在一定范围内开展相关执业活动。

(四)完善海外人才服务体系

1. 创新创业服务

通过政府购买服务的方式,大力发展专业化、市场化、社会化科技服务机构,加大对研发中介、技术转移、创业孵化、知识产权等科技服务人才的培育,加大对国内外高层次科技服务人才的引进和集聚。完善政府购买科技服务政策,扩大创新券使用范围。基于大数据、云平台、移动互联网,设立全程网络化管理的"创业券",面向国际创客、海外人才提供创业创业服务。鼓励"创业咖啡"、科技媒体、创投公司、科技园运营者、中介服务机构等各方力量积极举办创新创业活动,为创新创业活动提供公共服务。大力发展企业管理、财务咨询、市场营销、法律顾问、现代物流等第三方专业化服务,不断丰富和完善创业服务体系。

2. 人力资源服务

加快人力资源服务产业发展,加大人力资源体系建设、产品创新、高端人才引进、骨干企业培育、信息平台建设等支持力度。鼓励人才中介服务机构开展招人聚才业务,探索实施重大引才活动的服务外包,对发现和引进优秀人才的中介机构给予奖励。推动人力资源服务机构与国外同业机构进行多种形式的合作,提高人力资源服务业的服务水平和产业能级。推进人力资源服务创新,促进人力资源服务业与其他产业深度融合,拓展人力资源服务领域,优化服务产品结构,服务区域经济发展。在海外人才密集地区聘请引才大使,建立海外引才工作站,构建常态化的人才联络网。围绕外国人来沪的工作、生活、学习等各个环节,整合出入境、人社、外专、商务、检验检疫、外事等部门,建立外国人才公共服务"单一窗口",缩短审批周期,提高办理效率,为外国人才提供更加便捷的办事环境。建立人才服务绿色通道,优化服务流程,设立"人才卡",实行凭服务卡获得相关奖励资助和落户、出入境、子女入学、住房安居、医疗保健、家政、文化体育、旅游休闲、绿色出行等服务事项便利。定期开展"人才下午茶"活动,整合构建"人才云平台",建设一体化信息服务窗口,为各类人才提供政策咨询、项目申报、融资对接、业务办理等"一揽子"服务。推进创新创业人才库(高层次人才库)建设,建立人才服务大数据应用机制,定期发布人才统计公报,编制人才供求目录,建立人力资源供求信息发布制度。建立人力资源市场预测监测机制,加强市场动态监控系统建设,监控人力资源流向。

3. 政务服务

建立创新创业政务服务平台,开展"一号一窗一网"服务措施试点,清理废止有违创新规律、阻碍创新发展的政策条款,精简和调整行政审批事项,推进网上审批和并联审批,落实集中登记、一址多照等商事制度改革,加强政府部门间后台信息共享,积极探索适合科技创新服务体系的受理模式,实现审批流程和服务流程的双优化。建设"智慧政务"平台,打造一站式、全流程、专业化的创新创业发展政策和生活服务信息综合门户网站,集成各类公共服务资源,制定创新创业政策清单及概要手册,依据不同人群、不同创新创业阶段,推送不同人才、科技、产业政策及公共信息资源,提供精准、定制、菜单式、主题式政策服务。设计创新创业服务包,为高校、科研院所和科技企业的有关部门提供便利。

(五)吸引全球人才创新创业的环境建设

1. 安居工程

一是筹措房源和资金。参照深圳前海、苏州、杭州规划做法,开展房源和资金筹措。第一,进一步拓展房源。组织编制人才住房发展年度计划,涉及土地出让的,纳入土地供应年度实施计划。出让土地使用权协议中明确规定配建住房比例,建成后按照协议规定移交给房管部门;积极推进公共租赁住房建设、筹措,加大保障房配建、集中新建、代理经租等公租房筹措力度,落实外环内商品住房项目中配建不低于5%的保障房,争取在3—5年内筹集提供一批人才公寓房;加大统一建设、购买、租赁或者委托企业或者其他机构建设的住房力度;加大土地规划引导,出台支持人才集聚的大型企事业单位、产业园区平台落实利用自用存量工业用地建设人才公寓(单位租赁住房)等相关细则,落实"人才公寓等配套服务设施建筑面积占项目总建筑面积的比例不超过15%"政策,对建设配套服务设施给予服务支持。第二,进一步拓展人才住房资金来源。鼓励设立优秀人才住房基金,在土地出让净收益资金、财政预算安排资金、出租人才住房及其配套设施所得收益等方面,明确用于人才住房比例,探索吸引社会资本及其他方式依法筹集人才住房资金,充实优秀人才住房基金。

二是开展实物或资金、房贴券。按照深圳、杭州等城市做法,按照"分层次、保无房"的原则,给予不同层次人才差异化住房待遇。完善海外顶尖人才安居办法,采取一人一议的方式解决住房问题,筹措一批符合顶尖人才工作需要、需求特点的住房、公寓,或提供每月租房补贴。对承担国家重大科技项目、中科院卓越创新中心、国家工程实验室、国家(重点)实验室、国家工程(技术)研究中心建设任务的研究团队,安排人才公寓。鼓励相关区域,对在区域内企事业单位工作的新引进的外籍人才给予一次性租房和生活补贴。争取有关部门支持,参照深圳做法,探索境外人才住房公积金政策,对在本市工作外籍人才、获得境外永久(长期)居留权人才和港澳台人才,符合条件的,在缴存、提取住房公积金方面享受本市市民同等待遇。

三是推出"配租、配售"住房的优惠政策,同时规范房屋租赁市场。积极打造高端人才公寓。围绕打造人工智能高地、生命健康创新极等,建设国际化的专题人才公寓,为中长期到沪发展的专业性国际人才提供服务。

2. 教育医疗保障

加快国际学校和中外合作办学机构(项目)建设,推进教育国际化进程,更好满足高层次人才子女对国际化教育的需求。海外高层次人才的外国籍子女,可去外籍人员子女学校及幼儿园就读,也可去普通中小学及幼儿园就读。

完善海外高层次人才医疗服务,开通三甲医院就医"绿色通道",为顶尖人才配备健康顾问和咨询服务,提供预约诊疗服务、协调安排床位,每年安排一次免费健康体检。建立人才健康档案和补充医疗保险,优先为高层次人才配备家庭医生,适当提高诊疗待遇。为外籍人才提供预约诊疗和外语服务。推动具备条件的医院、诊疗中心与国内外保险公司扩大合作,加入国际医疗保险直付网络系统。引进国际知名医疗机构,进一步完善涉外医疗保险结算网络,实施海外人才在沪就医使用国际商业医疗保险结算制度,为海外人才医疗提供便利。对在沪创新发展外籍学生、外籍雇主以及受聘一定企业的外籍人才及其配偶、未成年子女提供一定医疗保障。

参考文献

1. The Culture of Innovation What Makes San Francisco Bay Area Companies Different? Booz & Company Joint Report,March 2012.
2. Lisa Benton-Short, Marie Price and Samantha Friedman, *Global Perspective on the Connections between Immigrants and World Cities*.
3. 盖里·杰里菲等:《美国的新移民企业家》,杜克大学 2007 年。
4. OECD, 2010, *Open for Business*: *Migrant Entrepreneurship in OECD Countries*, OECD Publishing.
5. 周振华等:《上海建设全球科技创新中心:战略前瞻与行动策略》,格致出版社、上海人民出版社 2015 年版。
6. 杜德斌:《全球科技创新中心:动力与模式》,上海人民出版社 2015 年版。

第五章
企业科技创新人才：
引领驱动国际大都市人才发展的关键力量*

一、全球企业科技创新人才流动与集聚的基本特征

（一）企业科技创新人才：全球人才流动与集聚的重要组成部分

美国国家科学基金会（National Science Foundation，NSF）对科学家和工程师的定义是：在科学、工程及相关领域就业的拥有科学、工程及相关专业学士及以上学位者或者是拥有非科学、工程专业学士及以上学位在科学、工程及其相关领域工作者。[1]科学家与工程师包括三个方面的含义：一是选择科学、工程领域工作的美国人（拥有科学、工程学士及以上学位或者非科学、工程专业学士及以上学位）；二是在美国获得了学位并继续留在美国的国际学生；三是在其他国家获得了学位后移民到美国的科学家和工程师。我们这里主要是对受雇于企业以科技创新为主责的科学家、工程师进行研究。

相较于学术人才，在企业的科学家、工程师有着不同的特质：(1)身份性质，学术人才主要在大学、科研院所工作，很多属于公共部门，企业的科学家、工程师主要受雇于各类公司，属于私人部门；(2)创新性质，在高校、科研院所的学术人才主要从事基础研究及应用研究，虽然也越来越强调产学研结合、市场价值，但在大学、科研院所依然有不少学术人才强调的是知识发

---

* 根据作者论文《企业科技创新人才全球流动与集聚的特征动因及启示》(《中国科技人才》2017年第3期)改写。

[1] Nirmala Kannankutty, Joan Burrelli, *Why Did They Come to the United States? A Profile of Immigrant Scientists and Engineers*, http://www.nsf.gov/statistics/infbrief/nsf07324/, 2007.

展逻辑、学科逻辑以及自身的兴趣导向,从事创新的工作更多是应用研究、研究开发、技术成果转移转化等,更多突出应用导向、市场导向和产业发展导向。

在全球创新链中,以科学家、工程师为代表的企业科技创新人才扮演着越来越重要的角色;创新驱动发展的时代,因其对引领未来发展潮流的重要价值,对作为稀缺资源的科学家、工程师的需求日益高涨,企业科技创新人才流动与集聚也成为了一种全球现象。韦维客·瓦德瓦引用的数据表明,每年有超过 100 万移民申请针对技术工人的,年发放量仅为 12 万张永久居民签证(在工作签证 EB-1,EB-2 和 EB-3 分类下)。与此同时,其他国家(尤其是英国、加拿大、澳大利亚和新西兰等英语国家)却将这些移民视为富有价值的竞争性资产,积极地向留学生和受过教育的移民伸出橄榄枝。美国旧金山湾区是除纽约以外该类签证申请最多的地区,也是同等经济规模地区中申请最密集的地区。其中,硅谷外国工程师占 37.4%,远高于旧金山市的 34.4%,加利福尼亚州的 27.1%,美国的 13.3%。[①]澳大利亚创新调查发现,7.1%的创新企业把雇用来自海外的新的技能人才作为获得新知识或者

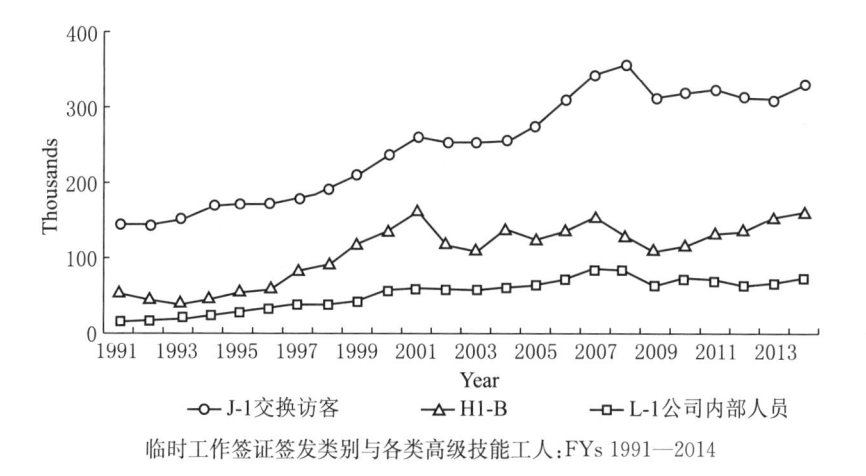

临时工作签证签发类别与各类高级技能工人:FYs 1991—2014

图 5-1 美国高技术人才短期签证增长的情况:1991—2014 财政年度

资料来源:U.S. 美国国务院,按签证类别与国籍分类的非移民签证签发情况以及按个人类别分类的非移民签证。http://travel.state.gov/content/visas/english/law-and-policy/statistics.html(18 August 2015),*Science and Engineering Indicators 2016*。

---

① Uspto,Silicon valley index,2016.

新能力的重要手段。一项对法国、德国、荷兰、英国850个企业的调查表明，国际化员工的使用在产业发展中扮演重要角色。约有40%的企业录用了外国员工，其外国员工的占比约占全体高技术人才的11%。[①]

(二) 企业科技创新人才全球流动与集聚的基本特征

从总体情况看，企业科技创新人才全球流动与集聚主要有以下六个特征：

一是学历高。企业科学家、工程师的全球流动与学历相关，学历越高，其流动的动能就越大。美国科学和工程领域职位中，外国科学家、工程师中博士学位占20%，美国本土科学家、工程师博士学位占比为10%；学位越高，外国科学家、工程师比例越大。

二是专业强。企业科学家、工程师的全球流动与其从事的专业高度相关。波士顿咨询集团通过对全球20万人调查发现，技术人才特别是信息技术人才是全球最具流动性、具有最高流动意愿的人群，将近70%的信息技术人才愿意到国外工作。[②]

三是产业集中度高。科学家、工程师的全球流动与产业发展密切相关。从美国新移民就业情况来看，49%从事专业和技术服务，32%在建筑业，51%在医疗服务，15%在教育服务，8%在零售，17%在交通与仓储；与此相对应，OECD经济体欧洲成员，32%在教育，27%在建筑与土地规划服务等（表5-1）。[③]

表5-1 OECD国家外国接受外国移民增长人群的产业分别：英国

新移民	千人	%	定居移民	千人	%
教育	56	32	食品、饮料服务	248	18
建筑与土地规划服务	44	27	教育	192	18
计算机编程、咨询及相关活动	38	48	零售贸易（除汽车和摩托）	190	12

---

① CCI，The global competition for talents.

② Boston consulting groups，*Decoding global talent：200000 survey responses on global mobility and employment preferences*，https://www.bcg.com/publications/2014/people-organization-human-resources-decoding-global-talent，2014.

③ OECD，International Migration 2016，OECD Publishing，2016.

第五章 企业科技创新人才：引领驱动国际大都市人才发展的关键力量 | 117

续表

新移民	千人	%	定居移民	千人	%
物流仓储及相关	37	72	建筑与土地规划服务	159	20
特殊建筑	20	13	社会工作	139	29
其他专业、科学技术活动	20	80	人类健康	134	11
汽车、拖车等制造	20	58	Activities of households as employers of domestic personnel	97	28
整体批发（除汽车、摩托）	17	14	居住照料（residential care）	104	17
汽车、摩托批发、零售和维修	16	44	谷物和肉类生产	97	28
邮政、运输	14	59	批发（除汽车和摩托）	91	14

资料来源：Labor Force Survey(eurostat)，http://dx.doi.org/10.1787/88893396310。

表5-2 OECD国家外国接受外国移民增长人群的产业分别：美国

新移民	千人	%	定居移民	千人	%
专业和技术服务	106	4.9	建筑	396	21
建筑	65	32	专业、技术服务	276	24
医疗服务、医院	60	51	零售	171	9
教育服务	27	15	交通和仓储	168	17
金融	26	60	医疗健康（除医院）	152	13
零售	22	8	行政与支持服务	141	11
交通设备制造	21	114	医院	126	15
交通和仓储	16	17	教育服务	117	10
其他和无法归类的制造	16	64	食品服务和医疗	95	6
印刷产业（除互联网）	12	293	公共行政	79	16

资料来源：Current Population Survey，http://dx.doi.org/10.1787/88893396310。

四是城市集聚度高。科学家、工程师的全球流动、集聚与经济发展程度、城市发展密切相关。从经济发展程度看，经济基础越好，提供经济发展机遇越多，越可能成为包括科学家、工程师在内专业人才的选择目的地。调查发现美国、英国、澳大利亚、新加坡、加拿大、瑞士、法国、中国香港、阿联酋、德国是最受全球专业人才欢迎的生活和工作的地方。从城市发展的角度看,基于一流的研究机构和大学、良好的创业环境以及较高的透明度,一方面为企业创造了良好的营商环境,从而吸引集聚了大量优质的企业;另一方面也吸引了众多优秀、顶尖的人才。从科学家、工程师流动的态势看,例如美国硅谷所在的旧金山湾区、英国被誉为硅盘(silicon roundabout)的东伦敦科技城是最能吸引科学家、工程师的地方。

表 5-3 15个最受专业人才欢迎的生活和工作的地方

2013年排名	2012年排名	地 点	比例	比去年增加的比例
1	1	美国	24%	+11%
2	3	英国	13%	+4%
3	2	澳大利亚	13%	+4%
4	4	新加坡	9%	+3%
5	5	加拿大	8%	+3%
6	6	瑞士	6%	+2%
7	8	法国	5%	+1%
8	7	中国香港	5%	+1%
9	9	阿联酋	5%	+2%
10	10	德国	4%	+1%
11	13	中国	3%	+1%
12	14	巴西	3%	+1%
13	15	意大利	2%	0
14	11	西班牙	2%	−1%
15	12	新西兰	2%	−1%

资料来源:《全球人才流动趋势与发展报告(2022)》。

五是网络特征明显。科学家、工程师之间建立了广泛的联系网络。网络促进流动,人与人间产生长期信任,可以有效地让人们跨越组织的界限,成为促进技术创新变革、投资发展、职业成功的重要渠道。外国科学家、工程师不仅嵌入所在的企业和当地经济社会发展,而且建立了广泛的网络。以全球创新最为集中的旧金山湾区(含硅谷)为例,外国科学家、工程师之间建立了广泛的网络,通过跨学科的互补与融合,推动了创新的发展。在湾区,科学家、工程师的网络总体而言存在两种形式:正式的网络包括具有明确目标、议程、职责的组织,如湾区科学和创新联盟(BASIC)及地区生物科技产业协会(BayBio);非正式的网络是较松散的个人和机构间的联系,基础是两者的研究领域或专业兴趣有所重合,例如光伏论坛、技术沙龙、丘吉尔俱乐部、西方风险投资协会、硅谷电信委员会,以及国家或民族联合会,如数字驼鹿休息室(加拿大)、印度私募及风投联合会(IVCA)、印度次大陆药品从业人员(EPPIC)、硅谷印度专业联合会、亚裔多元技术协会(AAMA)、中国工程师学会(湾区)、玉山科技协会(西海岸)、华远科技协会(HYSTA)。以上很多组织在世界各地都有分会。和正式联络网一样,非正式联络网也为成员提供信息,但更重要的是提供通过结构化项目及社会和专业活动建立的专业联系。通过调节人际和组织间的关系和往来,这些联络网在研究和商业化两条价值链间搭建了一座桥梁,完全覆盖了创新体系的每个流程。[①]

六是贡献度大。外国科学家、工程师对当地的经济发展做出了巨大贡献。有相关研究指出,一名优秀科学家在其职业生涯可直接/间接创造3 000万到1亿美元的价值,[②]而获取一个优秀的外国科学家、工程师,在推动当地经济发展中的作用不可小觑。以专利为例,世界知识产权组织美国办公室的研究报告指出,在美国的外国人作为发明人或共同发明人的比例从1998年的7.6%增长到2006年的25.6%,拥有知识产权的在美外国人主要集中在加利福尼亚、马萨诸塞、新泽西、纽约等州。来自中国大陆、台湾地区和印度的移民是知识产权最大的贡献者,约有30.5%的知识产权发明的申请人是在美国居留的中国人、印度人、美籍华裔或美籍印度裔。外国发明者在前沿科技领域表现尤为突出,例如半导体装备制造(84%)、电子通信(83%)、制药(79%)以及光学(77%)。[③]知识产权最集中的领域分别是医疗器械或医用设备、医药、半导体、电子等。在美国的外国人和在美国以外、以美国为基础的外国人,对美国跨国公司知识产权做出了巨大的贡献,例如高

[①] 《湾区科学创新联盟报告》湾区委员会经济研究所:《湾区创新体系:湾区是如何成为"世界创新之都"? 怎样确保未来的成功?》。

[②] 约翰·桑塔格:《惠普实验室》,访谈材料,2012年4月。

[③] 新美国经济合作组织:《专利申请:移民是怎样重塑美国经济的?》2012年6月。

通公司72%、默沙东65%、通用电气64%、西门子63%、思科60%。

二、企业科技创新人才集聚动因分析

综观企业科技创新人才全球流动、集聚的原因,主要集中在以下几个方面:

(一)个人自身原因

决定出国生活、工作是每个人人生的重要选择之一,之所以做出这样的决定,受到一系列因素的影响。波士顿咨询集团(BCG)对全球203 756人的调查表明,接受海外派遣、到国外工作的主要原因:拓宽个人经验占65%,获得工作经验占65%,获得更好的职业经验占59%,获得更有吸引力的工作岗位占58%,改善薪酬占56%,获得更好的生活水平占55%,获得在不同文化中生活的体验占54%,挑战自我占53%,学习一门新的语言占47%,面对新的人群或建立新的网络占45%。与此同时,有关数据还表明,工作机会、签证和工作许可、经济环境、迁移成本是阻碍人才赴外工作的主要影响因素。

从中,我们可以解读关于企业科技创新人才选择全球流动的个人层面的主要原因。

一是具备国际经验,是科学家、工程师职业发展、成功的重要方面。在经济全球化背景下,具备全球化能力或者具备国际经验,能带来个人和专业上的改变。在2013年的调查结果中,92%的受访者意识到国际经验的价值。83%已移居国外的受访者表示,移居能够加速他们的个人发展;77%的受访者表示能够有利于他们的职业前景;72%的受访者表示能够增加他们的薪酬。这引发了包括科学家、工程师在内的专业人才观念的转变,人们越来越乐意赴海外工作,例如有52%的受访者将家定义为"他们现在居住的地方"或"世界的任何地方",86%的受访者准备居住的时间要比预期的更长。越来越多的人喜欢跟随着工作走,对于他们中的大多数人来说,职业生涯是不同地方越来越高级职务的投资组合。

二是优越的工作条件和优厚的生活待遇,是科学家、工程师全球流动的重要原因。人才往往向生活质量高和发展机会多的地区流动。美国科学基金会的调查表明,发展中国家的科学家平均年收入一般不超过3 000美元,美国的科学家、工程师中等收入即可达到5万美元以上,在硅谷、西雅图、旧金山、波士顿等高科技地区科技开发人员平均工资是发展中国家同类人员工资的十几倍甚至几十倍,且年均收入每年还以10%的速度增长,①这样优厚的条件成为吸引众多海外科学家、工程师的重要原因。

(二) 企业发展原因

一是企业国际化发展的需求。一方面,日益激烈的全球竞争推动企业需要吸引和集聚世界各地的优秀人才来支持并增加其业务,提升企业的国际竞争力。调查显示,59%的公司倾向于选择有国际经验的候选人担任高级职务。另一方面,20世纪90年代以来,全球外国直接投资(FDI)的增长,加速了全球市场日益整合,同时,也推动了跨国公司在公司内对经营管理人员和技术专家重新配置,带动了高层次人才特别是企业所处科学家、工程师在国际之间的流动。数据显示,2003年获得公司内部流动L1签证的人数为

表5-4 主要OECD目的地的公司内部流动

年份 国家	2007	2008	2009	2010	2011	2012	2013	2014	2014/2013	2014/2007
	单位:千人								变化%	
美国	84.5	84.1	64.7	74.7	70.7	62.4	66.7	71.5	+7	−15
英国			13.2	17.5	21.0	22.8	25.8	28.0	+9	+112
加拿大	9.2	10.5	10.1	13.6	13.5	13.6	14.0	15.6	12	69
德国	5.4	5.7	4.4	5.9	7.1	7.2	7.8	9.4	20	73
澳大利亚	6.9	6.0	6.0	8.2	10.1	8.9		7.8		13
日本	7.2	7.3	5.2	5.8	5.3	6.1	6.2	7.2	15	1
爱尔兰	0.4	0.4	0.3	0.3	0.3	0.4	0.4	0.6	42	50
奥地利	0.1	0.2	0.1	0.2	0.2		0.2	0.2		47
卢森堡							0.2			
法国	1.0	0.1	0.1	0.2	0.1	0.1	0.1	0.1	42	−85
合计			104	126	128	122	121	141	17	36

资料来源:OECD International migration database,http://dx.doi.org/10.1787/88893396234。

---

① 刘军:《移民对美国经济竞争力的贡献》,《财经问题研究》2003年第5期。

29.8万人，几乎是1995年的2.6倍。从OECD的数据来看，美国的公司内部流动在OECD国家规模最大，英国在2007—2014年之间公司内部流动的增长最快。普华永道《人才流动报告2020》预测，2020年国际外派数量将会增长50%以上，"新千年一代"将会成为2020年的主要国际外派人员。

二是研发全球化的助推。跨国公司推动的研发全球化加速了企业科技创新人才的全球流动。伴随着国际并购加速，在创新驱动发展的背景下，跨国公司加快了研发部门的全球布局，研发全球化的进程不断加速。从研发全球化的研究单位类型来看，主要有技术转移研究单位（technology-transfer units）、原产地技术研究单位（indigenous units）、全球技术单位（global technology units）、公司技术研究单位（corporate technology units）、区域技术研究单位（regional technology units）等。从研发全球化发展的进程来看，目前已经至少经历了四个阶段，研发国际化发端阶段（20世纪60年代，主要是推进技术转移）、研发国际化的增长阶段（20世纪70年代，原产地技术创新不断增长）、研发国际化向全球化转变的阶段（20世纪80年代，以全球技术、公司技术、区域技术研究单位为主不断增长）、研发全球化升级换代的阶段（20世纪90年代以后）。从形态上看，跨国公司的研发全球化有以下几种形态：支持性实验室（support laboratories）本地综合性实验室（locally integrated laboratory）、国际依赖性实验室（internationally interdependent laboratories）。[①]

这些机制对推动科学家、工程师的全球流动产生了一系列的影响：首先，跨国公司不断加大研发投入，特别是加大研发全球化的投入，建构了一个以企业为边界、遍布全球的研发网络以及在此基础上的科学家、工程师网络，通过内部的交流以及与当地的企业、创新中心、大学、科研机构的互动，形成了更为广阔的网络，由于这个网络更多是聚焦战略性、前沿性技术及其研发的网络，是生产、分配和共享组织知识的网络，以及能够体验成长的网络，使得跨国公司以在全球分布的研究中心、实验室为基础，以其经济实力、雄厚的研发基础、良好的发展前景为保障，通过人才招募、合作研究、学生安置等形式在全球范围内将世界一流的人才纳入麾下，这些都引发了企业的科学家、工程师的全球流动。

---

① UNCTAD, 2005, *Globalization of R&D and Developing Countries*, 2007.

其次，跨国公司着眼于推动全球技术、公司技术和区域技术的研发，加速企业所属的科学家、工程师在分布于全球的各研究中心之间的内部流动，短期的流动诸如调动科学家、工程师解决临时性突发问题，中期包括调动全球科技人力资源开展或执行一个项目，较长期则通过科学家、工程师的国际派遣，开辟新市场、开发新技术、建设新机构、建立新体系。

再次，跨国公司研发全球化以及跨国公司的发展推动了创新链、产业链的延伸，从某种程度上讲，跨国公司是创新生态的重要组成部分，通过带动效应和知识外溢效应成为当地产业发展的重要平台枢纽，跨国公司及其研发活动的布局一定意义上会影响当地产业格局和创新生态，影响上游为跨国公司提供产品、服务的供应商，以及以跨国公司产品、技术为生的中小企业，影响对科学家、工程师的需求以及科学家、工程师之间的互动与交流。跨国公司在某地设立研发中心，一方面通过加大对科学家、工程师的吸纳改变人才的流动，另一方面还能通过知识的外溢、技术市场的培育、技术人才能力的建设等改变当地的创新生态，从而进一步改变对海外科学家、工程师的需求，提升本地科学家、工程师与海外人才的合作能力，改变全球科学家、工程师流动的方向、速度和频率。

另外，跨国公司研发全球化推动了技术创新网络的发展，一定程度上也推动了全球企业科技创新人才的流动。受到政策影响、市场驱动、资本激励，从跨国公司母体分离出来，到最合适的地方进行技术创业，这是跨国公司技术创新的一个普遍现象和重要趋势。在此基础上具有在跨国公司共同工作、研发经验的科学家、工程师逐步形成了诸如谷歌、苹果联盟、阿里系、百度系、腾讯系等一个特殊的科学家、工程师网络，这样的网络不仅对全球科学家、工程师的流动产生重要影响，同时还通过创业发展建构了新的创新网络的节点，从而改变全球科学家、工程师的分布和流动的格局。正如美国学者安娜丽·萨克森妮安（AnnaLee Saxenian）对硅谷、新竹、上海三地的研究指出，在美国获得硕士学位，在硅谷具有工作经验的海外华人工程师与企业家、经营管理人员、风险投资家组成跨国的团体，帮助台湾在20世纪八九十年代成为信息技术制造中心和半导体制造的领头羊。其后，来自中国大陆的工程师也加入其中，形成更为广泛的海外华商网络，"世界级的工程师和企业家人才在中国大陆、中国台湾和美国之间的循环流动，改变着三个地区的经济轨迹",[1]在此基础上也改变着企业科技创新人才流动的轨迹。

三是中小企业国际化战略。美国中小企业特别是创业企业在参与离岸创新中面临着不少压力。硅谷的风险投资家要求创业提供"离岸外包"(offshore outsourcing)计划书,作为获得下一轮融资的前提条件。目前出现一种新的商业模式,即把客户关系、市场、金融、商业开发等战略管理部门放在硅谷,而将生产开发、研究工作以离岸的方式进行。这个离岸创新的经营模式正在异军突起,来自中国大陆和台湾地区以及印度的外国工程师纷纷介入其中。例如,在北京海淀区的上地信息技术产业园有一家混合信号芯片设计创业企业,其创始人是拥有美国顶尖大学博士学位、在美国知名半导体公司担任过高级项目经理的中国工程师。公司获得了来自中国和硅谷的风险投资。该公司在北京有60名以上的工程师,其中90%以上拥有硕士学位,5名高级经理则长期在硅谷圣塔克拉拉(Santa Clara),其主要职能是与客户保持良好关系,提供设计模块,自动化设计、测试和认证的工具开发等。

(三) 产业发展原因

优势产业是吸引和集聚一流人才的重要原因。从全球发展的情形来看,一些国家、地区之所以能够成为海外科学家、工程师的青睐之地,其原因并不偶然,很大程度上与其有没有世界一流的优势产业是密切相关的。有关调查发现,受访者之所以向美国集聚,与美国在科技、金融、法律等产业在世界上拔得头筹是密切相关的。与此同时,近年来英国已经成为欧洲科技中心的领导者,仅次于美国排名全球第二,越来越多的企业科技创新人才将英国作为第二理想居住国。此外,由于近年来英国致力发展文化创意产业,使其拥有世界一流的文化创意产业,成为全球文化创意产业人才集聚的中心。

与此同时,我们还可以看到,具有技术变革、善于创新的产业是吸引集聚全球科学家、工程师的重要因素。技术变革是新的全球经济条件下生产力提高和经济增长的最基础的来源之一,全球人才特别是企业的科学家、工程师的流动往往与技术变革密切联系在一道。Guellec 和 Cervantes 指出,

---

[1] AnnaLee Saxenian:《人才对流与区域创新:硅谷—新竹—上海三角形》,[美]普可仁(Karen R. Polenske)主编:《创新经济地理》,童昕、王缉慈等译,高等教育出版社2009年版。

许多科学家和工程师的国际流动,事实上是向那些知识密集集群区(如硅谷)、科学研究园区(如生物科学)和以研发为核心的企业集聚。伴随着生物技术产业的发展,Zucker 发现,大批的生物领域的科学家、工程师向具有生物、化学、医药领域明星科学家、企业所在的位置集聚。[①]

三、企业科技创新人才全球流动与集聚对我国的启示与思考

顺应经济全球化和人才国际流动的发展趋势,我国应该把握集聚、配置全球引领潮流、掌握资源、具有影响力的人才,搭建世界级事业发展增值平台,采取有效的策略,打造全球企业科技人才流动与集聚、全面发展与成长的逐梦之地,为转变经济发展方式,实施创新驱动发展战略,提供强大的人才智力支撑。

(一) 出台明晰的产业政策

要出台明晰的产业政策,全力推动战略性新兴产业和现代服务业的发展,加快重大产业基地及高端领域重要项目的布局和建设,引导人才创新创业。同时,通过产业政策促进企业发展,以此为各类优秀人才创造就业机会、提供理想的薪酬,以及发展事业、施展才华的舞台和空间。要顺应产业结构高新技术化、服务化、融合化发展特点,抓住高端产业和全球价值链高端环节,形成优势产业集群。努力打造产业联盟,以产业内龙头企业为核心,以政府为依托,联系中小企业、中介服务机构、大学与科研院所等广泛参与,形成基于共同标准和制度的产业共同体,推进产前技术联盟、产业化联盟、市场联盟等多种形式的产业联盟建设,实现从企业内部创新走向外部联合创新。要积极培育新业态,抢占全球产业制高点,加强人才部门和产业部门对接,建立快速会商机制,建立产业人才需求预测预报制度,引导人才向重点行业、关键领域、科研和生产一线集聚,促进人才合理流动,在重点和优先发展产业形成人才密集区,实现人才和产业相互结合、协调互动。

---

① L. Zucker & M. Darby, *Movement of Star Scientists and Engineers and High-tech Firm*, http://www.nber.org/papers/w12172, April 2006.

（二）建立标志性人才发展平台

必须在创新实践中发现人才、在创新活动中培育人才、在创新事业中凝聚人才。一是创建产业创新学院。参照美国奥巴马政府新近提出的新建制造业创新学院模式（IMIs），创建产业创新学院，汇聚高校、科研院所、企业、政府，投资并促进尖端制造技术的发展，为新技术、新发明、新工艺和人才教育培训提供基础。加强政产学等相关主体合作，建立定期论坛机制，分析和识别产业未来发展及其能力要求，强化研究开发、课程建设、人才培养。二是积极发展产业技术研究院，集中力量积极扶持高附加值工程，加快基础研究成果向应用领域转化，把技术研究院建设成为集聚全球科技创新人才的"黄埔军校"。三是完善共性技术服务平台。以解决产业发展核心关键技术为导向，建立一批国家级共性技术服务平台，为科技人员创业提供共性技术、工具软件、分析测试仪器设备、科技情报等资源共享平台，促进科技成果转化。四是创建协同创新创业产业联盟。加强与同领域的其他重点实验室、研究院和科技园区交流合作，加强与龙头企业、上市企业合作，加强与引进领军人才和创新团队之间的交流沟通，整合资源，共同组建高层次产学研平台，形成具有国际竞争力协同创新产业联盟，成为产业发展的重要策源地。五是建设知识产权服务平台。实施标准和专利战略，抢占高技术产业国际制高点。结合国家重大技术标准专项的实施，加强新兴产业和优势产品技术标准研究，有效应对国际竞争中的技术壁垒。加强国家知识产权、标准化试点示范园区的建设。引导各类创新主体研究制定国家和国际标准，鼓励国内企业与跨国公司合作。支持企业申请国内外专利及进行版权登记，支持重点大企业形成专利群。吸引国际知名高校技术转移办公室（TTO），通过吸引国际知名高校技术转移办公室、国际技术转移促进和服务机构在沪设立的分支机构，为企业引进跨国技术转移项目，进行自主技术海外推广搭建平台。六是完善技术成果交易平台。积极推进技术交易市场、知识产权交易所、创新驿站等科技中介体系建设，积极推动技术产权交易、技术评估咨询、科技成果推广等中介服务机构发展，推动人才、技术与资本、市场有效对接，促进更多创新成果向现实生产力转化。

（三）推动跨国公司总部建设

贯彻落实国家关于吸引跨国公司、国际组织及联盟相关优惠政策，鼓励跨国公司、国际组织及联盟利用其海外资源，协助企业开拓国际化发展渠道，增强国际话语权和规则制定权。支持企业发起成立国际性行业协会、产业联盟。支持跨国公司设立研发中心、结算中心、采购中心、营销中心、数据中心等功能性机构。

加大力度关注产业成长阶段中处于形成期和成长期的产业，深入挖掘和培育一批从事新业态，具有高增值、高风险、高成长特点的企业，通过政府采购、资金倾斜、产业促进等手段集中精力推进业态发展，推动企业成长成为国际型企业。

（四）构建新一代科技园区

把握第三代科技园区发展的全球趋势，构建科技经济人才效益突出、创新创业创造卓越、工作生活学习一体、产业城市社区融合、宜居宜业宜学、充满活力激情的世界一流科技园区。充分发挥创新资源优势，进一步创新体制机制，积极优化园区创新创业环境，建设以一流的基础设施、社会配套设施、生活设施为主体的研发环境、孵化环境、生产环境、人居环境和生态环境，使科技园区成为新兴产业和新业态的发源地，具有国际竞争力跨国企业诞生地，大量高端审查要素和专业要素的集聚地，新时代前沿的模式、制度和文化的发祥地。抓紧构建网络创新模式，鼓励多元主体的广泛合作，激励和促进各类创新实践。加快转变政府的角色，使政府逐步由"权力中心"转变为将诸多创新实践者连接在一起的"网络中心"，形成政府—大学（或研究所）—企业—社区紧密联合与互动的创新治理机制。

参考文献

1. National Intelligence Council，2012，*Global Trends 2030*：*Alternative Worlds*，https://publicintelligence.net/global-trends-2030/，Dec. 2012.
2. EUROPEAN COMMISSION，*Global Europe 2050*，Luxembourg：Publications Office of the European Union，2012.
3. America 2050 Research Seminar Discussion Papers and Summary，*American 2050*：*New Strategies for Regional Economic Development*，2009.
4. John Aubrey Douglass and Richard Edelstein，*The Global Competition for Talent*：*The Rapidly Changing Market for International Students and the Need for a Strategic Approach in the US*，Oct. 2009.
5. Ayelet Shacher，*The Race for Talent*：*Highly Skilled Migration and Competitive*

Immigration Regimes, New York University Law Review, vol.81:148.
6. World Economic Forum, The Human Capital Report, 2013.
7. The committe for Sydney, *Sydney as a Global Talent Hub: Data and Analysis Report*, 2013.
8. OECD, *The Global Competition for Talent: Mobility of the Highly Skilled*, 2008.
9. [美]普可仁(Karen R. Polenske)主编:《创新经济地理》,童昕、王缉慈等译,高等教育出版社 2009 年版。

第六章
健全国内人才引进：
引领驱动国际大都市人才发展的重要基础*

人才是引领城市发展、提升城市能级和城市核心竞争力的战略资源。科技创新创业人才是引领城市未来发展的生力军,加快具有高成长潜力的科技创新创业人才集聚是厚植上海人才优势,增强上海人才吸引力、影响力、竞争力的重要基础。加快推进建设"五个中心"、卓越全球城市、具有世界影响力的社会主义现代化国际大都市,必须立足"四个放在"视角,坚持党管人才原则,聚天下英才而用之,在充分发挥人才引进机制作用的基础上,顺应时代发展、城市发展的要求,响应企业的呼声,在充分借鉴兄弟省市人才引进做法与经验基础上,进一步完善人才引进指标体系,健全人才集聚体系,为城市发展提供充沛动力。

近年来,上海在加大国内人才引进的政策创新力度方面取得了重要突破,在支撑全球科技创新中心建设中扮演了重要角色。但与此同时,在实践中还存在具有高成长潜力的科创人才在落户上"差口气、够不着"、人才引进指标科创特色不足等问题,与"活力四射"科技创新中心建设要求不相符合。《关于服务具有全球影响力的科技创新中心建设实施更加开放的国内人才引进政策的实施办法》已满5年、即将到期,需要进一步深化调整。

一、上海国内人才引进及其指标的主要问题

自"人才20条""人才30条"颁布以来,市人社局、市科委、市发展改革委

---

* 上海推进科技创新中心建设办公室委托课题《进一步完善科技创新创业人才引进指标体系研究》的部分内容。

等部门先后实施了国内科创人才引进方面12项新政,进一步完善突出薪酬评价、投资评价(风险投资金额)和第三方评价(行业协会排名等)等市场化方法,有效统筹体制内外人才引进标准,实现人才工作方法的优化升级,创业人才、创新创业中介服务人才、风险投资管理运营人才、企业高级管理和科技技能人才、企业家等集聚的政策瓶颈被打破,人才集聚路径更加通畅。同时,市发展改革委、市人社局、市科委、张江管委会根据国家大科学中心、国家实验室建设要求,优先引进重大科学工程、重要科研公共平台、大科学研究中心、重大科技基础设施建设等领域高层次人才。市教委积极推动上海高校高峰高原学科建设计划,构建新型、灵活的用人制度,实施体现目标、任务、绩效、薪酬相匹配的人员评聘办法,促进高层次人才集聚,形成了良好的人才发展结构。

在国内人才引进方面,上海已经出台《上海市引进人才申办本市常住户口试行办法》《关于服务具有全球影响力的科技创新中心 建设实施更加开放的国内人才引进政策的实施办法》等政策,为创新创业人才落户提供了便捷通道。但调研中我们也发现,现行人才户籍引进标准倾向于突出重点产业、大型机构,偏重于高新技术企业,难以体现高成长潜力小微企业、新兴领域、跨界融合职业或行业的特点,往往出现"少一条、够不着;缺一条,办不了"的情况。

(一)科技创新企业人才在申办户籍中的瓶颈

一是科创人才因企业不注重或不开展职称评审,无法申办户籍。本市规定,具有博士学位或高级职称的专业技术人员和管理人员,可直接申办户籍。但是一些民营企业、外资企业特别是新注册的科创企业,强调市场业绩、关注研发,不像科研院所等体制内单位注重职称评审,导致一些已经达到或者超过"工程技术科技创新工作中业绩成就突出、成果显著"标准的人才,由于无法参评职称而申办户籍困难。

二是经营管理人员参与科技创业,难评职称,无法申办户籍。一些曾经在知名企业、金融机构以及专业服务机构担任高级职务,从原单位离职转到科技创新领域进行创业,成为对高成长潜力科技创新企业经营管理、投资融资、市场开拓至关重要的经营管理人员,一方面,因以前没有职称,现无法参评高级工程师,另一方面,其以往任职经历不能作为在新任科创企业申办户籍依据，导致难以申办户籍。

三是科创企业人才不能满足缴纳社保和个人所得税要求，无法申办户籍。企业反映，公司董事长、创始人在发展早期往往将个人资金大量投入企业发展，本人缴纳的个税和社保都比较低，从而导致无法办理人才引进落户。还有企业反映，由于处于创业早期，较难给创业核心团队成员、中高层较高年薪，多采取"年薪＋股（期）权激励"的方式，在股（期）权未行权之前薪酬水平较低，不能满足社保和个人所得税要求。

四是创业人才、创新创业中介服务人才未取得协会备案，无法申办户籍。目前，没有获得高新技术企业认定、但获得创业投资达到一定金额的创业人才或者技术交易额达到一定额度的创新创业人才，可申办户籍。但现有政策规定，人才创办的企业须获得上海科技企业孵化协会备案的创投机构投资，或者须经上海市技术转移协会备案的创新创业中介服务人才，才能直接申办户籍，一些获得业内具有较高认同的"清科"排名前列或国际知名创业投资机构投资的企业以及国际知名技术转移服务机构的人才，由于创业投资机构和技术转移服务机构未在该协会备案或未及时更新至协会备案名单，无法办理国内引进。此外，还有一些企业反映，由于投资协议大多涉及敏感信息，比如约定了双方对赌条款等，属于企业内部商业机密信息，较难提供，而且投资方也不会同意，导致创业人才由于缺少投资协议，申办户籍受阻。

五是企业家人才不能满足企业纳税要求，无法申办户籍。现有政策规定，企业连续3年每年营业收入利润率10%以上，且上年度应纳税额不低于1000万元的企业家人才可直接申办户籍。但企业反映，一些企业注册2年内即呈现爆发性增长，按照"连续3年"计算有些偏长。还有企业反映，虽然公司营收上亿，但往往将营业收入再次投入研发，购买大量专利或设备使得增值税进项抵扣后，纳税较少，不符合"上年度应纳税额不低于1000万元"，无法享受企业家落户政策。还有企业反映，近年来创造了大量就业岗位，但在申办户籍的相关指标中并未得到有效体现。

（二）高成长潜力科技创新企业在申办户籍中的瓶颈

一是没有销售收入，无法获得"高企"认定。根据现有规定，本市高新技术企业紧缺急需的具有本科及以上学历并取得相应学位的专业技术人员、管理人员和创新团队核心成员,且具有两年以上相应工作经历可以申办本市户口。但在高新技术企业认定过程中,销售收入属于政策规定的硬性要求,由于大量初创型企业早期研发投入较大,往往未产生销售收入(比如生物医药行业),导致无法申请认定高新技术企业,而直接影响科创企业获得引进人才落户资质。

二是新设子公司,无法分享"高企"资质。人才在母公司和子公司之间正常流动,影响引进人才落户。企业反映,母公司作为高新技术企业具备人才引进落户资质,但是新成立的子公司,往往暂时无法具备高新技术企业申请条件,导致正常流动到子公司工作的人才,无法享受高新技术企业引进人才落户政策。

三是人才引进目录未及时更新,没有充分体现重点支持产业和领域。国内人才引进目录未及时更新,人工智能、集成电路、生物医药、智能制造、航空航天、金融、科技等重点产业、重点行业、重点领域、重点区域需求没有得到充分体现,高成长潜力小微企业、新兴领域、跨界融合职业或行业特点没有得到充分体现。例如,互联网金融企业亟需软件工程师、架构师、技术总监,因未列入现有重点领域人才紧缺目录,从事新兴行业、跨界融合职业的人才因难以归类,导致在居住证积分、常住户口等方面不能享受新政的便利。

二、上海国内科创人才引进面临的新形势

当前和未来一个阶段,全球人才流动、人才集聚发展呈现出新态势、国内科技发展、产业变革、人才集聚呈现出新特点,上海人才发展、人才体制机制改革、人才发展环境面临新使命。面对全球科技创新中心建设,上海必须在更大范围、用更准策略、以更好水平吸引集聚用好各类国内优秀人才,为提升城市能级和城市核心竞争力奠定重要基础。

一是从世情来看,世界多极化格局凸显、新兴大国影响日增、贸易保护主义抬头、"技术冷战"频现,我国和上海面临国际环境深刻变化及风险挑战。全球新一轮科技革命和产业发生变革,重要科学问题和关键核心技术已呈现出革命性突破先兆,重点领域创新力度、研发全球化重要区域、全球

创新版图变迁,特别是信息技术、人工智能、生物技术等发生变革,全球成效产业价值链重构和经济形态呈现转型态势;全球城市发展和世界级城市群发展日益突出,全球人才特别是创新人才战略重要性凸显,人才短缺常态化长期化特征明显,人才流动国际化日益加剧,全球人才越来越向全球创新城市、全球创新网络节点流动集聚。

二是从国情来看,我国进入新时代,社会主要矛盾发生变化,经济由高速增长阶段转向高质量发展阶段,发展不平衡不充分问题和各种周期性、结构性、体制性因素交织叠加。着眼于实现"两个一百年"奋斗目标、顺应中国特色社会主义进入新时代的新要求,建设现代化强国,实现创新驱动发展,建设现代化经济体系,必须充分突出"人才是实现民族振兴、赢得国际竞争主动的战略资源",必须突出人才的引领作用;同时,我国科技处于从量的积累向质的飞跃、点的突破向系统能力提升的重要时期、关键跨越阶段,对人才发展、人才结构、人才质量提出新要求,必须进一步加强人才队伍建设,深化人才体制机制改革,建设具有全球竞争力的人才制度体系,健全现代人才发展治理体系。

三是从市情来看,进入新时代,上海肩负着特殊的使命和责任,按照中央对上海的定位和要求,要加快建设国际经济、金融、贸易、航运、科技创新中心和文化大都市,建设卓越的全球城市和具有世界影响力的社会主义现代化国际大都市,主动服务"一带一路"建设和长江经济带发展等国家重大战略,推动长三角地区实现更高质量一体化发展,深化自由贸易试验区改革,当好新时代全国改革开放排头兵、创新发展先行者,着力提升城市能级和核心竞争力。同时,要把强化全球资源配置、科技创新策源、高端产业引领、开放枢纽门户"四大功能"作为做好上海经济工作的突破口和重要发力点,需要加快引进集聚各类优秀人才。

三、完善上海国内人才引进指标的对策建议

立足中央要求、上海实际、企业和人才诉求,从集聚人气、汇聚人才、凝聚人心的角度出发,完善国内人才引进指标体系,加快国内人才引进政策创新,建立健全国内人才引进服务体系,厚植人才优势,打造创新优势,形成产

业优势,构筑竞争优势,提出对策建议。

(一) 基本原则

——突出"四个聚焦"。聚焦引领未来的科创企业,聚焦人工智能、集成电路、生物医药等战略领域、优势领域,聚焦小微企业、青年人群、新兴业态,聚焦张江高新技术产业开发区、张江国家科学中心、张江科学城。

——突出"三个依据"。依据创新规律、人才成长规律和社会主义市场经济规律,依据国家及本市有关高新技术企业、"小巨人"、隐形冠军、独角兽企业及相关政策规定,借鉴兄弟省市先进经验和有效探索,并略高于兄弟省市标准,依据调研过程中高成长科创企业及人才集中反映的突出问题和核心诉求。

——突出"三个特征"。突出科创企业人才成长快的特征,突出科创企业人才成长快潜力大的方向,突出科创企业人才成长快引领强的本领。

——突出"两个采用"。在尊重既有国内人才引进指标,不做大的结构调整的基础上,采用调整、细化、深化方法,丰富已有标准,采用替代指标,体现科创特色。

(二) 完善高成长潜力科创企业人才引进的人才指标维度

结合高成长潜力科创企业人才特点,在既有国内人才引进标准基础上,调整、细化有关指标,适当增加相应替代性指标(表6-1)。

1. 任职经历。符合以下条件之一:近5年在国外著名高校、科研院所担任相当于副教授、副研究员及以上职务的专家、学者;近5年在世界500强企业中担任高级管理职务的经营管理专家,或在著名跨国公司、金融机构担任高级技术职务,在知名律师(会计、审计)事务所担任高级技术职务,熟悉相关领域业务和国际规则,有较丰富实践经验的管理人员或技术人员;在国外政府机构、政府间国际组织、著名非政府机构中担任中高层管理职务的专家、学者。

2. 奖项称号。符合以下条件之一:取得国家级科技进步奖、自然科学奖、技术发明奖,具有个人证书;取得省部级科技进步奖、自然科学奖、技术发明奖主要贡献者,具有个人证书;享受国务院政府特殊津贴的,或列入国家或本市"海外高层次人才计划"、上海市领军人才计划培养。

3. 重点项目。符合以下条件之一:列入省部级以上重点攻关项目、产学研项目,科研经费超过2000万元的项目负责人及其团队核心成员;国际大型科研或工程项目、中央级企业、市级企业、跨国公司等委托项目的项目负责人;属于优先发展的高新技术产业,并通过上海市高新技术成果转化项目A级认定,产业化状况完全符合预期目标,年利润超过100万元的高新技术成果转化项目负责人。

4. 获得创业投资。近3年累计获得非关联第三方股权投资(市有关技术转移协会备案或清科排名前30投资机构)1亿元以上。

5. 薪酬所得。近4年内工资、薪金及股权等个人收入所得税达到100万元,且累计36个月缴纳职工社会保险费基数等于上年度职工社会平均工资3倍的科技创业人才。

6. 促进就业。企业创始人(以企业商事登记设立登记的法定代表人、自然人股东为准),提供1500个以上就业岗位。

7. 创新成果。符合以下条件之一:(1)论文著作。以第一作者或通讯作者在SCI、SSCI、AHCI、EI、CSSCI、SC等发表论文(其中需符合以下条件之一:SCI核心期刊论文发表4篇以上,JCR分区论文发表2区以上、单篇论文总引他引合计数30以上、单篇论文影响因子大小4以上,由本人担任总编或主编在优秀出版机构公开出版发行的著作3部以上,以及由本人原始取得且著作权人为本人的计算机软件著作10个及以上。(2)专利发明。取得与本专业有关的发明专利授权且应用较好的前三位发明者,且不含通过受让获得的发明创造。(3)成果转化。属于优先发展的高新技术产业,并通过上海市高新技术成果转化项目A级认定,产业化状况完全符合预期目标,且年利润超过100万元的高新技术成果转化项目负责人。

8. 社会任职。依法登记注册省(市)级及以上行业协会、学会、商会、基金会等机构兼任常务及以上职务。

(三) 完善高成长潜力科创企业人才引进的企业指标维度

根据高新技术企业、高新技术企业入库培育企业标准,对高成长潜力科技创新企业人才引进中有关企业认定的标准调整,健全共性指标和个性指标两部分。

1. 共性指标部分

共性指标,指与高新技术企业、高新技术企业入库培育企业标准保持总

体一致的指标,具体包括:

——当年度非高新技术企业的居民企业,[①]申请时须注册成立满一年以上。

——企业通过自主研发、受让、受赠、并购等方式,获得对其主要产品(服务)在技术上发挥核心支持作用的知识产权的所有权,且达到一定数量要求。

——对企业主要产品(服务)发挥核心支持作用的技术属于其中之一:《国家重点支持的高新技术领域》;上海市战略性新兴产业支持的新一代信息技术、高端装备制造、新材料、生物、新能源汽车、新能源、节能环保、数字创意等战略性新兴产业领域;科技与产业发展相结合的新模式、新业态。

——企业创新能力评价70分以上。

——企业申请认定前一年内未发生重大安全、重大质量事故或严重环境违法行为。

2. 个性部分

根据高成长潜力科技创新企业特点进行调整的部分。这一部分指标设置采取"一上一下"的思路调整。其中,"一上"指基于保持总量平衡,不随意下调引进标准、放宽引进门槛、增加引进压力的考虑,替代性指标的设定要略高于除销售指标以外的高新技术企业、高新技术企业培育企业的相关标准。"一下"指针对高成长潜力科技创新企业设立初期缺少销售收入的特点,借鉴高新技术企业培育入库企业有关"对上一年度无销售收入且上年度研究开发费用超过200万元的科技型企业可不受上述研发费用比例和高新收入比例限制"的思路,淡化高新技术企业有关销售收入的要求,同步以企业创新能力、研发投入、融资水平、市场份额等指标代替。

具体指标主要包括技术创新能力、研发投入、融资能力、市场份额等方面,需同时具备相关条件。

(1)技术创新能力

依据高新技术企业、高新技术企业培育企业认定标准中有关知识产权、

---

① 上海市科学技术委员会、上海市财政局、国家税务总局上海市税务局:《上海市高新技术企业入库培育实施细则(试行)》(沪科规〔2018〕10号)。

科技成果转化能力等方面的标准,参照深圳、杭州的有关标准,建议将符合以下其中之一者,作为新增高成长潜力科技创新企业有关"技术创新能力"指标:

——自主知识产权。通过自主研发活动获得一定数量自主知识产权的核心技术和科技成果,其中:获得5项及以上发明专利(含国防专利)、植物新品种、国家级农作物品种、国家新药、国家一级中药保护品种、集成电路布图设计专有权等Ⅰ类知识产权;或15项及以上实用新型专利、外观设计专利、软件著作权(不含商标)等Ⅱ类知识产权,并与主营产品(服务)紧密关联,具备良好的科技成果转化能力。

——标准、认证。近2年企业主持或者参与制(修)订至少1项相关业务领域经有关国际组织、国家有关部门认证认可的国际标准、国家标准或行业标准。企业产品生产执行标准达到国际或国内先进水平,或是产品通过发达国家和地区的产品认证(国际标准协会行业认证)。

——自主品牌。拥有一定数量的自主品牌,国家和省驰名、著名商标或名牌产品证5项以上。

——科技成果转化。单个技术转让项目技术交易额累计达2 000万元及以上。

——奖励。获得中国专利奖、上海市优秀发明选拔赛金奖;或获得全国创新创业大赛、国际创客比赛、上海创新创业大赛一等奖。

——项目。承担市科委、市经信委、市商务委等重点攻关项目、产学研项目,国际大型科研或工程项目、中央级企业、市级企业、跨国公司、知名民企等委托项目。

——平台。拥有国家级、行业级、市级重点实验室、工程(技术)中心、专业技术服务平台、共性技术服务平台、检测平台、双创基地、孵化器;拥有院士专家工作站、博士后工作站。

(2) 研发投入

建议在高新技术企业、高新技术企业培育企业认定标准基础上,适当提高人员投入和资金投入要求,作为新增高成长潜力科技创新企业有关"研发投入",需同时具备:

——研发人员投入。企业从事研发和相关技术创新活动的科技人员占企业职工总数的比例不低于20%。

——研发费用投入。近3个会计年度的研发费用总额3 000万元以上，占主营业务收入总额的比例不低于10%。

(3) 融资能力

建议将符合以下其中之一者,作为新增高成长潜力科技创新企业有关"融资能力"指标：

——政府资助。近3年累计获得国家级或市级创新创业、产业发展等各类资助经费达到3 000万元以上。

——间接融资。专利质押融资额1 000万元；或银行贷款,获得银行贷款或"3+X"科技信贷产品融资达到3 000万元以上。

——直接融资。创业投资：近3年累计获得非关联第三方股权投资(市有关技术转移协会备案或清科排名前30投资机构)1亿元以上；或上市：在科创板、中小板、创业板、新三板上市科技企业,在境外主板上市企业。

——估值。成立5年之内估值不小于1亿美元,最新一轮投后估值3亿—10亿美元。

(4) 市场份额

建议将符合以下其中之一者,作为新增高成长潜力科技创新企业有关"市场份额"指标：

——市场占有率。企业从事特定细分市场时间达到3年及以上,主营产品(服务)符合《高新技术企业认定办法》规定的国家重点支持高新技术产业领域,主营业务收入占本企业营业收入的70%以上,主导产品享有较高知名度,且细分市场占有率在全国前10名或全市前5位(如有多个主要产品的,产品之间应有直接关联性)。

——重大客户。为世界500强、中国500强等重点企业、国家及本市重点工程项目、省级以上政府等提供关键零部件、元器件、配套产品、成套产品、专业服务、解决方案。

(四) 完善高成长潜力科创企业人才引进的配套政策

一是定期更新发布重点紧缺急需人才目录。加强市委组织部、市发展改革委、人社、经信、商务等部门与科创办、自贸区、新片区、长三角示范区等多方联动,坚持产业高端高效高附加值的发展方向,结合重点区域、重点行业、重点领域产业特点,围绕聚焦人工智能、集成电路、生物医药、智能制造、航空航天、金融、科技等领域,联合发布新一轮重点产业、重点机构、重点岗位、重点区域紧缺急需人才目录,完善国内人才引进标准。

二是优化高新技术企业认定、非高新技术企业人才引进政策。联合有关部门,探索建立高成长潜力科创企业人才引进指标体系,作为新一轮国内人才引进标准参考。进一步做好高新技术企业认定和培育入库工作,调整高新技术企业认定有关销售收入的硬性规定,以及能将母公司具备的"高企"资质辐射适用到与母公司相同或相关主营业务的子公司,使其具备人才引进资质。充分发挥科创办作用,结合科创人才引进指标调整,探索建立高成长科创人才、企业创新能力评价机制,建立《高成长潜力科创企业及人才培育目录》,探索国内人才引进户籍申办推荐制度。

三是探索人才举荐制度。学习借鉴北京经验,对承担市级及以上重大项目和工程的,经2名国家或本市重大人才工程入选人推荐,优秀人才团队的成员可申请办理人才引进。自主投入资金或融资资金达到一定金额到位且运营效果良好的,由2名主要创始人或核心合伙人推荐,其团队骨干成员可申请办理人才引进。

四是探索创业投资人直接入户试点。对在沪设立并备案,实收资本1亿元以上、近3年实际投资本市高精尖产业5亿元以上的创业投资基金管理人,其任职满3年的法定代表人、总经理、合伙人、合伙人委派代表等高级管理人员,探索建立直接办理户籍试点。

第七章
推动海外人才从业自由：
引领驱动国际大都市人才发展的新兴领域[*]

习近平总书记在考察上海时指出，上海自贸试验区临港新片区要进行更深层次、更宽领域、更大力度的全方位高水平开放，努力成为集聚海内外人才开展国际创新协同的重要基地、统筹发展在岸业务和离岸业务的重要枢纽、企业走出去发展壮大的重要跳板、更好利用两个市场两种资源的重要通道、参与国际经济治理的重要试验田，有针对性地进行体制机制创新，强化制度建设，提高经济质量。

自贸区新片区规定，允许具有境外职业资格的金融、建筑、规划、设计等领域符合条件的专业人才经备案后，在新片区内提供服务，其境外从业经历可以视同国内从业经历。除涉及国家主权和安全外，允许境外人员在新片区申请参加我国相关职业资格考试。同时，新片区放宽现代服务业高端人才从业限制，在人员出入境、外籍人才永久居留等方面实施更加开放便利的政策措施。

本章通过把握全球科技创新发展、全球城市发展、全球人才流动新的发展、新的机遇，着眼自贸区新片区推进国际协同创新的不同阶段、不同领域、不同环节的需求，通过给予不同领域、不同层次、不同专业领域的人才不同形式、不同待遇的从业自由，更好吸引、集聚、用好海内外优秀人才，服务和推进国际协同创新的发展，把新片区打造成为集聚海内外人才开展国际创新协同的重要基地，不断提升人才的竞争力、创新的策源力。

---

[*] 上海市社会科学界联合会、中国（上海）自由贸易试验区临港新片区管理委员会委托课题"新片区发挥人员从业自由优势推进国际协同创新研究"部分成果。

一、开展海外人才从业自由的重要意义

充分发挥新片区人员从业自由优势,加大吸引集聚海内外人才,积极推动开展国际创新协同重要基地建设,是应对全球发展新形势的需要,也是推进全球科技创新中心、特殊经济功能区的需要。

一是从世情来看,有利于充分把握全球经济发展趋势,抓住全球创新、产业、人才网络变革,不断吸引集聚海内外人才,不断扩大创新"朋友圈"、吸引创新"同道者",让致力于创新、关注创新的海内外人才在这里同频共振、携手前行,共享发展机遇、共享改革成果、共对未来挑战。创新的朋友圈越大,互动的频率越多,全球创新网络就会得到进一步强化,就能更加自信从容地面对全球格局剧烈变化带来的挑战。

二是从国情来看,有利于聚合全球各种要素,整合政产学研金服用等创新过程的各种力量,充分发挥各自优势、各司其职、分工协作、相互支撑,加快创新步伐,提升创新效率,提高创新效益,着力加快建设实体经济、科技创新、现代金融、人力资源协同发展的产业体系现代化经济体系建设,着力加快更高层次的开放型经济,着力加快全球科技创新中心的建设。

三是从市情来看,有利于上海"五个中心"、具有世界影响力的社会主义现代化国际大都市、卓越的全球城市建设,加快推动形成全面开放新格局,集聚和配置更多全球创新资源、人才资源,进一步强化人才的影响力、吸引力、辐射力,增强人才内在实力、竞争力,使上海的独特城市禀赋、良好的创新基础、卓越的人才优势和全球高端要素有效结合,让全球的创新人才依托新片区这个节点、依托国际创新协调基地这个重要桥梁,让新知识、新发现、新技术不断涌现,新模式、新流程、新产业不断创造,为城市发展增添新动力、为上海代表国家参与全球竞争增加"底气"。

二、海外人才从业自由的理解

(一)人员及其流动

传统意义上,人才的流动是作为掌握自身智慧、才能的人在不同空间的

位移,这个空间可以是地理空间,也可以是不同部门。在未来发展的情形中,人才流动的重要性日益凸显,人才流动的内涵将变得更加宽泛。人才流动是一个宽泛的概念,既包括员工在不同地理空间、产业部门、职业和组织之间短期或者永久的移动,也包括虚拟的流动,还包括职位向人才的流动。

表 7-1　人才国际流动:未来形态

	有　形	无　形
长期 (永久)	典型意义上的移民	各地人才在地为跨国公司总部研发、创新、发展提供智力支持,学术人员之间以正式渠道或非正式渠道作为基础交流的"无形学院"
短期	自然人流动(Mode IV)短期外派、项目外派、商务旅行、员工轮岗项目、反向流动、临时劳动力	在线工作、在线交流众包

从人才流动的形态看,未来人才的流动,可以包括有形的流动和无形的流动两种。有形的流动,主要指物理形态的移动,具体表现为人才作为移民从一国移动到另一国;无形的流动,主要指非物理形态的流动,具体表现为人才的智力从一地向另外一地的转移。如果在此基础上,增加"长期/短期"的维度来刻画,我们可以看到四个象限:

一是"有形—长期"范式。这种范式是典型意义上的移民。在这种范式下,将会出现两种趋向:一是职位的流动,即人才跟着岗位走,人才在不同岗位之间的流动。二是岗位的流动,即职位、岗位随着人才而动,人才在哪里,岗位流向哪里。一些企业将地区总部或全球总部迁移到更加接近商业利益和快速发展的市场,这意味着经理及其家庭将永久转移。

二是"有形—短期"范式。作为服务贸易的模式 4(Mode IV)的自然人流动,包括专家学者到国外讲学、技术咨询指导,文化艺术从业者到国外提供文化、娱乐服务等。具体可包括:(1)短期外派,即跨国公司或国际性公司对员工实施 1 年左右的公司外派,这种外派还可细分为从发达国家向发展中国家、总部向分部的派遣,从发展中国家到发达国家、分部向总部的派遣。(2)项目外派(project-based assignment),企业从组织内部不同部门选派员工组建任务小组,临时流动或者经常出差,任务完成后小组即解散。(3)定期和拓展的商务旅行(Commuting and extended business travel),外派员工在一个特定的地方工作，不需要再重新安置。(4)员工轮岗项目(rotational employee programmes)。(5)季节性人才流动。(6)全球游民(global nomads)。企业领导人发现，他们要求有扩展的商务旅行，因此，他们经常流动。同样道理，有些专家也发现，他们会随着一个项目一个项目的流动，没有国家限制。

三是"无形—长期"范式。无形的流动，指的是人才的流动是基于网络的或者虚拟技术的智慧、才能的流动，人才自身在这种背景中不处于移动。"无形—长期"流动方式，包括：(1)基于局域网的智力流动。分布在世界各地地区总部、研发总部的人才，在自己所在的地域持续不断地为跨国公司研发、创新、发展提供智力支持，从形态上来看，隶属跨国公司地区总部的人才并没有迁移到异地，但他的才能已经超越了时空的限制，源源不断地涌向其服务的总部。(2)学术共同体。一种无形—长期的流动，就是学术人员之间以正式渠道或非正式渠道作为基础交流的"无形学院"。

四是"无形—短期"。这种形式可能更加多种多样，人才基于互联网技术，在网站或后台提供技术支持、咨询、服务，其中最典型也是新兴的流动形式就是众包。众包(Crowdsourcing)是美国《连线》杂志记者杰夫·豪(Jeff Howe)于2006年6月首次提出的，指一个公司或机构把过去由员工执行的工作任务，以自由自愿的形式外包给非特定的(而且通常是大型的)大众网络的做法。众包同时是一个系统活动，是由企业发起。布莱勃汉姆(Brabham)将众包描述为企业在线发布问题—大众群体(专业或非专业)提供解决方案—赢者获取报酬，且其知识成果归企业所有，是一种在线、分布式问题的解决模式和生产模式。夏诺尔(Chanal)指出众包是企业的开放式创新生产，它通过网络设备，聚集外界众多离散的资源。这些资源可以是个体(如创意人员、科学家或者工程师)，也可以是团队(如开源软件群体)。随着互联网的普及、网络技术的发展，网络一代的出现，个性消费者的崛起，激烈的外部竞争以及企业创新的瓶颈，众包作为人才流动的形式出现，对人才工作的方式、人才流动的方式以及人才开发模式带来重要影响，一些个体不便、不能或者不愿流动到硅谷或者研究三角区的中国、以色列、印度的工程师，可以通过众包的形式不再被排斥在创新产品开发流程之外，而在新产品或服务的开发中扮演重要的角色。

(二) 人员从业自由及其限制

1. 人员从业自由

(1) 从业自由内涵及其性质

美国社会学家塞尔兹认为,职业是一个人为了不断取得收入而连续从事的具有市场价值的特殊活动,这种活动决定着从事它的那个人的社会地位。只有具备了技术性、经济性与社会性三要素的社会活动方可列入职业范畴。①日本学者尾高邦雄认为:"所谓职业,是个性的发挥,任务的实现和维持生活的连续性的人类活动。"②我国学者目前对职业的定义也有多种:如职业是个人在社会中所从事的作为主要生活来源的工作;职业是个人所从事的具有特定内容和方式,并作为主要生活来源的具体工作等。我国学者刘艾玉认为,职业的构成要素包括:第一,职业是劳动者从事的有酬工作;第二,职业是劳动者能够稳定地从事的工作,即有时间限度,劳动者从事的是一种相对稳定、非中断性的劳动,一般规定为全部正规劳动时间的1/3或1/2以上;第三,职业是劳动者模式化的一种人群关系及相应的行为规范。因此,职业可以被理解为是劳动者为生活所得而发挥个人能力,在社会分工体系中从事的相对稳定的、有报酬的、专门类别的工作及由此获得的一种特定的劳动角色。它是对人们的生活方式、经济状况、文化水平、行为模式和思想情操的综合性反映,也是一个人的权利、义务、权力、职责,从而是一个人社会地位的一般性表征。③

职业具有下列特征:首先,职业具有社会性,是以社会分工为前提的;其次,职业具有稳定性,是劳动者相对稳定从事的工作;再次,职业具有经济性,能够为劳动者带来经济收入;第四,职业具有技术性,职业人员需要一定的知识或者技能;第五,职业具有发展性,新职业不断涌现,旧职业不断成熟或者消亡。

职业自由是公民所享有而为国家所保障的选择、执行从事自己所选择职业的自由,包括公民在择业、执业、弃业、转业以及兼业上的自主选择和决

---

① Salz, Arthur, 1944, *Occupations: Theory and History*, Encyclopedia of the Social Sciences, XI, New York Macmillan, 2005.
② [日]万成博、杉政孝:《产业社会学》,杨杜、包政译,杭州:浙江人民出版社1986年版。
③ 刘艾玉:《劳动社会学》(第二版),北京大学出版社2006年版,第64页。

定的自由。首先,职业自由的自由权属性强调国家的消极义务,即国家的不干预、不侵犯,或者只在涉及公共利益、危及公共安全等有限的条件下加以规制,但国家的规制行为不得超出必要限度。其次,职业自由的经济权利属性异于劳动权的政治权利属性。职业自由直接与国家的基本经济制度、分配制度、财产权保护原则以及就业政策紧密联系,经济权利色彩明显。同时,职业自由仅仅是个体自由的一部分,体现公民主体自我决定、自主选择的特点。在我国,职业自由权利是宪法上未列举的权利,其与居住迁徙的自由以及财产权往往关系密切,三者共同构成经济自由权的基本内容。同时,职业自由在国际人权文献中属于明确规定的基本人权。如《世界人权宣言》(1948)第23条第1项规定:"人人有权工作、自由选择职业、享受公正和合适的工作条件并享受免于失业的保障。"《经济、社会、文化权利国际公约》(1966)第6条第1款规定:"本公约缔约各国承认工作权,包括人人应有机会凭其自由选择和接受的工作来谋生的权利,并将采取适当步骤来保障这一权利。"《关于就业政策的公约》(1964)第1条第2款第3项规定:"自由选择职业,使每一个人都有最大可能的机会去获得担任他很合适于担任的工作的资格,并对该项工作使用他的技能和才干,而不分种族、肤色、性别、宗教、政治见解、国籍或社会出身。"

(2) 从业自由的内容

职业自由的内容,主要包括职业选择的自由和职业实践的自由。

一是职业选择(choice)的自由。职业选择自由是有关人们对职业选择与否,以及选择何种职业、如何选择职业等诸方面的自由,虽然最终表现出相应的决断行动,但更多由个人的主观意志决定。职业选择的自由包括:第一,不选择职业的自由,既包括不开展职业选择、不从事劳动——虽然从价值层面来看这是消极的,也包括不选择职业但愿意从事劳动。第二,选择职业的自由。一方面涉及选择何种职业的自由,包括:对职业的数量(单个还是多个的"斜杠青年")、职业的类别、职业的内容、职业的方式(全职还是兼职、实时还是虚拟)、职业的过程(连续还是间断)、职业的时间、职业的地点(在岸还是离岸、单点还是多点)等。从一定意义上而言,选择职业就是对职业要求、职业规范、职业伦理、职业收益的选择;同时,随着职业的多样化、丰富化,职业选择的内涵、空间、过程不断拓展。另一方面涉及如何选择职业的自由,贯穿于职业前、职业中、职业后的全过程各个阶段。此外,有的地方还把职业放弃的自由视为职业自由的范畴。

二是职业实践(practise)的自由,指权利主体可自由决定在某种职业内部,以有利于自己的方式、内容来执业,不受国家、其他组织和个人的非法干预。当前和未来一个阶段,除了传统的全职工作、派遣用工以外,包括自由职业、协议工作、在线工作、外包工作、外部咨询顾问等职业实践形态或者工作形态的比例会不断增加。以自由职业为例,可以包括:独立合同工作者(independent contractors),即传统的自由职业,没有雇主,以项目的形式开展临时性、辅助性工作,工作形式较为自由;业余兼职,利用业余的晚间或者休息兼职;协议性工作,根据与单一雇主、客户、岗位或协议,开展临时性工作;自由经营者(freelance business owners);开放工作者,即不专为某一特定的企业、组织或者机构工作,但是这个组织、机构是整个价值链和服务的一部分。①

表7-2 工作形态

	线下工作(offline)	虚拟工作、在线工作(online)
固定期限(长期)	传统全职工作、派遣	呼叫中心
非固定期限(短期、临时、自由)	自由职业者、独立合同工作者、咨询顾问、自我雇佣者、临聘人员、兼职、临时员工	众包(如威客、猪八戒网)

一般认为,职业自由的权利主体是公民,即公民的职业自由权利受到宪法的保障。对外国人能否成为职业自由的权利主体,各国基本上都采取否定的态度。不过,从国民待遇原则和人格自由发展的角度看,对于居留在一国境内的外国人、无国籍人,亦应受到职业自由权的法律保护。在经济全球化、人员国际流动日益频繁的背景下,越来越多的国家开始赋予外国人在职业自由保障上享有与本国人相等的法律地位,但这种外国人职业自由的赋予往往是各国依据宪法、行政法、外国人法和劳动法的规定,依据双边或者多边的条约,或者采取对等原则为前提的。

2. 职业自由的限制

虽然职业自由是基本权利,但在维护人民生命财产安全、公共利益,维

---

① Deloitte Review, The Open Talent Economy, DELOITTEREVIEW.COM issue 13, 2013.

护公共安全,维护市场秩序,维护东道国劳动者或人才及纳税人基本权益的时候,需要对职业自由进行限制。依据职业自由限制的"三阶段理论模式",职业自由的限制,分为职业实践或者执业的限制和职业选择的限制。职业选择的限制分为主观许可要件的限制和客观许可要件的限制,对三个程度不同的级别,国家可以在不同程度上限制职业自由。职业实践或者执业自由的限制,指的是对职业实践的权利加以限制,以防止对公众的损害和危险。涉及主观许可要件的职业选择自由的限制,主要指从业者在选择进入职业市场时应具备与其主体相关的要件,包括个人的知识能力、年龄、体力、资历、国籍身份、最低道德标准等。职业选择的客观许可要件,指的是个人自身无法影响或者决定的外部性的相关要素,包括公众健康、防止恶性竞争、促进一定市场机能等。

由此,从职业选择自由限制的角度来看,职业可以分为非规制性职业(non-regulated occupation)和规制性职业(regulated occupation)两类,其中,规则性职业包括职业许可(准入类职业)和职业认证(水平类职业)等。

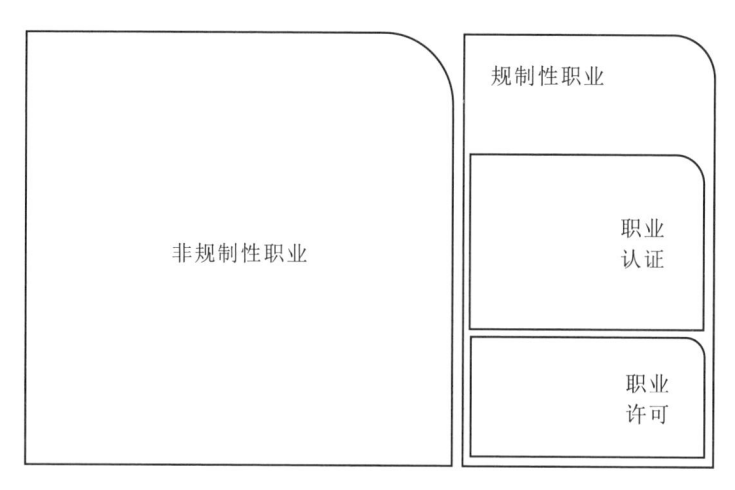

图 7-1 非规制性职业和规制性职业

一是非规制性职业。非规制性职业,主要指那些即便在非常危险和极端不道德的情况下,也不会给消费者带来伤害,或者消费者直接能够凭借其自身的知识、能力对服务质量进行判定,进而不会加剧信息不对称、服务交易成本上升的职业。

二是规制性职业。第一，职业许可(license)，也称为准入性职业。职业许可，属于强制性职业规制，是预防性规制手段。赋予被许可的从业者从事某种职业或专业相应的法律地位，由政府作为授权机构，对那些符合年龄、特征、正规教育培训、经验、专业伦理等要求资格、能够通过入门考试的人，授予准入许可，拥有特定职业头衔，进而执业或开业。职业许可实质是对公民权利的一种限制，是政府运用公权力对个人自由、社会经济活动预防性的(preventative)事前管制机制，一般根据危险性质、伤害可能性、威胁涉及面、伤害可补救程度等，设置职业许可的范围。第二，职业认证(certification)，属于着重于提供资信的职业规制。解决信息不对称造成的市场失败有多种途径，例如，对专业服务提供的机构，可采取声誉机制、服务绩效合同保证、绩效合同、第三方认证或质量分级、承担民事责任等手段来加以规约；对于提供专业服务的从业者而言，最主要的方式是鉴定、认证等方式，即由具有效力或受社会公认的第三方出具证明，确认申请人的知识、能力水平及职业道德等情况，以此向专业市场提供通行的质量信号或市场信号，以消除信息不对称产生的问题，减少信息壁垒，提高市场的交易速度，矫正市场交易失真状态。职业认证是一项基于职业能力水平的考核活动，属于标准参照型考试。职业认证的种类主要包括认证和证明两种。

三、从业自由政策的比较与借鉴

基于吸引优秀人才、控制一般劳动力、避免对国内就业市场造成伤害以及其他安全等方面的考虑，各国政府一般对外国人就业或工作，实施工作许可制度，同时，根据规制性职业和非规制性职业性质，予以不同的管理和控制。

(一) 规制性职业和非规制性职业分类

澳大利亚的专门职业，分为四种：一是管制性专业(regulated professions)。根据法律规定，必须合法注册或者执照的专业。拥有管制性专业注册资格或者执业资格的人，被认为是被法律授予的。要想从事管制性专业资格，必须依法到相应的国家或者省注册或执业资格机构注册。还存在专业团体，确定管制性专业的标准和认证过程。根据《澳大利亚互认协定》，凡在一省获得注册或执业资格的人，到其他任何一个省工作，从事资格注册相应的职业,就不再需要进行资格或者资历评价。澳大利亚大学与注册或者认证机构保持紧密的联系,其在开发新课程或者开展现有课程改革的时候,确保毕业生能够有资格进行注册或者被专业团体接纳为会员。在澳大利亚,典型的管制性专业,如医疗相关的专业、建筑、法律、数据调查、兽医等。二是部分管制专业(partially-regulated professions)。这主要包括三类:一些省根据地方法规,要求合法注册或执照的;一些根据地方法律管制的专业活动;一些受到共同联盟法律管制的专业活动;没有法律要求存在的话,则这些专业可能被视为自我管制的专业。三是自我管制专业(self-regulated professions)。根据法律,未对注册或者取得执照做出规定,但进入专业具有明显入门要求,能否成为专业人士和就业,以能否被主要专业团体接纳为会员为标准。四是非管制性专业(unregulated professions)。根据法律规定,不需要进行注册或者取得执照;尽管存在专业团体,但对专业标准不具有控制权。企业可以自行对员工的能力进行评价,而不要以来专业团的指导标准。

表7-3 澳大利亚的专门职业规制类型

规制类型	相关职业
管制类专业	与健康相关专业、建筑、法律、数据调查、兽医
部分管制类专业	财会(一些专业活动要法律授权)、工程(昆士兰要求注册;一些专业活动受管制)、放射医学、职业治疗、足病学、语言病理学、调查、教学
自制类专业	营养师、图书管理、医药实验科学、社会工作、翻译、福利工作
非管制类专业	信息和通信技术、管理

在美国,规制性职业资格包括职业许可(license)、证明(certification)和注册。后两种有强制性和志愿性的。职业许可,是专业规制限制性最强的形式。从业者必须通过权威机构预先设定的标准后才能执业,未达标者被禁止从事特定的职业、经营或相关活动。有时,许可还引入配额制度:某一特定产业人员的数量受到限制。目前,美国拥有1 200部职业许可的法律法规,平均每个州25部,涵盖从医师到遗体防腐师在内的至少75种职业。同时,许可机构在此期间蓬勃发展,对职业准入、强化执业人员实践标准等方面,发挥了重要的作用。但是,美国职业许可法律的形式和内容,随职业、州以及时代的不同,变得千差万别。职业认证(certification),表明某人掌握了

权威机构(政府或私人部门)要求的特定技能或资格。未获得鉴定的人参与该职业、经营或相关活动，正常情况下是不被禁止的，虽然这些人不会像拥有鉴定的人那样被允许向公众提供服务。美国国会于 1994 年 3 月 31 日颁发了国家技能标准制度(National Skill Standards Act，NSSA)，提出了开发与实施统一的国家技能标准、规范美国技能评价制度的要求，以解决技能评价工作中的混乱问题，最终从整体上提高劳动者职业能力水平。在颁布 NSSA 的同时，还成立了国家技能标准推进委员会(National Skill Standards Board，NSSB)，负责推进这项法律制度的实施。

表 7-4 美国全国性和地方性职业许可

适应于全国的职业许可	地方职业许可
会计师(注册)	建筑师,景观
建筑师	拍卖师
理发师	遗体防腐师
美容师	丧葬承办人
专业工程师	保险经纪人
保险代理人	测谎检验员
房产中介	土地测量师
房产经纪人	针灸医生
脊椎推拿师	专业咨询师
牙医师	咨询师(酒精、药物或替代品依赖)
牙科保健	牙医助理
急诊技师	牙医
护士,执业	营养师
护士,注册	助听器经销和安装
护士,家庭护理	同种疗法医师
验光师	推拿治疗师
药剂师	护士,助产士
医师,对抗疗法	护士
医师,整骨	职业治疗师

续表

适应于全国的职业许可	地方职业许可
足病医师	眼镜师
兽医师	理疗师
	理疗助理
	心理师
	放射技师
	放射治疗师
	呼吸治疗师
	社会工作师
	语言治疗和矫治师
	兽医技师

(二) 外国人非规制性职业的从业自由

对于外国人从事非规制性职业,各国一般只明确外国人就业或工作范围,给予工作许可后即可在东道国从事相应的职业。例如,日本规定,外国人只限于在入管法规定的在留资格范围内,可以在日本国内就劳。在留资格范围包括教授、艺术、宗教、投资·经营、法律·会计业务、医疗、研究教育、技术、人文知识·国际业务、企业内转勤、兴行、技能、特定活动(法务大臣批准的节假日打工、技能实习生等也可在日工作)。

在就业或工作环节,各国除对杰出人才开辟绿色通道外,一般多设置评价测试环节,以此吸引具有专业知识或技术的移民,控制缺乏技能的工人盲目流入,对本国就业市场造成冲击。例如,美国规定,除第一优先顺序不需要劳动力测试,第二、三优先顺序都需通过劳动力测试。加拿大对技术移民实行严格的打分制度,在总分100分的评分条款里,申请者只有在教育程度、语言、工作经验、工作聘用证明、年龄等各项评分达到67分以上,才有机会获得通过。英国移民法一般禁止外国人先以其他身份进入英国后再申请工作许可,即使英国雇主为雇用一个并非以赴英工作为由入境英国的外国人向就业部申请并获得了工作许可,英国内政部通常会以违反移民法而拒发相应的居留许可,使就业部的工作许可失效。

表 7-5　美国不同顺序的管理要求

类　型	头衔	签证	劳动力测试	其他要求
第一优先顺序	优先人员	EB-1	不需要	持续的国家或国际赞誉
第二优先顺序	具有高级学位的专业人员	EB-2	需要（除国家利益弃权证书）	
第三优先顺序	具有本科学位的专业人员	EB-3	需要	至少2年培训或工作经验

资料来源：Bryan P. Christian "*Facilitating High Skilled Migration to Advanced Industrial Countries：Comparative Policies*" Institute for the Study of International Migration, Georgetown University, Washington, D.C.。

　　一些国家还会通过动态调整外国人就业范围，对外国人从事非规制性职业进行调控。例如，加拿大政府根据本国的就业市场状况、专业需求和国家整体发展规划，每年有计划地对外招收人才，以弥补本国人口增长缓慢和人才不足。澳大利亚每半年公布一次信息通信业技术人员短缺职业榜、每年公布一次技术人员短缺职业榜、每两年更新一次移民紧缺职业榜（MODL），积极引进包括技工、专业人员、高层次人才在内的各种人员。

（三）外国人规制性职业的从业自由

　　专业资格互认是两国或者多国政府或者非政府的专业团体间以协议的形式，确认专业资格在本国或者地区范围内的同等效力、兼容性和可接受性，并赋予该专业资格持有人相应权利的过程。在经济全球化特点日益明显，人才国际流动日益频繁的格局下，加快专业资格的国际互认，已经成为全球的一种共同认识。

　　一是自动认可（automatic recognition）。东道国依据签订的协议，在不额外增加考试或培训条件下，对其他缔约方授予的职业资格直接予以认可。专业人员需对东道国进行申请，但只要出示其在本国具有职业许可或者认证的证明即可，除非申请人提供了错误的或者误导的信息，或者职业本身被认为不具有在两个或者多个国家之间对等。例如，自动认可需要双边或者多边之间具有最高度的信任，同时也要求在培训方面具有高度的协同。例如，澳大利亚、新西兰《跨塔斯曼海互认协定》（TTMRA）规定，澳、新任何一方具有会计师、工程师、建筑师、牙医等执业资格的专业人员，在对方开业可获得与其在本国一样的开业权利,不需要额外的职业认证或资格考试。又如,2016年欧盟范围内正式启用基于电子认证的"欧洲职业卡"(European Professional Card,EPC),简化了部分专业人员在其他欧盟成员国内进行职业资格认证的程序,所有欧盟成员国对普通护士、药剂师、理疗师、房产中介、登山向导等专业人员可以更加自由地求职。《新西兰—新加坡更紧密经济合作协定》的专业资格互认包括:律师、法律管理;会计师、审计师、税务师;建筑师、测量师;工程师;医生;牙医;牙科技师;兽医、兽医护士;助产士、护士、理疗师及辅助人员、营养师、验光师和剂量光学仪器制造者、医药师、心理学家、职业临床医学人员、放射线成像医师;IT设计人员、程序员、数据分析师和技术人员;统计人员、调查人员、地质学者、地球物理学者、地图制图师;管理咨询;科技咨询和研究人员;教师,包括学前、小学、中学、大学、成人及其他;环境咨询;金融服务咨询,精算师和经济学家;医疗器械和健康设备管理和咨询;民用航空飞行员等。

二是部分认可(partial recognition)。政府主管部门承认申请者在母国取得资格的效用,但需要职业资格持有者参加额外的考试、培训,或者受监督的工作经验(有的地方也称之为适应期)。有的地方,主管部门基于具有工作经验的职业资格持有者自动认可的待遇,要求没有从业经验的职业资格持有者满足其他专门要求。《华盛顿协议》(Washington Accord)鼓励签约成员国或地区对接受过相关专业工程技术教育、授予证书的工程技术人员效力或者兼容性予以认同,但要成为注册工程师、独立开展执业活动的话,还要满足从业经验和考试要求。该协议签约方可自行决定其从业经验和考试标准,可以出现某一方考试要严于另一方的现象,例如英国要求土木工程师要有3—6年的工作经验,而加拿大只要求1年的工作经验。还有的国家为了减轻考试负担,只要求特定的简易考试程序。例如,美国对澳大利亚、加拿大、中国香港、爱尔兰、墨西哥、新西兰的会计从业人员,不直接认可,要求申请者通过专门的美国商法和税制的考试,才能获得认可。

三是有限认可(limited-scope recognition)。申请人可申请执业许可,但其执业活动范围有严格的限制。这种认可允许他们从事其具备相应资格的工作,同时防止其从事不具备资格的工作。国际建筑师联合会(UIA)签署《建筑专业国际推荐标准协定》(简称《巴塞罗那协定》)推动建筑领域服务的资格互认,主要内容为:对学历文凭的认可、免于考试、适应期或者测试,跨境和机构实践证明的注册问题,地方系列的成员以及专业头衔使用等问题。

四是临时进入或者临时认可(temporary recognition/access)。向职业资格获得者在特定期限内开放执业。例如,美国得克萨斯州向加拿大、墨西哥、澳大利亚等专业工程师提供特定期限的临时准入。这里的临时期限长短依国家而定,短则几个月、长则若干年,其目的是促进服务贸易、推动服务交付,获得临时进入或者许可的从业者,一般要依托某个项目提供专业服务,并不影响当地就业机会;或者,给予正在申请或等候执业资格的申请者一定的喘息机会。

四、探索海外人才从业自由的对策建议

充分发挥新片区人才从业自由优势,更大范围吸引和集聚全球人才来沪创新创业,更大力度地嵌入全球创新网络和全球人才网络,更大力度推进国际协同创新,作为全球人才发展的孵化器、加速器及其创新创业策源地,推动人才与资本、技术、信息等要素在全球范围内有效融合、最佳配置。

(一)明确对象

1. 明确战略群体

(1)明确人才类型

按照创新链视角,推进国际协同创新,要重点聚焦以下群体:

一是创新实践者。基于创新链,抓紧集聚影响未来发展的创新、创业、创意人才,引领创新潮流,策源创新成果。第一,创新人才是指能够创造新产品、新市场、新业态、新领域,能够创造市场、创造就业岗位的科学家、工程师、技能人才。第二,创业人才能够具备创业观念、善于识别创业机会及其潜力,并能够将其转化为现实、开创一番新事业的人才。其中,尤其要把"国际创客"作为吸引集聚的重点之一。这包括:其一,直接来沪创新创业的外籍人才,其二,在沪工作、学习期满后创业发展的外籍人才,其中,一部分是在沪跨国公司担任过高级经营管理层次、首席科学家工作或在沪高校留学

期满的外籍人士,未选择回国,继续留在上海、留在中国发展。其三,离岸创业者。通过引进国外知名创新创业服务机构,鼓励有条件的孵化器开展"国际联合双向孵化"等创业者。第三,创意人才指通常在文化、娱乐或者体育领域具有特殊才能的人才。他们涉及的范围包括:文化创意经营管理、文化创意贸易、文化创意金融、文化创意策划、紧缺艺术、网络文化创意、新媒体、服务设计、工业设计、建筑设计、时尚产业、珠宝设计等。

二是创新服务者。要把握全球要素流动、创新发展趋势,加大掌握全球要素资源、完善创新创业服务的人才引进和集聚力度,主要包括掌握全球资本的人才、掌握全球信息的人才、掌握全球人才资源的人才、掌握国际社会网络资本的人才,推动人才与资本、技术、信息高度融合,主要涉及科技服务、知识产权、技术标准、金融、会计、法律、信息服务、教育培训、专业技术服务、技术推广、科技信息交流、科技培训、技术咨询、技术孵化、技术市场、知识产权服务、科技评估和科技鉴证、人力资源、咨询等人才。

三是创新管理者。主要指微观领域的企业家、宏观领域的政府官员、公务员。

四是创新消费者。对创新具有较高期望,对技术创新有较强敏感度,渴望购买新产品,最早采用创新产品的消费者,越来越成为对创新产生和商品化具有重要作用的主体。

(2) 明确人才层次

根据《外国人来华工作许可服务指南(暂行)》(外专发〔2017〕36号),在华工作的外国人分为三类:外国高端人才(A类)、外国专业人才(B类)和其他外国人员(C类),坚持的原则为"鼓励高端,控制一般,限制低端"。

一是外国高端人才(A类)。A类是指符合"高精尖缺"和市场需求导向,中国经济社会发展需要的科学家、科技领军人才、国际企业家、专门特殊人才等,以及符合计点积分外国高端人才标准的人才,如各国院士、各国科技计划项目成果负责人、首席科学家或主要成员、世界500强企业高管或技术研发重要成员、国内三甲医院聘任担任高级管理职务或副高级以上专业技术职务的人员,受聘担任高校科研机构高层管理或副教授、副研究员、高级讲师,国家级、省级运动队聘请的助理运动员、主教练等。外国高端人才可不受年龄、学历和工作经历限制。

二是外国专业人才（B类）。B类是指符合外国人来华工作指导目录和岗位需求，属于经济社会发展急需的人才，具有学士及以上学位和2年及以上相关工作经历，年龄不超过60周岁，如跨国公司派遣的中层以上雇员，各类企业、事业单位、社会组织等聘用的外国管理人员或专业技术人员，外国语言教学人员，飞行员等。对确有需要，符合创新创业人才、专业技能类人才、优秀外国毕业生、符合计点积分外国专业人才标准的以及执行政府间协议或协定的，可适当放宽年龄、学历或工作经历等限制。

三是其他外国人员（C类）。C类是指满足国内劳动力市场需求，符合国家政策规定的其他外国人员。根据人社部《外国人在中国就业管理规定》，其他外国人员（C类）需符合"用人单位聘用外国人从事的岗位应是有特殊需要，国内暂缺适当人选，且不违反国家有关规定的岗位"，总体上来讲是属于受限制的人群。

表7-6 外国人分类标准

积分要素	分值权重	积分标准		是否加分	加分标准
公认职业成就	100	1. 荣获国际国内大奖； 2. 诺贝尔奖获得者； 3. 各国工程院科学院院士；		否	—
过往收入	20	1. <50 000元	0	否	—
		2. 50 000—69 999元	5		
		3. 70 000—140 999元	8		
		4. 150 000—249 999元	11		
		5. 250 000—349 999元	14		
		6. 350 000—449 999元	17		
		7. 450 000元以上	20		
工作经验	15	1. 不足2年	0	是	有世界500强企业、知名金融机构、律师事务所等的任职经验，加10分
		2. 2年以上不满5年	5		
		3. 5年以上不满8年	10		
		4. 8年以上不满10年	15		
		5. 10年以上	20		

续表

积分要素	分值权重	国家标准 积分标准		是否加分	加分标准
教育水平	25	1. 博士	25	是	毕业于世界知名大学,加5分
		2. 硕士	15		
		3. 学士	10		
		4. 其他与学士相当	10		
年龄	10	1. 60岁及以下积10分; 2. 60岁为基准,每增加1岁对应积分减1分; 3. 该项积分减至0为止,不出现负积分;		否	—
语言能力	10	英语:		否	—
		1. 英语为母语	10		
		2. 取得英语为教学语言的学士以上学位	7		
		3. 雅思6.5分以上或TOEFL 75分以上	3		
		4. 其他	0		
		汉语:			
		HSK3	10		
		HSK2	7		
		HSK1	3		
		其他	0		
		英语能力和汉语能力以积分高的为准			
在华每年工作时间	15	1. 不满3个月	0	否	—
		2. 3个月以上不满6个月	5		
		3. 6个月以上不满9个月	10		
		4. 9个月及以上	15		
工作定向	5	1. 是西部定向	5	否	—
		2. 不是西部定向	0		

资料来源:《外国人来华工作许可服务指南(暂行)》。

(3) 明确人才组合

一方面,突出"三家联动",即科学家、企业家、投资家的科技创新、模式创新、转化创新联动，重点引进科学家、企业家、投资家，充分发挥身在一线的研发人员作为科技创新的探路者、先行者的作用；充分发挥企业家、创业者(特别是"连续创业者"和"再创业者")发现、捕捉商机、创新创业的作用；鼓励投资者(包括股权投资、风险投资、天使资金)探索产业发展方向，并和各种专业服务人员一道围绕在创新创业人才周围，使上海成为"三家"最集聚之地。另一方面，突出"三力联动"，就是突出人才整体竞争力、"高大洋"人才(高层次、大中型、外资企业人才)影响力、"小青新"人才(中小企业、青年人才、新兴业态人才)发展潜力。

2. 聚焦优势领域

着眼于提升全球科技创新中心显示度、影响力，聚焦光子科学与技术、生命科学、计算科学与信息技术、类脑智能、能源科技、纳米科技等优势领域人才；围绕研发与转化功能型平台、市级科技重大专项、战略性新兴产业专项需求，聚焦生物医药、新材料、新一代信息技术、智能制造等领域人才；聚焦国家战略需求和战略目标，从重大基础科学创新、颠覆性技术开发和城市发展重大问题，主要包括：暗物质研究与天体观测、生物遗传与表型研究、量子通信及计算技术、合成科学、脑科学等重大基础科学创新高峰；先进计算技术，机器人与人工智能，智慧交通与智能城市，新一代通信及物联网技术，精准医学与重大疾病诊疗，纳米技术与材料科学，航空航天科技，海洋、极地科技及装备颠覆性技术开发高峰；能源、动力的清洁化，环境保护与污染治理，城市安全与灾害防治等城市发展重大问题研究高峰领域。

加大产学研合作力度，依托重点企业、行业协会，加大人工智能、集成电路、生物医药、智能制造、航空航天、金融、科技等重点领域、重点产业人才培养力度。

(二) 加快海外从业自由政策体系

1. 建立海外人才从业自由的体制

(1) 强化国家职能

一是明确国家层面领导职能。鉴于职业尤其是职业资格管理属于中央事权，要建立健全职业管理领导体制，强化人力资源和社会保障部门作为职业的主管部门整体负责职业资格的规划、协调、组织职责，加强国家对职业宏观管理。健全综合协调机制，加强发展改革(经济社会发展)、民政(社团、学会管理)、财政、工商、教育(学科设置、培训)、科技(外国专家)、公安(移民事务)、商务(服务贸易)、质检(认证认可监督管理、标准化管理)、监察、法制、编制、统计部门及相关行业管理机构的统筹机制。

二是加快建立健全职业调查、职业分类、职业资格制度。根据经济社会发展的需要和国际惯例,构建门类齐全、层次分明、标准清晰、功能完备的职业分类、职业资格制度体系,为开展外国人才从业自由、推进国际协同创新创造前提条件。要完善职业分析调查与判定制度,按照职业成熟维度,依据职业属性、特征、职业发展规律,按照职业名称、职业分布、职业结构、职业范围等进行职业群落的划分和归类,在此基础上,确定需要推行职业许可或职业认证的职业。要指导制定职业许可和职业认证标准,认可和采纳民间职业标准,建立国家职业资格证书体系,综合协调、监管职业资格管理,指导地方开展职业资格活动,规范和监管职业资格相关行为,促进职业资格证书制度合理、有序、健康发展。加快职业资格管理的立法进程,明确职业资格的法律地位、资格分类、职业范围、设置权限、标准程序、管理体制以及权责关系,强化政府对职业认证的监管职能,为从源头上解决职业资格监管提供法律依据,维护国家、公民、法人和其他组织合法权益,切实明确外国人才在职业资格方面的权利、义务。同时,研究制定职业资格认可、双边多边互认范围,探索外国人职业负面清单制度。

三是积极推进职业领域的国际合作交流。第一,要加强与联合国、国际劳工组织、联合国教科文组织、世界贸易组织等国际组织,在职业框架、职业分类、职业标准、职业教育培训等方面的国际合作。第二,要加强与职业领域、专业资格等相关国际机制、国际组织、非政府组织之间的合作交流,参与有关与职业相关的全球治理,制定开发国际公认或通用职业资格的能力、素质标准,开发采取国际先进评价手段、认证程序,建立健全职业资格质量保证体系。第三,充分利用"一带一路"、RCEP双边或者多边机制,借鉴和依托"亚投行""丝路基金"模式,吸引开展有关国家共同开发,共同建设职业资格框架、标准,探索建立专业化、开放式职业资格、资历框架的"丝路标准""丝路模式"。要以"一带一路"、RCEP有关国家为突破口,加强政府、专业团体、行业协会、高校、科研机构有关经济、文化、教育、科技等方面的交流,促进对有关各方尤其是国家层面的沟通与交流,扩大信息储备,增进对彼此职业资格制度、管理及其经济社会背景的深刻理解,增强相互信任。

(2) 加大自贸新片区试验

依托新片区改革契机,争取国家有关部门支持,推动自贸区新片区发挥自身优势和特长,以自贸区新片区为试验基地,开展地方试验。第一,以"一带一路"、RCEP等机制为突破口,在自贸区新片区加快职业资格互认试点,先期在专业服务等领域开展试点基础上,不断扩大互认范围。第二,引入技术类职业或者专业的国际组织、非政府组织、专业团体,积极统筹协调、共同制定专业技术资格和职业能力水平评价标准,在新片区有条件开放部分国际职业资格、职业认证培训。

2. 建立海外人才从业自由的分类体系

一是非规制性职业。非规制性职业是只要获得入境和工作许可,即可从事,无需受到管制的职业。

二是认证类职业。与职业许可不同,职业认证更加侧重向社会、用人单位、消费者提供从业者专业技能,由于不同用人主体获取信息的需求是多样化、多层次的,因此,职业认证的标准是多层的,既有民间的标准,也有行业组织的标准,还有作为第三方认证团体的标准。在这里,国家对职业认证的公共职能,要从对职业资格的直接管理转向对职业资格的间接管理,即职业资格主管部门、行业主管部门不直接设立职业认证,不开展职业认证评价、考试等活动,主要负责明确职业分类,制定和颁布职业国家标准,明确职业认证设立的范围、限度及其标准,规范职业认证的秩序。在自贸区新片区,与国际协同创新相关的专业技术类水平类职业资格,主要包括通信、计算机技术与软件、认证、工程咨询(投资)、会计、资产评估师、经济、审计、税务师、统计、银行业、证券期货业、认证、翻译等领域。

三是准入类职业。准入类职业,主要指依据伤害程度、伤害可能性、伤害的可补救程度等影响因素,对人民生命财产将会产生一定威胁的、需要进行规制的类型。在新片区与国际协同创新相关,列入国家职业资格目录的相关职业,主要包括:第一,知识生产、创新实践领域,如教师、医生、执业药师、出入境检疫处理人员、兽医、注册消防工程师、民用核安全设备无损检验人员、民用核设施操纵人员、注册核安全工程师、注册计量师、注册安全工程师、注册设备监理师、特种设备检验、检测人员。第二,创新服务领域,如法律职业、中国委托公证人(香港、澳门)、注册会计师、拍卖师、专利代理人。

四是禁止类职业。禁止类职业指涉及危及政治安全、国土安全、军事安全、经济安全、文化安全、社会安全、科技安全、网络安全、生态安全、资源安全、核安全、海外利益安全、生物安全、太空安全、极地安全、深海安全,禁止外国人进入的职业。

表7-7 海外人才从业自由的分类体系

	非规制性职业	规制性职业		禁止类职业
		职业资格（水平类）	职业资格（准入类）	
知识生产基础研究、应用研究、成果转化、产业化	基础研究、应用研究	通信、计算机技术与软件、认证、	教师、兽医、医生、执业药师、出入境检疫处理人员、注册消防工程师、民用核安全设备无损检验人员、民用核设施操纵人员、注册核安全工程师、注册计量师、注册安全工程师、注册设备监理师、特种设备检验、检测人员	政治安全、国土安全、军事安全、经济安全、文化安全、社会安全、科技安全、网络安全、生态安全、资源安全、核安全、海外利益安全、生物安全、太空安全、极地安全、深海安全
知识服务		工程咨询（投资）会计资产评估师经济审计税务师统计银行业证券期货业认证翻译	法律职业中国委托公证人(香港、澳门)注册会计师拍卖师专利代理人	
知识管理	企业家、职业经理			

3. 健全海外人才职业开放体系

基于服务贸易自由化"自然人流动"(Mode IV)深化外国人工作许可制度,明确职业负面清单制度,明确从业自由范围、类型、程度,建立职业资格认可制度，创新学历、职业资格相互认证制度，与相关国家、区域、国际组织开展职业资格互认交流合作。

（1）非规制性职业的从业自由政策

一是加大非规制性工作岗位开放力度。积极吸引和培育研发中介、技术转移、创业孵化、知识产权、技术经纪、咨询、会展、教育培训等现代服务业人才。建立标准统一、程序规范的外国人来华工作许可制度，制定高效合理、科学反映市场需求的外国人才评价办法。对取得永久居留资格的外籍人才，在自贸区新片区内开展担任新型科研机构法定代表人的制度试点。在新片区国有企事业单位中高级管理岗位、新型研发机构开展特设岗位试点，面向海外人才开放。在新片区内开展聘请专业性强的海外人才担任聘任制公务员、法定机构聘任制工作人员。争取国家及有关部门支持，支持外籍高层次人才领衔承担国家及本市科技计划、高新技术产业项目、创业支持项目。探索符合国际惯例的外籍雇员管理方式，采用年薪制、项目工资、协议工资等多种薪酬分配方式。开展符合知识能力要求、从事重点领域基础研究、应用研究的因私或学习签证持有者转化工作签证试点。给予高科技领域工作签证持有者离职后18个月高新技术领域工作宽限期或调整期。开展持工作签证海外高科技人才在创新领域兼职、在职创业试点，允许持工作签证海外高科技人才享有国内人才在科技创新领域离职创业同等待遇。

二是加大非规制性岗位向外国留学生开放力度。参考发达国家和地区的积极放开、组合措施、平衡本外、渐进改革、弥补紧缺、永居导向等经验，放宽外国留学生在华就业条件，以市场调节为关键手段，不损害中国公民劳动权为政策底线，外国留学生、外籍毕业生、境外高校外国学生为主体，就业、创业、勤工助学为核心、辅助、铺垫的措施，完善外国留学生创业出入境政策措施，促进在华高校外国留学生、境外高校外国学生在华创业。落实外国留学生勤工助学法律规定，为就业和创业积累经验。吸引资助科技创新领域研究生来新片区游学研修、见习实习。争取国家支持，面向重点学科、重点领域学习、实习的优秀海外留学生，探索学习签证、实习签证转工作签证试点。

三是推进国际创业领域向海外人才的开放力度。近期，在工作类、私人类、学习类签证方面，明确加注"创业"的申请对象、申请标准、投资限度、申请额度,明确政府鼓励进入的正面清单及外国人不能进入的负面清单。支持计划来上海投资或者创新创业的外国人凭投资证明或者创业计划、生活来源证明等,直接申请 S2 字签证(私人事务签证),入境后办理私人事务类居留许可。延长创业类居留许可有效期限,从 2 年(24 个月)到 30 个月,最长有效期可达到 5 年,制定创业签证、居留许可税收、劳动、投资、融资等相关配套政策和待遇,制定创业类居留许可、签证的合伙人、家属、随员的签证政策,完善创业签证与学习签证、工作签证、人才签证(R 字)、旅行签证、口岸签证之间转换办法与规范流程,支持外资企业工作的外籍人才辞职后、外国留学生毕业后继续在上海创新创业。远期探索建立创业类签证类别。同时,完善外国人才在新片区创业孵化政策,允许在新片区创业孵化器孵化创业外国人才、自由职业者在孵化期内取得报酬、享受创新创业项目扶持的市民待遇。

(2) 水平类职业的从业自由政策

加强水平类职业领域国际合作,推进与人才培养、资格互认、标准制定等方面加强合作,有序推进制定与国际接轨的职业标准化体系,引入国际公认认证考试及培训项目,开展国家职业资格认证、国际认证考试合作,探索"一试双证"或"一试多证",互认专业行业数据、标准、规范、考试、培训等,采取灵活、务实的方式,扎实推进合作。

(3) 准入类职业的从业自由政策

进一步扩大对外开放领域,制定新片区专业技术人才职业许可管理办法,设立境外职业许可执业资格目录,分类给予执业待遇。同时,优化境外准入资格注册审批程序,简化审批材料,提供执业便利。

一是直接认定。积极开展职业许可直接认可可行性研究,参与国家与相关国家双边或多边组织职业资格互认谈判,制定境外职业许可直接认定范围,对符合条件的外籍人员允许直接在新片区执业。

二是部分认定。积极争取有关部门支持,对符合条件的金融、建筑、规划、专利代理等服务领域专业人才经备案后为自贸区新片区内企业提供专业服务。对需有从业经验的职业,在自贸区新片区认可职业许可资格效用基础上,其境外学历、任职资历、技能等级、执业记录、职业信用等经雇主证明、第三方鉴定、行业协会或学术团体等社会组织核实后,可以在新片区执业,提供专业服务。对具有本地化特殊要求的职业,允许境外职业资格持有者参加境内职业许可或专业技术资格考试、专门化培训,在此基础上,在批准范围内在区内开展业务,经一定年限后经评审后可独立执业。放宽执业门槛,通过资格互认、考试互免、以训代考等特殊机制安排,推动执业便利化。允许符合条件持有准入类职业资格外籍人士在新片区提供无执业资格准入要求的相关业务。

三是临时认可。探索在国际交流、重大展会期间等特定期限内,临时或者短期入境境外职业资格持有者,在不影响本地就业机会的前提下,开放短期执业的试点。允许境外准入类职业资格持有者依托具有资质企业法人、项目提供临时性专业服务。

参考文献

1. A Schuster etc., Recognition of Qualifications and Competences of Migrants, https://xueshu.baidu.com/usercenter/paper/show?paperid=f1d4cd6ceb725b56164423a85ea22-d8f&site=xueshu_se, 2013.
2. Directive 2005/36/Ec of The European Parliament and of The Council of 7 September 2005, on the recognition of professional qualifications, https://eur-lex.europa.eu/eli/dir/2005/36/oj, 2005.
3. Voced, National qualifications framework developments in Europe: anniversary edition, https://xueshu.baidu.com/usercenter/paper/show?paperid=5ca4040d9b9fc048-ded2f195a1545292&site=xueshu_se, 2015.
4. Madeleine Sumptio, Demetrios G. Papademetriou, Sarah Flamm, *Skilled immigrant in the global economy: prospects for international cooperation on recognition of foreign qualification*, https://xueshu.baidu.com/usercenter/paper/show?paperid=951fdf4de3133a3a69835952e40a1669&site=xueshu_se, 2013.

第八章
人力资源服务业：
引领驱动国际大都市人才发展的赋能力量*

人才是引领创新驱动发展的引领力量，创新驱动实质上是人才驱动。建设具有全球影响力的科技创新中心，实施更加积极的人才政策，建立更加灵活的人才管理制度，优化人才创新创业环境，要充分发挥市场在人才资源配置中的决定性作用，更好发挥政府作用。人力资源服务业是为劳动者就业和职业发展，为用人单位管理和开发人力资源提供相关服务的专门行业，是充分发挥市场配置作用的关键基础之一。大力发展人力资源服务业，促进人力资源服务市场化、国际化、专业化、信息化、法治化发展，推动人力资源市场与资本、技术、信息等要素市场的有效融合，有利于提高人才配置效率，激发人才创新创造活力，加快建成具有全球影响力的科技创新中心。

一、全球科技创新中心建设对人力资源服务业发展的要求

（一）全球科技创新中心的内涵及其特征

1. 全球科技创新中心的内涵

从历史的维度看，人类社会经历了18世纪的工业革命、19世纪的电气革命、20世纪的新技术革命等三次科技革命，先后出现了英国、德国、美国三个世界经济中心和科技中心，这些科技中心在一定时期内引领全球。在经济全

---

* 上海市人力资源和社会保障局委托课题"人力资源服务业支持服务具有全球影响力科技创新中心建设"部分成果。

化发展加速、创新驱动日益成为引领发展新动力的背景下,全球科技创新呈现新的特征,一方面,创新呈现多极化的特征,单极的全球科技中心已经无法满足全球经济发展需求,各国基于自身资源禀赋、发展战略,加大创新实践,创新增长极不断在全球涌现,进而呈现出由多节点、多中心组成的全球创新网络。另一方面,全球科技创新呈现出非均衡的特点。与美国学者托马斯·弗里德曼"世界是平的"观点不同,美国著名学者理查德·佛罗里达看来,世界变平仅仅是世界变革的复杂图景之一;从国际经济版图发展来看,世界非但不是平的,而且变得日益锐化(spiky),经济增长日益集聚在拥有受过良好教育、能够自由流动、充满创造性人才的全球商业中心。鉴于对创新过程至关重要的隐性知识,具有黏滞性和情景依赖性的显著特征,地理空间之于创新的重要性日益明显,全球科技创新也日益出现集群化、集中化的倾向,即在全球科技创新网络中出现了地理空间接近、核心作用集中的若干重要节点。

我国学者王德禄认为,作为全球科技创新中心的硅谷,能够在长时间保持旺盛的创新活力,主要是由于其独特的发展模式适应了创新经济发展的要求,这包括:源源不断的创业和宽容失败的文化使得硅谷一直保持创新活力;科学合理、适宜创新的体制机制为硅谷企业创新发展提供保证;集聚各方创新资源和发达的区域创新网络为硅谷注入创新活力。[1]郭洪认为,全球创新中心应具有四个特征:第一,持续地产生对人类社会生产生活方式具有重大影响的原创技术;第二,持续引领新兴产业发展的潮流;第三,每3到5年就要产生一家对全球产业格局产生重大影响甚至是颠覆性影响的企业;第四,原创思想的发源地和汇聚地。很多产生重大影响的原创思想都来自硅谷。[2]知识中心是地方创新体系中知识生产、知识共享网络中的重要节点,具有高度链接性、高度的内在和外在的网络、高度的知识共享能力。知识中心的功能,一是生产知识,二是向应用网站传递知识,三是通过教育、培训转化知识。[3]中国科协王春法认为,具有全球影响力的科技创新中心是能够源

---

[1] 王德禄等:《硅谷中关村人脉网络》,清华大学出版社2012年版。
[2] 郭洪:《建设全球有影响力的科技创新中心》,《学习时报》2014年7月14日。
[3] Evers, H. D, *Knowledge hubs and knowledge clusters：Designing a knowledge architecture for development*, https://xueshu.baidu.com/usercenter/paper/show? paperid=9d86cb5a9a1f4b1b-261d494feb9fcf07&site=xueshu_se, 2008.

源不断地生产出一流科技成果、能够顺畅地转化为市场产品、对世界经济格局产生重要影响的区域;其功能在于能够创造世界一流的科技成果,能够顺畅地实现产业化,对世界经济格局产生了重大影响,在引领社会生产方式和生活方式变革进步方面走在前列;其表现为拥有一批世界一流高等院校和科研院所,产生了一批世界一流的高技术企业,推出了一批具有世界影响的高技术产品,创新和冒险已经成为城市生活的有机组成部分[1]。从上海的探索来看,具有全球影响力的科技创新中心的解释,至少包括三层意思:一是对标具有全球影响力。用全球视野思考问题、参与国际竞争,既要在尊重科技创新和科学研究规律的基础上,吸收借鉴国际上的成功经验,也要走出一条符合国情和上海实际的路子,从而不断提升上海的国际影响力和竞争力。二是聚焦科技创新,实施创新驱动发展战略。支持面向未来发展的动力,从要素驱动向创新驱动转换,把科技创新放在全市工作的突出位置,向创新要活力、要动力、要效益。三是要体现出中心城市的优势和功能。只实现自身发展不是中心,成为中心,一定要有带动作用、辐射作用,服务国家发展战略。上海必须站在国家发展全局的高度,谋划科技创新中心建设,更好地服务国家战略。[2]

我们认为,全球科技创新中心创新主体活跃、创新资源密集、创新机制灵活、创新文化发达、创新引领效应显著,是全球科技创新网络具有较强国际竞争力、具有重要影响力、引领力的节点,是全球新知识、新技术和新产品的创新策源地和产生中心之一。

2. 全球科技创新中心的特征

《全球创新城市指数》从形态上把处于全球创新网络中的节点城市进行了细分,包括五种类型:一是正在崛起的区域(upstarter),即在全球创新网络中快速发展、具有成长性的创新区域;二是具有影响力的区域(influence),即在全球创新网络的局部区域内具有竞争力、潜在影响力的非均衡化的地点;三是节点(node),在众多创新区域中具有宽泛绩效、具有重要非均衡性的区域;四是枢纽(hub),即全球范围内具有统治或重要影响力的经济和社会创

---

[1] 王春法:《王春法在上海作报告谈全球科技创新中心建设》,《科协论坛》2014年第10期。
[2] 《韩正主持召开动员会、部署推进今年市委一号调研课题》,https://news.12371.cn/2015/02/26/ARTI1424913114727278.shtml,2015-2-25。

新区域;五是轴心(Nexus),即全球创新网络中多重经济和社会创新区块的重要轴心。①其中,轴心是全球创新网络中对全球科技创新网络产生影响最甚的核心节点。从全球排名来看,硅谷所在的旧金山—圣荷西地区、纽约、伦敦、波士顿、巴黎、维也纳、慕尼黑、阿姆斯特丹、哥本哈根、西雅图是全球排名前 10 的创新轴心,上海也被视为处于"轴心"阵营的一员,但排名相对靠后,排名第 35。

3. 人才对建设全球科技创新中心的重要意义

科技创新活动全过程是一个极其复杂的科学技术与经济社会相融合的系统工程,涉及多个主体要素(如企业、大学、科研机构、中介机构和金融机构等)、多重资源要素(如知识、技术、人才、信息、资金和基础设施等)、环境要素(如市场环境、法规政策、教育基础、创新文化等)。

科技创新中心建设的要素集聚中,人才是诸要素中最基础、最核心的要素。人才是科学发现和技术发明的创始者,没有从事基础研究、应用研究的科技创新人才,就没有新知识、新方法、新途径的出现,同样,没有从事试验发展、技术设计试制的科技创新人才,就难以后续转化为生产力。还有学者认为,科创中心是一个由数量庞大的异质多主体(heterogeneous agents or actors)构成的具有网络结构和层次结构的、复杂的动态系统,涉及科研人员、教育者、发明者、工程师、生产者、管理者、投资者、服务者、消费者以及政府。②其中,包括科研人员、教育者、发明者、工程师在内的科技工作者,处于整个创新过程的前端,是创新的源头,他们的知识结构、能力素质、创新本领,决定着创新层次和水平,他们工作质量直接影响科技创新系统的效率和科技创新活动的成败。

因此,建设全球科技创新中心,是以人才的成长、发展、创造为前提的;没有人才,科技创新就缺乏基础,建设科技创新中心就会成为无本之木;没有人才优势,就不可能有创新优势、科技优势、产业优势。

(二) 建设全球科技创新中心对人才的要求

在建设全球科技创新中心过程中,涉及三个核心问题:其一,有没有

---

① 2thinknow Innovation Cities™ Program, https://www.innovation-cities.com/indexes.
② 任海英:《论技术发展中的创新与优化的关系》,《科学学研究》2012 年第 6 期。

足够和合宜的人才,即是否拥有一定的人才规模、人才结构来从事或者服务于科技创新活动?其二,从事或者服务于科技创新活动的人才有没有能力执行和推动具有全球影响力的科技创新成果的创新活动?其三,在满足规模、结构和质量等条件的基础上,从事或者服务于科技创新活动的人才是不是有意愿、有活力、有激情参与科技创新活动?因此,引领和推动全球科技创新中心建设进程中,要求我们更加突出和着力解决好有关人才"有没有""能不能""愿不愿"等三个问题,以此开展科技创新活动,产生具有全球影响力的成果和产品,推动知识技术的发展,推动经济社会的进步。

1. 人才类型的新要求

从旧金山湾区等经验来看,大凡全球科技创新中心,都是世界上人才、知识最为密集的地方,吸引了来自世界各地的企业家、大企业员工、大学师生、风险投资家等在内的各类人才。建设全球科技创新中心,必须培养和造就优秀的人才。

人才群体有四种类型:一是最能引领潮流的人才,主要包括创新、创业、创意人才。其中,创新人才是指能够创造新产品、新市场,能够创造市场、创造就业岗位的人才;创业人才是指能够具备创业观念、善于识别创业机会及其潜力,并能够将其转化为现实、开创一番新事业的人才;创意人才是指通常在文化、娱乐或者体育领域具有特殊才能的人才。二是最具有资源的人才,主要包括掌握全球资本的人才、掌握全球信息的人才、掌握全球人才资源的人才、掌握国际社会资本的人才。三是最具影响力的人才,例如卓越领导人才、业界精英、明星科学家、科技或者文化大师、超级明星等。四是最具战略潜力的人才,例如青年人才,海外留学生。

从人才的专业领域来看,要从"转方式、调结构"出发,重点加大与国际大都市建设功能定位相适应的金融、航运、贸易等重点行业和领域人才引进和开发力度;要把握实体经济发生的变革,紧扣转型升级需要,重点加大突出产业化导向的人才,在涉及领域突出"新",大部分集中于高端新型电子信息、半导体照明(LED)、新能源汽车、生物、高端装备制造、节能环保、新能源、新材料等战略性新兴产业;在掌握技术突出"高",掌握了国际领先的核心技术;在技术前景方面突出"宽",具有广泛前景、具有持续优势。

2. 人才素质能力的新要求

具有全球影响力的科技创新中心之所以能够成为全球创新策源地,很大程度上源于集聚此地的各类人才的创新创业能力。托尼·瓦格纳(Tony Wagner)在《创新者的培养:塑造改变未来世界的年轻人》(Creating Innovators: The Making of Young People Who Will Change the World)一书中指出,年轻人想要在21世纪成功,需要具备7种安身立命的能力,它们分别是:(1)批判性思维;(2)团队合作能力;(3)灵活应变和适应能力;(4)能动性和创业精神;(5)口语和书面表达能力;(6)信息获取能力;(7)求知欲和想象力。[1]瓦格纳概括了成功创新者最重要的一些基本特质:具有好奇心,习惯提出好的问题,并渴望更加深入地了解;崇尚团队合作;从倾听他人并向他人学习开始,特别是当其他人拥有跟自己不一样的观点与不同专业能力的时候;协调运作的能力或是整合思考的能力。倾向采取行动,勇于尝试。[2]

(三)建设全球科技创新中心对人力资源服务业发展的新要求

人力资源服务业在城市发展特别是建设全球科技创新中心中扮演日益重要的角色。人力资源服务的基本功能在于通过实现人才资源的优化配置,满足用人单位在发展中对知识智力的需要。通过促进人力资源价值的充分展现,推动各项经济社会事业的全面发展。就性质而言,人力资源服务业本身是现代服务业的重要表现形式,同时,也是先进制造业和其他类型的现代服务业的润滑剂和催化剂,对提升企业的核心竞争力,具有重要的价值。在建设全球科技创新中心进程中,需要在全球范围内更大程度、更宽领域、更快效率地配置、使用、开发和管理各类人才,必须有强大的、具有国际竞争力的人力资源服务业作为支撑。

1. 全:面向全部的人

从创新的构成来看,创新人才涉及的不是一个种类的人才,尤其不仅仅是研发人员,而是各种人才角色的综合。正如《弗拉斯卡蒂手册》指出的,研发只是创新过程的一个步骤。创新还包括研发以外的一系列活动,例如开发后期的试生产、生产和销售、新颖性较低的开发活动、为产品创新进行的

---

[1][2] Tony wagner, *Creating Innovators: The Making of Young People Who Will Change the World*, US: Robert A. Compton, 2012.

培训和营销准备等支撑性活动,以及新营销方法或新组织方法的开发和实施活动。有学者认为,创新过程是一个由数量庞大的异质多主体(heterogeneous agents or actors)构成的具有网络结构和层次结构的、复杂的动态系统;涉及可验证者、教育者、发明者、工程师、生产者、管理者、投资者、服务者、消费者以及政府。[①]就相涉的人群而言,创新需要各种人才群体各司其职、各尽其能的参与,因此,创新人才的外延,应是一个复合群体,而非单质的人群。就创新的过程而言,涉及基础研究、应用开发、生产、销售、市场需要,或者创新构思、研发、设计、制造、市场销售,抑或产品创新、工艺创新、产业组织的衍化。因此终身教育首先要着眼于全球科技创新中心的要求,遵循创新相关涉群体的特点,从过去聚焦某一群体,转向到面向创新过程的全部的人。

在诸多环节相关的创新人才至少有以下几个部分:一是组织的创建者,例如创办企业的领导人,或者能顺应内外环境变化,推动创新开辟新领域、新疆域的企业负责人。因此要围绕适应全球科技创新中心建设对发展新兴产业巨人的需要,重点聚焦选拔一批新能源、新材料、生物技术和新医药、节能环保、软件和服务外包、物联网等战略性新兴产业领域以及高新技术企业、创新型企业等企业主要负责人,加大终身教育的培养力度,开拓企业经营管理、资本运作、自主创新等知识能力。

二是具体从事某项业务的研究开发人员,这些业务可以是技术的,也可以是服务的或者商业模式的。在技术领域,研发人员往往是科学家、工程师。要加大企业科技创新人才的培训力度,聚焦战略性新兴产业、未来产业、涉及民生改善的科技领域,加大对从事新产品、新技术、新工艺研发的企业科技人才培养力度,鼓励科技创新人才围绕重点领域、优先主题、重大专项,强化能力建设,提高研究与试验开发、关键技术攻关、产业化的本领,提高自主创新能力和核心竞争能力。

三是为创新成果应用(新产品、新技术、新工艺等)提供支撑、保障的相关人员。例如,经营管理者,生产者、制造者、销售人员以及相关职能部门的人员,市场推广人员。因此要完善终身教育服务体系,增强终身教育服务供给,强化相关人员的专业能力、职业素养,着力提升职业经理人管理运营、资

---

① 任海英:《论技术发展中的创新与优化的关系》,《科学学研究》2012 年第 6 期。

本运作、品牌运作、团队运作和资源掌控能力,培养战略思维、责任意识、风险意识。

2. 全:面向人才发展的全部

终身教育服务全球科技创新中心,要围绕人才发展的全部展开,提供浓厚的学习氛围、多样化的学习策略,使人才掌握多重知识能力尤其是掌握基础知识(foundational literacy)的能力,即在日常生活中必须学会使用的核心能力,包括:一是技术创新能力,例如数字经营能力、运用虚拟技术工作的能力、理解信息技术软件和系统的能力、数据设计的能力、运用社交媒体和 web 2.0 的能力。二是灵活思维的能力,例如用多种情景思考和准备的能力、处理复杂和模糊事情的能力、有效管理矛盾和平衡反对意见的能力、从宏观视野考虑问题的能力。三是人际交往和沟通能力,例如共同创造和头脑风暴的能力、与他人建立关系的能力、团队建设(包括建立虚拟团队)的能力、合作的能力、口头和文字表达的能力。四是全球运作能力,包括管理多元员工的能力、理解国际市场的能力、在海外不同地点工作的能力、外语的能力、文化敏感性等方面。

3. 全:面向创新创业的全过程

从创新的过程看,创新的过程包括基础研究、应用研究、试验开发、投资的过程,从成果形式可以分为发现新知识、发明计划蓝图、原型、创新等过程。Berghah 等人认为,创新过程可以分为创意、更新、执行、开发、采用;从社会背景来分,涉及组织、企业、客户、社会制度、雇员、开发人员等;从创新的内涵来看,主要包括技术创新、理念创新、发明创新、创造力、市场;从创新的本质来看,涉及新颖、改善、变革;从创新的类型来看,可以包括产品创新、服务创新、过程创新、技术创新;从创新的目的来看,推进产品更新,实现产品的差异化和竞争力。[1]

一般而言,从创新到企业形成与成长的过程为:主要创新、企业形成、企业成长。也有从资本需求的角度,将创业划分为种子期、初创期、发展早期、扩张期。全球创业论坛(GEM)认为,创业分为概念形成阶段、创办企业阶段、持续发展阶段。创业者一般分为:潜在创业者、新创者、新企业的所有者

---

[1] Berghah et al.(2009).

第八章　人力资源服务业:引领驱动国际大都市人才发展的赋能力量

机构	研究机构与企业	企业		
活动	基础研究	应用研究	试验开发	投资
成果	发现新知识	发明、计划、蓝图	原型	创新
阶段	研发			商品化

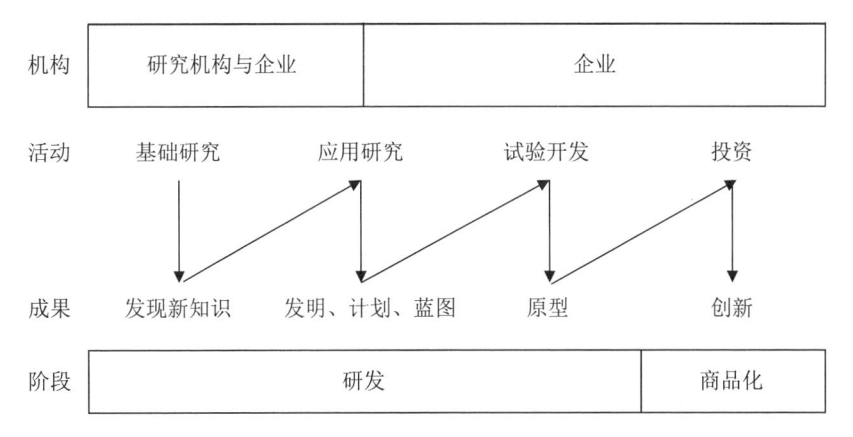

图 8-1　创新过程

资料来源:C. Greenhalgh and M. Rogers, *Innovation*, *Intellectual Property and Economic Growth*, Princeton University Press, 2010, p.97。

和经营者、企业持续发展的所有者和经营者。其中,潜在创业者在概念形成阶段之前。新创者、新企业的所有者和经营者处在公司创建阶段,也称为创业早期阶段(total early entrepreneurship activity, TEA),时间一般从开始创业之后的3.5年以内,其中一部分因创业失败退出,另一部分则继续生产发展。①

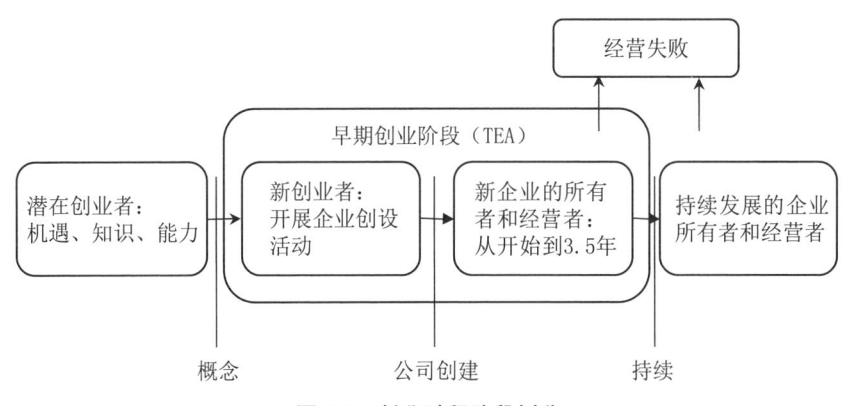

图 8-2　创业过程阶段划分

资料来源:Donna J. Kelley, Niels Bosma, JoséErnesto Amorós, 2011, *GLOBAL ENTREPRENEURSHIP MONITOR*:*2010 Global Report*。

---

① Donna J. Kelley, Niels Bosma, José Ernesto Amorós, *GLOBAL ENTREPRENEURSHIP MONITOR*:*2010 Global Report*, https://www.taodocs.com/p-50317468.html, 2011.

从创业过程看,创业的不同时期,资源需求和能力要求有所不同。从资金的角度看,资金的需求随着创业阶段的发展,呈现"先高后低"的特点。其中,在筹创阶段和创办企业的破茧期,对资金的需求最为突出,资金为最急需的资源;在创业早期的试水期(第一笔订单出现前)以及初现成效(首笔贷款前)等阶段,资金需求下降。当创办企业获得首笔贷款后,企业进入持续发展阶段,逐渐步入正轨,资金的矛盾日益缓解。从管理经验的角度看,管理经验的需求随创业阶段的发展,呈现"先低后高"的特点,其中,在新创企业出现首笔贷款之前,创业对管理经验的需求处于较低水平,企业步入正轨之后,以技术、产品或者创意见长的留学人员面临日益突出的企业管理问题,需要及时地加以调整。

人力资源服务业作为全球科技创新中心建设的支撑,必须贯穿创新创业全过程,按照创新创业不同阶段不同重点及其对创新创业人才能力、素质的要求,提供不同的教育内容。例如,在创新的研发阶段,要推动产学研合作,着重研发人员的素质培养,提高基础研究、应用开发研究的能力;在商品化阶段,要加大研发人员、技能人才的能力建设。又如,在创业初期,要强化创业人才的创业机会识别、创业定位、战略决策、资源整合等方面本领的教育;创业中期,要强化项目管理、团队建设、市场开拓、管理经验等方面知识和能力教育;进入成熟期,则需要强化组织变革、人力资源管理等方面的能力训练。

二、人力资源服务支撑全球科技创新中心建设的总体思路与对策建议

(一) 战略定位

人才是根本,创新是引擎,资源是基础,变革是核心。把握"四个中心"建设和具有全球影响力的科技创新中心建设契机,抓住现代服务业综合改革试点的机遇,牢牢把握世界科技进步大方向、全球产业变革大趋势、集聚人才大举措,主动对接上海自贸试验区和张江自主创新区,明确人力资源服务业的作用、功能、发展方向,充分发挥人力资源服务业在支撑服务全球科技创新中心建设中的独特作用,促进科技创新,驱动创新发展,服务企业发

展,激发人才活力,推动从"人力资源服务1.0"向"人力资源服务2.0"转变,即从关注一般人力资源转向聚焦吸引、集聚创新创业人才、青年人才、新业态新模式人才等,从关注人力资源开发内在需求转向聚焦人才创新创业全流程诉求,从关注人力资源服务自身需求转向人力资源服务与金融服务、科技服务、专业服务有效结合,从关注传统产业园区、城市产业综合体转向打造人才创新创业生态圈,通过创新人才发展政策,推动人才项目引进,优化人才发展环境,推动人力资源服务业发展,为具有全球影响力的科技创新中心建设提供坚实的人才支持和智力保证。

(二) 功能定位

新:着眼新产业、新业态、新技术和新模式,依托产业平台、产业联盟和产业基地,大力发展新兴产业,重点聚焦发展金融、航运、专业服务等优势服务产业,积极培育和引进有影响力、带动力的新业态新模式企业。

高:聚焦高层次人才、海外人才、海外留学归国人员、国家级海外引进专家、国内优秀人才,围绕高端人才需求,吸引和集聚掌握核心技术、具有先进理念、为未来提供创意、提供高附加值、能够占据全球价值链高端的优秀人才,打通全球创意、资本、技术、信息高度交流通道,调配全球一流创新资源。

活:着眼多元活力,建立多元开放空间,塑造充满活力氛围,增加面对面的交流;创造宜人的公共休闲环境和多样的商务交流空间,建造有活力的多样化的区域,打造国际化工作、生活、交流平台,最大可能激发人才创新创业创造活力。

融:打破本地人才、本土人才、国内人才、海外人才之间的界限,用智慧化、市场化和国际化资源,推动人才与科技、金融融合,促进人才与项目、团队融合,加大人才与产业、园区融合,关注企业与资源、企业与企业、企业与政府的互通、互动、互促和生态圈的自我更新、驱动,促进人才成长成才、企业的发展壮大和区域经济的转型升级

(三) 基本原则

坚持深化改革。充分利用综合配套改革试点优势,充分发挥市场在资源要素配置中的决定性作用。完善政府服务体系,推进人才激励、科技金融、市场拓展、工商登记、信用体系等改革,更好发挥政府引导、企业主体和市场决定"三力合一"的作用。

坚持产业引领。坚持推进战略招商、产业链招商，围绕人力资源重点产业，加大总部型、领袖型企业引进力度，推动产业链创新和延伸。注重对不同类别、不同模式、不同阶段企业发展规律与特征的研究，通过规划引导、园区承载、项目带动、政策扶持、服务优化，打造特色优势新兴产业集群，努力形成全球产业链制高点，进一步构筑现代产业体系。

坚持创新驱动。加快建设创新载体，吸纳创新要素，集聚创新资源，做强创新主体，加大创新投入，提升自主创新能力。积极支持鼓励原始创新、集成创新和引进消化吸收再创新，培育一批核心创新团队，催生一批突破性创新成果，实现一大批创新成果产业化。坚持将科技、人才、资金等资源优势转化为创新优势、产业优势和发展优势，依托创新不断培育新的增长点，不断增强核心技术、关键技术攻关能力。

坚持产城融合。加快平台建设，完善城市功能配套，提升城市环境，以城市现代化进一步集聚高端产业资源，实现生产与生活、商务与商业、生态与文化融合发展，打造宜居宜业、安居乐业的现代化、国际化园区。

（四）拓展服务对象，以人才链打通创新链、产业链、价值链

抓住建设具有全球影响力的科技创新中心契机，拓展人力资源服务的内涵，延长人力资源服务的产业链，围绕科技创新、产业发展聚焦各类人才，围绕人才成长发展过程，布局服务，激发各个创新主体的积极性，形成整体合力，打通创新链、产业链、价值链。

1. 进一步拓展人力资源服务产业的服务对象

一要集聚创新创业创意人才，充分发挥创新创业人才作为科技创新的探路者、先行者的作用。其中，要特别关注塑造小微企业、青年群体和"四新"经济成功发展的路径。二是集聚优秀企业家。弘扬企业家精神，充分发挥企业家、创业者的核心作用，让他们发现、捕捉商机，组织资源，执行和实现新的组合，开辟市场，在承担市场风险的同时获取相应的红利。三是聚焦风投、创投，充分发挥投资者探索产业发展方向，评估和支持人才、项目、团队的作用。四是聚焦金融、会计、律师等专业服务人才，充分发挥其作用，更好为创新创业人才提供专业服务，提高创新创业效益。

2. 进一步拓展人力资源服务产业服务层次

一是 C 级人才。处于职业发展后期的高级经营管理人员，主要包括高

级经理、总监、首席执行官(CEO)等，充分利用他们的丰富经验，推动提升企业经营管理和战略决策水平，引入先进管理理念，创造商业模式。二是 PM 人才。处于职业发展中期、具有经验的专业人才(professionals)和经营管理人才(managers)，通过他们引入先进的知识、技术和理念，提升本地的实力和竞争优势。三是 Y 级人才，即处于职业早期、拥有学位或专业资格的青年人才，要有效吸引、欢迎和留住需要的青年人才，他们决定着城市的创新创业活力，也决定了全球城市及其对人才的吸引力。

(五) 做强服务产业：推进产业化、专业化、全球化、智能化

1. 推进产业化发展

从产业发展的视角看，有效支撑全球科技创新中心的人力资源服务产业化发展，至少应该包括产业结构政策、产业组织政策、产业空间政策等三个方面。

(1) 产业结构政策

使产业结构合理化是产业结构政策的突出方面。产业结构合理化，是指产业与产业之间协调能力的加强和关联水平的提高，主要是建立再生产过程的比例关系，促进国民经济各产业间的协调发展，使各产业发展与整个国民经济发展相适应。推动人力资源服务的产业结构合理化，适应建设全球科技创新中心的要求，需要着重加强以下三方面的工作：

一是进一步提升人力资源服务产业综合实力和国际竞争力，进一步集聚和培养人力资源服务机构，进一步扩大人力资源服务产业规模，使人力资源服务产业成为新兴产业、支柱产业、基础产业，促进用人单位和人才的协调发展，充分发挥人力资源服务产业在整体经济发展中的独特作用。做大做强人力资源服务产业，一方面，要突出"高大上"，即坚持高端引领，继续大力引进国内外知名、专业化程度高、高端服务能力强的人力资源服务机构和高端项目，继续培育和支持若干集团化、规模化、品牌化运作的人力资源服务领军企业，培育人力资源服务产业"顶天立地"的企业集团，发挥龙头机构的示范带动作用；另一方面，也要关注"小青新"，即运用财税、金融、办公用房、创新扶持资金、政府采购等政策，精心培育中小人力资源服务机构、培育新近成长的机构，以及培育扶持从事人力资源领域新技术、新业态、新模式、新流程研发和应用的机构，通过引入社会资本以独资、合资、收购、参股、联

营等多种形式,通过建立人力资源服务中小企业孵化基地,通过支持个人和社会组织创办中小人力资源服务机构同等享受科技型中小企业、创新创业人才相关政策,扶持培育人力资源服务产业"铺天盖地"的企业发展,形成多层次、多元化的人力资源服务企业集群。

二是进一步加强人力资源服务与相关产业的协调发展、融合发展,特别是要聚焦人才链、创新链、产业链,促进人力资源服务业与建设全球科技创新中心密切相关的智能制造、科技、金融、信息、研发、知识产权、法律、会计等产业领域的融合,形成更优的服务产业结构,更好地发挥有效作用。

三是进一步加快人力资源服务产业内部的结构优化,根据全球科技创新中心建设的要求,根据用人单位、人才个体以及创新创业发展过程的各种需求,进一步丰富和延伸流动配置、素质提升、开发利用、测评评价、薪酬管理、权益保障等在内的人力资源服务产业链,要进一步加快人力资源服务产业内部服务产品、服务项目、服务结构的调整,运用产业政策、技术先进型服务企业及国家服务外包示范城市有关政策,引导和支持鼓励人力资源服务机构开展人力资源管理咨询、人力资源外包、素质测评、人力资源培训、高级人才寻访、人力资源信息网络服务等高端服务发展,着力加强创新创业急需的服务内容,逐步淘汰落后服务产能。

(2) 产业组织政策

一是完善治理结构。按照现代企业制度、企业法人治理结构,建立产权清晰、权责明确、政企分开、管理科学的企业制度,完善人力资源服务机构企业组织形式,提升经营水平、管理绩效,为人才和用人单位提供多样化、品牌化、个性化、专业化的优质服务,确立自己的市场地位。积极发展混合所有制经济,推动国有人力资源服务企业股份制改革和战略性重组,支持民办非企业单位开展人力资源服务业务,支持众创空间、科技服务机构在开展创新创业服务的同时拓展和提供人力资源服务。支持符合条件的服务企业进入境内外资本市场上市融资,不断调整和完善人力资源服务企业所有制结构,大力发展国有资本、集体资本、非公有资本等参股的混合所有制经济,推进投资主体和产权多元化,提升产业实力,激发产业活力。

二是放宽市场准入门槛。除法律法规规章和国务院决定另有规定外,取消人力资源服务企业的公司注册资本实缴登记制,实行认缴登记制。研究简化对有一定实力、社会信誉好的人力资源服务机构设立分支机构审批办法,逐步推行属地注册、备案登记制度。

三是完善市场监管。探索建立集中统一的市场监管综合执法体系,开展市场监管体系改革试点,强化部门间协调配合。创新人力资源服务领域企业登记制度,变"先证后照"为"先照后证",变企业年检制度为年度报告制度,变注册资本实缴制为认缴制,推进工商注册制度便利化。加强事中、事后监管,对有违规行为的市场主体实施"黑名单"及公示制度。强化人力资源服务机构诚信制度建设,注重运用信息公示和共享等手段,公示企业登记备案、年度报告、资质资格等信用信息系统。

(3) 产业空间政策

一是深化产业园建设。加强资源整合,建立健全人力资源服务产业园发展体制机制和政策措施,探索多样化人力资源服务产业园区发展模式,进一步发挥中国(上海)人力资源服务产业园区实体运作平台作用,发挥人力资源服务机构培育、孵化、展示、交易功能。搭建政府、社会、市场三方良性互动机制,组织开展园区企业服务,评选人力资源服务创新产品,开展人力资源服务企业与重点行业对接,强化企业联谊。丰富人力资源服务业产业内涵,聚焦和关注人才创新创业领域,延伸人力资源产业链条,发挥人力资源服务业的优势,促进人力资源服务业和科技、金融、专业服务业相互融合发展。以优惠政策吸引机构入驻,促进行业集聚发展、创新发展。围绕全面创新改革试验区、中国(上海)自由贸易试验区、张江国家自主创新示范区,鼓励张江、自贸区、临港等重要区域,通过功能叠加,运用租金减免、贷款贴息、政府优先购买公共服务等,建立人力资源服务街区、基地等集聚区,努力形成资源共享、信息互通、优势互补、错位发展的业态,推动人力资源服务业集约发展,推动人力资源服务更好服务于全球科技创新中心。

二是鼓励总部经济、楼宇经济和涉外经济。坚持招商引资与招人聚才相结合,推进战略招商、产业链招商,围绕人力资源、金融服务、软件信息、检测认证、文化创意等重点产业,加大总部型、领袖型企业引进力度。加大政策优惠力度,对新引进并经认定的企业总部,按其注册资本可给予补助;购建自用商业办公用房的,按办公部分建筑面积给予补助;租赁自用办公用房,给予房屋租金补助。对经认定的楼宇,给予楼宇业主或管理团队招商奖

励,对税收上规模楼宇给予一次性奖励

2. 推进专业化发展

(1) 内容创新

一是设立人力资源服务创新研究资助项目,引导人力资源服务机构聚焦全球科技创新中心建设,针对市场需求,鼓励人力资源服务企业设立研发机构,加大研发投入,加快服务创新、技术创新、产品创新,积极开发具有自主知识产权、符合企业差异需求、具有国际竞争力的项目,提高人力资源服务技术含量,夯实基础市场,积极赢取高端客户,在竞争中形成明显的比较优势。二是依托重点企业、重点机构、重点园区,建立国家级人力资源服务产品研发中心,搭建人力资源服务创新平台,支持重点企业在人才测评、高级人才寻访、网络招聘、薪酬外包、弹性福利、人力资源流程外包等中高端服务领域开展新产品研发、测试、推介。三是推动人力资源服务企业与有条件的高等院校、研发机构、各类产业园区、中介机构之间的产学研合作,设立博士后科研工作站或博士后创新实践基地,推动人力资源服务理论、商业模式、新技术等方面的研究和应用。四是运用加计扣除政策、高新技术产业政策、知识产权政策,支持人力资源企业开展服务创新,人力资源服务企业为开发新技术、新产品发生的可纳入企业所得税税前加计扣除的研究开发费用,未形成无形资产计入当期损益的,在按照规定据实扣除的基础上,按研究开发费用的150%加计扣除;发放人力资源服务"创新券",鼓励用人单位通过人力资源服务企业引进高端急需紧缺人才和购买专业化的人力资源服务。

(2) 标准品牌建设

一是加快人力资源服务业标准化建设。建立健全与国家标准、行业标准相配套,与国际化标准相衔接的地方标准体系,依托行业协会,依据人力资源产业发展,加速人力资源服务机构服务产品、服务行为、服务程序等标准的制定、实施与推广进程,形成更加规范的行业标准。鼓励重点机构、重点企业自主制定企业标准、服务规范,积极参与,负责地方标准的制(修)订、实施与推广工作,对列入国家和本市服务业标准计划的人力资源服务业标准化项目,给予一定奖励。

二是大力支持人力资源服务机构开展自主品牌建设。鼓励企业注册和使用自主人力资源服务商标,带动人力资源服务品牌推广。利用上交会、博览会等展览展示、研讨交流和项目推介活动,加大本市人力资源服务机构品牌宣传推介力度,着力打造一批具有国际影响力的服务品牌。加大品牌创建工作奖励力度,对新获得驰名商标的,给予奖励。

(3) 能力专业

一要加快人力资源服务业领军人才和团队建设,遴选一批具有全球视野、战略思维的领军人才和执行团队,提高核心竞争力。二是推动人力资源服务能力提升计划,开展一批人力资源服务行业高级管理人才和专业人才知识更新计划,加快培养人力资源服务从业人员素质能力,大力提升从业人员专业化、职业化水平,实现从业人员思维方式、服务方式的国际化。

3. 推进全球化发展

(1) 进一步加大吸引力度

改善商务环境,积极吸引国际知名人力资源服务机构,对入驻的人力资源服务跨国公司总部、大集团、大公司,给予工商登记、资金管理、出入境、购租办公用房补贴等方面相关优惠政策。

(2) 培育具有国际竞争力的本土企业

培育龙头企业,打造国际品牌,加快培育国际竞争力。鼓励现有企业通过兼并、收购、重组、联盟等方式,建立一批实力雄厚、影响力大、具有国际竞争力的人力资源服务企业集团。促进人力资源服务业龙头企业规模化、网络化、品牌化经营,积极培育一批规划合理、功能完善、特色鲜明、发展强劲的区域品牌,形成以品牌引领的优势产业群。

(3) 鼓励"走出去"

抓住服务贸易全球发展的机遇,鼓励国内人力资源服务机构承接国际服务外包业务,建立支持国内人力资源服务企业"走出去"的服务平台,积极为企业创造财税、人才、信息服务、银行信贷、出入境管理等优惠、便利,支持有条件的人力资源服务企业跨国经营,完善国际品牌营销与高质量服务体系,打造国际品牌。

(4) 积极开展国际合作

推动人力资源服务机构与国外同业机构进行多种形式的合作,鼓励国内人力资源服务企业与国外同行形成战略联盟,引进国际先进的人力资源服务理念、服务项目、服务技术、服务标准和管理模式,推动人力资源服务离岸外包业务和国际交流业务的发展,提高人力资源服务业的服务水平和产业能级。

4. 推进智能化发展

人力资源服务行业正在经历一场以"互联网+"为核心的技术改进。要充分利用互联网、云计算、大数据等新技术,打造"互联网＋人力资本＋人力资源服务"的一体化服务平台,实现人力资源服务业态模式创新、人力资源管理和服务技术平台创新、人力资源服务行业跨界创新、人力资源服务产业与资本融合。

(1) 推进人力资源服务信息化进程

鼓励企业研制开发多重专业高效的人力资源管理软件,代替传统操作模式,提高服务能力,进一步推进人力资源服务业务管理的科学化、信息化水平,提高服务效率和效益,实现主要业务的整合贯通,实现管理的整体信息化。加强技术集成和服务模式创新,鼓励开展云计算和软件运营服务,促进人力资源服务产业技术升级。建设人力资源信息公共服务平台,推动云计算、大数据、"互联网+"等信息技术在人力资源服务行业运用,加快人力资源市场管理服务信息化建设,搭建人力资源市场统一的申报、许可、备案、监督、查询验证等信息化管理综合服务平台。

(2) 推进人力资源服务大数据建设计划

加强顶层设计和统筹规划,明确共享范围边界和使用方式,厘清数据管理及共享的义务和权利,依托政府数据统一共享交换平台,大力推进人才基础数据资源、信息系统跨部门、跨区域共享。加快建设政府人才数据统一开放平台、数据中心等基础设施的建设力度,支持企业开展基于大数据的第三方数据分析发掘服务、技术外包服务和知识流程外包服务。建立市场化的人才数据应用机制,在保障公平竞争的前提下,支持社会资本参与公共服务建设。鼓励政府与企业、社会机构开展合作,通过政府采购、服务外包、社会众包等多种方式,依托专业企业,建立人才大数据中心,开展政府大数据应用,积极开发大数据技术,挖掘人才资源价值,为人才开发、人才引进、绩效评估、动态跟踪提供科学服务。建立人力资源服务大数据应用机制,定期发布人才统计公报,编制人才供求目录,建立人力资源供求信息发布制度。建立人力资源市场预测监测机制,加强市场动态监控系统建设,监控人力资源流向。健全人才大数据安全保障体系,强化安全支撑,建立数据安全监测、预警通报、控制和应急处理机制。

(六) 出台一批重点领域支持政策

1. 财政支持政策

(1) 设立人力资源服务业发展专项资金

全面落实建设具有全球影响力的科技创新中心相关政策,每年从财政支出中安排不低于一定比例设立人力资源服务产业扶持资金,重点吸引总部型、实力强的国内外知名服务业企业入驻,引进国内外知名人力资源服务机构,加快人力资源服务网站和数据库等服务平台建设,研究制定人力资源服务业标准(规范),扶持和奖励人力资源服务企业。加大就业保障资金对人力资源服务业支持力度,对正在实施的高校毕业生见习、职业介绍、创业带动就业公共就业创业服务项目,给予一定补助。

(2) 鼓励园区设立园区人力资源服务企业创业扶持政策

对来园区入驻创业、创业孵化,市场潜力大,能够引领和带动产业发展的海内外优秀人才及其团队,经评审后的项目,给予产业发展资金、股权投资资金、银行贷款贴息、办公场所补贴等相关优惠政策。对创业启动项目经培育孵化成熟后,给予项目奖励。同时对社会引才、产业联盟、会展参展、平台建设等方面给予系列配套扶持。

(3) 相应配套各级各类项目资助

大力鼓励人力资源服务企业自主创新,积极支持企业申报国家和市级创新项目。鼓励区级财政对企业申报国家级、市级的重大研发、产业化、技术改造等各类项目,按所申报项目的配套要求,均及时予以相应支持。

(4) 完善政府公共服务采购机制

建立健全政府向社会力量购买人力资源服务制度,研究制定政府购买人力资源服务指导目录,完善政府购买人力资源服务办法。在就业创业指导、就业援助、职业指导、职业介绍、用工调剂、职业培训、人力资源社会保障事务代理、流动人员人事档案管理等基本公共服务,以及高级人才寻访招聘、人才测评、人力资源管理咨询、劳务派遣等方面加大政府购买服务力度。鼓励大型企事业单位购买专业人力资源服务。加强政府购买服务考核评估。

(5) 实施鼓励人力资源服务企业发展的税收政策

鼓励人力资源服务企业申报高新技术企业,被认定为高新技术企业的,减按15%的税率征收企业所得税。国务院批准的中国服务外包示范城市内的人力资源服务企业,符合现行税收政策规定的技术先进型服务企业条件的,经认定后,可按规定享受税收优惠政策。全面落实支持小型微型企业税费优惠政策,对符合条件的小型微型人力资源服务企业减征企业所得税和免征教育费附加、地方教育附加、水利建设基金、文化事业建设费。

2. 投融资支持

(1) 间接融资

积极搭建政府引导、市场运作、企业和社会组织参与的人力资源服务产业发展金融支持平台。符合创业担保贷款政策自主创办人力资源服务机构的,给予创业担保贷款贴息扶持。鼓励和引导金融机构加大对人力资源服务机构和重点服务项目的信贷投入,并在国家允许的贷款利率浮动幅度内给予一定的利率优惠。借鉴中关村经验,探索人力资源服务企业服务协议抵押贷款。

(2) 直接融资

支持人力资源服务机构利用资本市场进行直接融资,多渠道筹措发展资金。加强金融机构与人力资源服务机构之间的对接,鼓励各类创业风险投资机构进入人力资源服务业,促进中小人力资源服务机构的发展。支持人力资源服务机构与天使资金、创业投资、股权投资机构合作,创新投融资服务。引导各类创业风险投资机构和信用担保机构进入人力资源服务领域,支持人力资源服务企业上市或发行企业债券融资。对投资人力资源服务机构的企业,可享受《关于金融服务创新支持上海科技创新中心建设的实施意见》的相关待遇。支持鼓励小微人力资源服务企业在国内主板、"新三板"和股权交易中心挂牌交易和融资。鼓励和培育有条件的人力资源服务企业作为重点上市后备企业,加强企业上市辅导。

3. 企业发展支持政策

一是重点产业发展导向。编制产业目录,引导和重点人才向重点产业、优势领域聚集、创业、发展。二是高新技术企业认定。适当放宽高新技术企业认定条件,允许注册满半年不满一年的新创企业参加高新技术企业认定,可享受除税收优惠外人才、金融支持、项目申请等优惠。三是知识产权政策,完善职务发明制度,积极开展知识产权质押试点,进一步加大知识产权执法力度。

参考文献

[1] 肖林:《结构性改革与创新驱动发展·上海建设全球影响力科技创新中心:2015—2016年上海发展报告》,格致出版社、上海人民出版社2016年版。
[2] 杜德斌:《全球科技创新中心:动力与模式》,上海人民出版社2015年版。
[3] 王克良:《中国人力资源服务业发展报告(2014)》,中国人事出版社2014年版。
[4] 陈力、汪怿:《我国人力资源服务业政策法规建设研究》,中国人事出版社2012年版。
[5] 汪怿:《上海建设全球科技创新中心的人才问题——基于上海科技人员的抽样调查》,《上海经济研究》2015年第4期。
[6] 余兴安:《人力资源服务概论》,中国人事出版社2016年版。
[7] A Bay Area Council Economic Institute and Booz & Company Joint Report, *The Culture of Innovation What Makes San Francisco Bay Area Companies Different?* Mar 2012.
[8] 2thinknow Innovation Cities™ Program,https://www.innovation-cities.com/indexes,2022.
[9] Inteligência em Inovação, *Creative Urban Regeneration*:*The Case of "Innovation Hubs"* PT:Intelligent Cities,Oct 2007.

第九章
外国人才公共服务体系：
引领驱动国际大都市人才发展的新域命题[*]

萨瓦斯认为"公共服务"（Public Service）指的是由联邦、州和地方政府提供的任何公民共有的、日常生活的服务。萨瓦斯认为,公共服务的例子包括教育、警察、消防、紧急医疗服务、社会服务、邮政服务、交通、道路建设、街道铺设、街道清洁、冰雪消除、交通管制、街道照明、供水、污水收集和处理、固体废物的收集和处理、娱乐服务、图书馆和公园等。马庆钰认为,公共服务主要是指由法律授权的政府和非政府公共组织以及有关工商企业在纯粹公共物品、混合性公共物品以及特殊私人物品的生产和供给中所承担的职责。他还指出,公共服务的理性主要源于人权因素、公民与国家关系、以需求促供给的功利主义目的等三个方面。公共服务是一个系统性实践,整个系统至少包括服务的结构、服务规划、服务的融资、服务政策方案评估、服务的提供和服务质量的监督等六个环节,其中,公共服务运行结构要由总体统筹规划、特定领域实施、具体单位落实、相关工作人员常规执行,以及需求回应性处理这样五个层面。孙晓莉认为,公共服务是通过提高或创造公共产品（如水电气等具有实物形态的产品和教育、医疗等非实物形态的产品）、公共环境以满足公共需要的过程。公共服务的特点包括公共性质的相对性、公共服务消费的层次性、公共服务发展的阶段性、公共服务生产和提供要遵循论理要求。公共服务的作用包括满足人的公共需求,通过对收入分配和

---

[*] 上海市2019年度"科技创新行动计划"软科学研究领域重点项目"建立健全外国人才服务体系研究"（19692110900）部分研究成果。

再分配实现公共利益,公共服务兼具社会效益和经济效益,推动社会发展。

目前,关于公共服务体制机制的研究,主要集中在以下几个方面:第一,关于公共服务主体,即谁来提供的问题。(1)公共服务的多元主体。(2)公共服务的相关主体关系。一是政府和市场的关系,包括解决政府职责定位问题,明确政府行为的边界,发挥市场配置资源的决定性作用。二是中央政府和地方政府的关系。三是政府间财力与事权的关系。(3)公共服务体制。第二,关于公共服务的内容,即提供什么的问题?有的学者认为,公共服务主要分为三种:政权性公共服务、社会性公共服务、经营性公共服务。托雷斯基亚沃—坎波、托马西认为,政府基本公共服务一般包括普通公共服务与公共安全、社会服务(教育、健康、社保、住房、供水、文化等)、经济服务(燃油和电力、农林渔业、交通运输与通信等),以及未按大类划分的支出(如政府间转移支付)等;常修泽认为,基本公共服务应包括基本民生性服务、公共事业性服务、公益基础性服务以及公共安全性服务;有的认为,基本公共服务应包括底线生存服务、公众发展服务、基本环境服务和基本安全服务等四大领域。有的论者利用服务经济理论,从是否依赖市场机制以及是否独占服务权的角度,将社区公共服务分为四大类,即"自治型"服务、"保护型"服务、"专业型"服务以及"运营型"服务。朱光磊认为,公共服务包括核心公共服务、基本公共服务、支持性公共服务,并强调树立"发展经济是政绩,提升服务也是政绩"的新政绩观和"以公共服务限制差距、促进公平"的核心价值。[①]第三,关于公共服务的机制,即怎样提供的问题。有的研究指出,完善公共服务决策方面,要建立和完善重大行政决策调查研究制度,完善依法行政决策机制;推进行政决策的公示和听证制度,逐步建立并完善行政决策专家咨询制度,建立行政决策责任制。也有研究提出元提供机制。该机制包括:合同外包、特许经营权、服务分流、志愿者、凭单制、合作供给或共同生产等方式。

既往的研究将公共服务的对象限定在本国公民或者居民的范畴。显然,伴随着经济的发展、社会的进步、治理的发展,人们对公共服务的认识和理解、对公共服务重要性的认同、对公共服务内容的细分、对公共服务机制

---

① 朱光磊:《城市公共服务体系建设纲要——给市长们的建议》,中国经济出版社2010年版。

的建构,都在不断拓展。但问题在于,目前关于公共服务的认识,都是以针对本国公民作为前提和预设的,在此基础上衍生出诸如政府对于公共服务供给的责任、公共服务的机制、公共服务的品质等一系列问题。近年来,来华、来沪工作生活学习、创业就业的外国人越来越多,他们能否以及如何获得相应的公共服务是一个比较突出的问题。面对经济日益全球化、人员流动日益频繁、城市中外国人比例日益增多的情况下,如何让外国人尤其是对城市发展具有重要价值的外国人才获得公共服务,这一直是理论和实际层面共同需要面对的一个问题。

一、外国人才公共服务体系建设的新要求

(一)构建外国人公共服务体系的必要性

外国人能不能获取城市政府提供的公共服务?其背后是城市公众能否接受其给予外国人一部分公共服务资源的问题。在资源有限甚至是局限的时候,这意味着本地居民或者公民要切一块蛋糕给外国人享受公共服务的权利。有一种观点认为,基于外国人的特殊性,认为外国人不应使用本地的公共服务,外国人在使用公共服务的时候挤占或者滥用东道国居民的公共服务资源,因此,如需使用本地公共服务,应给予补偿。例如,科威特因为每年用于水电等公共服务费用的补贴多达60亿美元中本国人只享受到20亿美元,而外国人享受了40亿美元的费用,因此,通过立法向外国人收取更高的公共服务费。英国的相关研究指出,外国人的进入会带来公共服务的额外支出。例如,警察局要面对上百种语言,翻译费同从2002—2003年度的22万英镑到2006—2007年度的80万英镑。[①]正因如此,英国首相卡梅伦执政期间,曾拟向移民收取公共服务费,以避免公共服务遭外国人滥用。显然,在这种理念下,对接受外国人的东道国而言,外国人是额外的,其使用公共服务会造成公共服务及其提供者政府的额外负担。

事实上,这是一种相对狭隘的观点,没有认识到获取基本的公共服务是

---

① The Changing Demography of Cambridgeshire, Implications for Policing, Sep 2007 and BBC News Online, Sep 2007.

外国人本身的合法权利和权益之一,没有认识到境内外国人同样也是本地公共资源的创造者,没有认识到向外国人特别是海外人才提供公共服务,有利于城市竞争、有利于城市管理与服务。建立外国人公共服务体系,就其必要性而言,主要体现以下四个方面:

首先,获取在地国基本公共服务是外国人合法权利之一,向外国人提供必要的公共服务是政府职责的应有之义。特别是伴随外国人来华工作、学习、生活日渐增多,其需求已经有一定规模,不及时向外国人提供必要的公共产品、公共服务,会直接影响外国人在华的生存与发展。因此,政府在依据自身需求,允许外国人入境、居留之时,就应该确定给予一定公共服务的范围、方式和渠道。

其次,合法入境、在华工作、生活、学习的外国人,并不是公共资源的"挤占者",无论是在境内工作,还是学习、生活的外国人,同样为所在国创造现实和潜在的经济社会价值,同样也是公共资源重要的创造者,甚至在某些情况下,外国人因其专有的技术、管理、经验、人力资本或者因其特有的人际网络、社会资本或者海外资源,成为更有效推动在地国经济社会发展、高效创造公共资源的重要来源。作为公共资源、公共产品的重要创造者之一,外国人理应获得与其贡献相称的公共资源、公共服务。

再次,从城市竞争的角度看,全球的竞争越来越系于城市与城市之间的竞争,城市与城市之间的竞争越来越系于全球人才、资本、技术、信息等关键要素的集聚、配置。全球人才的流动与集聚,越来越系于一流的营商环境和发展生态。外国人公共服务体系是营造一流营商环境的重要组成部分。面对全球经济发展新变革、全球创新发展新突破、全球人才流动新趋势,持续吸引一流人才、高端项目、优秀企业,很大程度上体现的是公共资源与公共服务以及在此基础上建构的环境优势。能不能提供丰富的公共服务内容,能不能拓展便捷的公共服务方式,能不能提升优质的公共服务质量,是吸引、留住外国人的重要方面,也是城市与城市之间比拼的重要方面。

最后,从城市管理的角度来看,城市管理中对外国人的管理是其中一个非常重要的部分,城市管理既要避免引入外国人之后可能存在的非安全因素,同时也要做好引入或者允许进来的外国人的服务工作。通过公共服务,满足需求,寓管理于服务之中,把公共服务做到位了,管理才有基础,才能相互接近,才能搞好管理。简单的管理是"硬"的措施,但硬管理背后还需要软服务,甚至很多管理要通过服务的方式去渗透、去影响。因此,建立面向外国人的公共服务体系,在满足外国人服务需求的同时,对强化外国人管理方面有着不可替代的重要作用。

(二) 外国人才公共服务的前期基础

1. 国家层面的要求

在向外国人提供什么样的公共服务方面,国家外国专家局、教育部、住房和城乡建设部、国家卫生和计划生育委员会《关于开展外国高端人才服务一卡通试点工作的通知》做出了一些新的探索。该通知要求在天津市、上海市、宁夏回族自治区、杭州市、济南市、深圳市以及广东、福建自由贸易试验区开展外国高端人才服务"一卡通"试点工作,建立外国高端人才安居保障、子女入学和医疗保健服务通道,提供优质公共服务,优化外国高端人才在华工作生活环境,进一步完善外国人来华工作许可制度,推进创新驱动发展战略和大众创业万众创新深入实施。从"一卡通"试点来看,这里涉及的公共服务是以人才安居保障、子女就学、医疗保健服务等三方面为重点,努力覆盖金融、通信、交通、保险等社会服务领域。其中,人才安居保障主要包括商品房购房资格、人才公寓建设和租售、公积金贷款买房等方面内容;子女教育主要包括基础教育阶段的招生入学政策、简化入学审批手续等方面内容;医疗保健主要包括享受预约和导医等公立医院就医绿色通道服务、扶持外资医院提供国际化医疗服务等方面内容。同时,依托外国人来华工作管理服务系统搭建服务平台,将《外国人工作许可证》(A 类)作为外国高端人才的身份证明,可享受全国统一实施的优惠政策和公共服务。试点地区根据本地经济财政水平、引进高端人才数量等因素进行综合分析和研究,自行确定持卡人员中享受地方财政补贴、地方特殊优惠政策和公共服务的人员范围。

2. 上海地方的探索

2016 年 1 月,自贸区保税区管理局和市公安局自贸区分局在市人社局、市公安出入境管理局、市外专局的大力支持下,在自贸区保税区域首创海外人才证件业务单一窗口,形成了外国专家证、海外人才就业证、海外人才工作居留许可"一口受理、一并发证"的新模式,被业界和社会称为海外人才单一窗口"1.0版本"。2017年11月,在市商务委、市侨办、上海出入境检验检疫局和市外专局等职能部门的支持指导、相互协作下,将海外人才证件业务单一窗口升级为全国首家海外人才服务单一窗口,即海外人才单一窗口"2.0版本",引入更多职能部门、服务项目融入,为自贸试验区海外人才提供更多一流的服务。

2018年,自贸区再次升级海外人才服务单一窗口,实现"3.0版本",主要有以下特点:第一,自动审批、容缺受理。将原来保税区域内海外人才工作许可、居留许可、境外健康报告验证等一环扣一环、一环等一环的串联工作模式,转变为一口受理、一站式联动审批的工作模式,同时,引入"容缺受理",即对主件材料齐全的,先行受理预审办理,只需申办人在相应时间内补齐容缺材料再核发许可证。通过这种方式,近期可实现企业和海外人才7天内从办结两证增加到办结三证,远期还可以在尽可能短的时间内获批更多证件。第二,线上平台,智慧共享。海外人才单一窗口3.0版本,打造线上与线下相结合的互联网+服务平台。该窗口建立了首家境外健康报告网上受理和审核系统,与保健中心现有的APP、网站、HIS系统等三方数据对接,打造入境人员境外健康报告审核、传输、反馈及后续处置功能联动平台,实现出入境人员境外健康报告网上受理和审核的前置化操作和动态化管理。建立了打破政府服务人员和服务资源的地域空间的局限,使政府将更多服务通过互联网远程集中到一个区域,形成由点及面的服务效应,让企业少跑腿,让信息多跑路。第三,整体融合,创优办公。3.0版本提出"一张大表"的理念,将各部门需要的各种信息汇聚到一个表格中,同时,还开启审批进度全流程公开查询功能,推动政府内部审批信息即时共享,这样简化了企业重复填报的信息,提升了办事透明度和便利度,加快了部门间互动交流方式,真正意义上推动"单一窗口"内相关部门更加紧密融为一个整体,实现由物理组合向化学反应的转变。

经过多年持续的创新,新升级的海外人才单一窗口3.0版运作理念更新,业务办理更快,服务品质更好,流程整合更优,有利于更多海外人才获得便利的服务、充分的流动,有利于企业减少办事时间和成本,为自贸区吸引和集聚更多的优秀人才奠定重要基础,为浦东新区加快"放管服"改革、优化政府服务、当好"排头兵中的排头兵,先行者中的先行者"奠定重要基础,为上海厚植人才优势、打响"四大品牌"、创造世界一流的营商环境,加快建设"五个中心"和卓越的全球城市奠定重要基础。同时,也是在适应党和国家机构改革、形成新的海外人才管理体制背景下,为各地健全和优化海外人才服务体系提供了可复制、可推广的上海经验。

根据《中国(上海)自由贸易试验区临港新片区管理办法》,2020年上海市科学技术委员会(上海市外国专家局)充分对接临港新片区外国人才引进需求,以高科技领域的外国人才为重点,赋予临港新片区更大的引进外国人才自主权和便利度。进一步为外国人才提供优质服务。支持临港新片区开展区内外国人才社会融入服务,组织举办外国人才岗前培训、法律咨询、文化交流等融入活动,畅通区内外国人才办理国内信用卡渠道,争取打造外国人才服务港湾,为区内外国人才提供内容丰富、精准精细的服务。

二、外国人才公共服务体系的主要问题

在向外国人特别是外国高端人才提供公共服务方面,2017年国家外国专家局曾会同有关部门印发《关于开展外国高端人才服务一卡通试点工作的通知》,在天津、上海、宁夏、杭州、济南、深圳及广东、福建自贸区等地,就面向外国高端人才的公共服务,开展"一卡通"试点工作,为他们提供安居保障、子女入学和医疗保健等公共服务,并向金融、通信、交通、保险等社会服务领域拓展,旨在为外国高端人才在华工作生活提供良好的环境。[①]从一定意义说,这是我国外国人才公共服务体系建设的重要标志,把外国人才公共服务问题提上了议事日程。但客观而言,基于对北京、上海、广东以及相关城市的政策实践的梳理,可以发现,我国在外国人才公共服务体系建设方面总体上还处于起步阶段,尚有不少亟待完善的空间,概括起来主要集中在以下三个问题:

(一)对外国人才公共服务必要性缺乏广泛认识

关于外国人才公共服务的认识还缺乏广泛性。如对外国人才公共服务

---

① 国家外国专家局、教育部、住房和城乡建设部、国家卫生和计划生育委员会:《关于开展外国高端人才服务"一卡通"试点工作的通知》(外专发〔2017〕223号)。

的必要性缺乏充分的认识;对外国人可否以及如何获得公共服务的权利缺乏必要理论分析和支持,对外国人才公共服务供给和生产方面的责任缺乏充分的认识;对外国人取得何种意义的公共服务及其限度也缺乏必要的分析;对外国人提供服务的性质缺少明确的界定,对哪些属于公共服务、哪些不属于公共服务缺乏系统的分类,以至于对外国人才公共服务认识和理解还处在粗浅的阶段,对于外国人的公共服务还处在自发的状态,这与日益增多的外国人数量、日益多样的外国人需求、日益激烈的外国人才竞争格局、日益提高的"来的了、用得好、待得住、流得动"的工作要求不相适应。

(二)对外国人才公共服务内容缺乏总体概括、系统梳理

一方面,对外国人的公共服务,多数集中在居留、签证、出入境等相关事务方面,而缺乏对外国人从入境到出境,包括居留、签证、工作、创业、生活、学习等全过程的公共服务需求,缺乏系统分析和梳理,进而对提供公共服务的内容、范围缺乏整体把握和具体设计。另一方面,对不同类型、不同层次外国人的不同类型公共服务需求缺少分类,对处于不同发展阶段的外国人具有不同特征的公共服务需求也缺少有效的把握,进而对外国人的公共服务类型、层次、重点等方面缺少系统的安排。

(三)对外国人才公共服务机制缺乏必要设计

一是外国人才公共服务体制"散"的问题。面向外国人的公共服务,涉及面广、涉及部门多、波及国际影响程度深。总体而言,目前缺少一个关于外国人才公共服务的体制机制,缺乏一个明确的外国人才公共服务宏观管理、重大决策、整体规划、监管规范的牵头部门。与此同时,与外国人相关的涉外部门在公共服务提供方面的职责、角色、分工也不明晰。一些不直接主管涉外事务,但承担公共服务职责的部门对外国人才公共服务方面的职责也缺乏必要的规定。因此,牵头部门、责任部门、相关部门的相互协调机制、议事规则亟待建立健全规范。

二是外国人才公共服务机制"慢"的问题。一方面,政府对外国人才公共服务的职责缺乏必要的规定,另一方面,缺少对专业机构、志愿团体、企业承担公共服务的设计,不能使包括外国人在内的各种服务对象更加公平、便捷、高效地获取公共服务产品,公共服务产品的内容不能适应外国人日益多样、变化的公共服务需求。

三是外国人才公共服务载体平台"少"的问题。一方面，缺少专门化的外国人才公共服务平台，国家层面缺少整体性、示范性、引领性的服务平台，地方层面面向外国人的综合性公共服务物理载体也亟待建立健全。同时，外国人才公共服务站点也亟待向园区、楼宇延伸。

四是外国人才公共服务的法律法规建设"缺"的问题，相关法律法规的建立、制度建设等方面比较滞后，难以给予外国人才公共服务发展提供必要的支撑、规范和保障。

三、外国人才公共服务体系的国际经验

从国际经验看，建立外国人公共服务体系，向外国人提供一定的公共服务内容，创建一定的公共服务载体，是国际大都市发展进程中的重要趋势。这对于我们完善外国人才公共服务体系具有裨益。

（一）纽约市政府向外国人提供的公共服务

纽约公布市长"第41号行政命令"，旨在促进移民及所有纽约居民享受服务、福利和各种计划的权利。该命令鼓励包括无证移民在内所有的移民，寻求他们应该享受的政府服务、福利和计划。根据移民的类型，纽约市给予不同移民相应的福利和服务。就类型而言，主要包括特定类型移民的福利和服务以及任何身份的移民（包括无证移民在内）的福利和服务两种。针对特定类型移民，该行政命令规定政府须询问移民的身份以确定其资格，对如公共卫生、安全及教育服务则可提供给具有任何身份的移民（包括无证移民在内）。

总体来说，移民可享受以下福利和服务：

1. 语言服务

使用语言服务的权利。不擅长说或读英语的人都有权利要求包括学校、医疗诊所和社会服务办公室等政府机构翻译或解释信息。政府机构必须依法提供非英语的语言服务。纽约第73号地方法律还规定人力资源管理局、健康与心理卫生局、儿童服务管理局、游民服务局等四大主要的市府卫生和人类服务机构，应适当提供某些语言服务，包括翻译和口译等。

2. 公共福利

一是面向所有人的（包括无证移民）的公共福利。包括：19岁以下的孩

子可以参加州儿童健康保险计划（SCHIP）；紧急医疗，包括救护车服务；产前保健资助（PCAP）为孕妇提供的产前护理；家庭暴力咨询；疫苗接种；艾滋病毒 HIV 检测和咨询；应急避难场所；中毒控制热线；提供餐点服务；儿童福利和寄养服务；公立学校教育；学校早餐午餐计划；老人局的老人服务和老人中心计划；消费事务局保护消费者抵制欺诈消费；人权委员会保护人们受到歧视；公园局及其设施和服务；公共图书馆的服务和特别活动；公共交通；寻求警察保护；消防保障；由健康和心理卫生局作为紧急措施实施机构而提供的相关服务。

二是具有一定法律身份的移民的公共福利：社会安全生活补助金（Supplemental Security Income，SSI），即现金福利提供给低收入老人（65 岁及以上），残障人士；粮食券，即优惠券与电子福利转账（Electronic Benefits Transfer，EBT）卡形式的一种现金福利，用以帮助低收入家庭购买食物；现金补助，纽约市一项对符合条件的低收入家庭给予现金补助的计划，帮助贫困家庭能够自立；公共房屋，是政府拥有的住房，可提供给某些低收入的家庭和个人；联邦第八章房屋条款补助券，用来帮助一个家庭只支付部分租金的一项福利，只有某些低收入家庭有资格领取联邦第八章房屋条款补助券，并且只有某些业主可以接受联邦第八章房屋条款补助券；非紧急医疗补助计划（Medicaid）。

三是纽约市民卡。2014 年，纽约市通过一项法律，规定不论其移民身份如何，所有年满 14 周岁的纽约市民，都可申请纽约市民卡（IDNYC），用于获取市政府各种计划和服务、进入市政府建筑（包括学校）、寻求纽约市警察的帮助、在某些金融机构开立支票账户以及获取其他福利。除此以外，纽约市民卡还包括其他福利：独家享有各种娱乐设施的折扣，如电影票、百老汇演出、体育节目及主题公园等；25—61 岁的成年人办理纽约市公园娱乐中心（NYC Parks Recreation Center）会员时可享受 10% 的折扣，并可使用纽约市公园局（NYC Parks Department）的网球设施；凡参加 22 个基督教青年会（YMCA）中心的家庭成员都可享受 20% 的折扣；可在所有纽约运动俱乐部（New York Sports Club）中免费试用 30 天，并由专业培训师进行免费健康评估；每周一至周五上午 7 点到下午 7 点，凡在纽约市食品商场（Food Bazaar）超市购物均可享受 5% 的折扣；办理纽约通行卡（New York Pass）可享有25%的折扣。持有此卡可在全市范围内通行,并可游览纽约83个旅游景点;可在纽约市多家金融机构开户;可免费一年浏览全市33家文化机构,其中包括博物馆、表演艺术中心、音乐厅、植物园以及动物园。

3. 医疗保健

在医疗保健方面,除了对非紧急的医疗补助(Medicaid)需要持有合法的移民身份以外,多数移民有资格申请政府医疗保险计划,包括:医疗补助计划:为各年龄段低收入人士;儿童加健计划(Child Health Plus),18岁以下青少年都能申请;家庭加健计划(Family Health Plus),19—64岁成人都能申请;孕期医疗补助计划(Prenatal Care Assistance Program,PCAP),孕妇都能申请;计划生育福利计划(Family Planning Benefit Program,FPBP),计划生育者都能申请;计划生育延展计划(Family Planning Extension Program,FPEP),计划生育者都能申请;紧急医疗补助计划(Medicaid),用于紧急急救;艾滋病药品补助计划(ADAP),HIV呈阳性者都能申请治疗。

4. 教育

一是关于外国人受教育权利问题。在纽约市,外国人子女具有普遍的受教育权利。纽约市规定,在纽约市生活的5岁至21岁的孩子,无论其移民身份如何,都有权接受公立学校在幼儿园到高中阶段教育,直至高中毕业。每一个孩子从5岁起都有权上幼儿园。通常得根据学生的年级和住家离学校的距离,幼儿园到6年级的学生享有免费巴士服务的资格。同时,在公立学校许多学生可以获得免费或减价的午餐。符合一定收入条件的家长可为2个月至12岁的儿童获得儿童日托服务。在接受高等教育方面,纽约市规定,任何人无论其移民身份如何都可以申请上大学。除外国签证的国际学生,纽约州公立大学不要求申请人提供关于其移民身份的信息。对无移民身份的学生而言,虽然没有享受大多数州或联邦的财政援助计划的资格,但申请私人奖学金和贷款,如纽约州学费援助计划(TAP)、纽约州兼职学习援助(APTS)、佩尔国家援助赠款(Pcll Grants)、联邦补充教育机会补助金(FSEOG)、帕金斯贷款、斯塔福德贷款、本科学生家长贷款(PLUS)、联邦工作学习资格等。

二是学校面向外国人提供特色的服务。在纽约,正在学习英语的学生会要求并有权接受双语教育,英语为第二语言(English as a Second Language,

ESL)的课程或其他课程。需要学习这些课程的学生统称为"英语学习者"(English Language Learner，ELL)。纽约市规定每个公立学校都应该提供(ESL)课程。如果一个学校在儿童的语言课程中同时有双语教育类课程和ESL课程，家长也有权为孩子在双语课程和(ESL)课程之间做出选择。

三是家长参与孩子教育的方式。在纽约，家长可以有很多方式参与其子女的学校活动及其学习。例如，家长可以跟其子女的任课老师和学校管理人员定期交流，可与学校的家长专员进行交流，以此帮助解决家长所关心的问题并提供援助。此外，家长还可以参加家长会(PA)、家长教师协会(PTA)、学校领导小组、社区教育议会(CECs)、纽约市教育议会、社区委员会、教育政策座谈小组(PEP)等机制参与学生的教育。

5. 劳工权利

在纽约，外国人或移民享有包括最低时薪、加班工薪、现行工资和福利、职业安全、劳工工伤赔偿、家庭与医疗休假法案(FMLA)、失业保险、获得就业援助或获得工作培训等在内的移民劳工权利。一是在最低时薪方面，所有劳工，不论其移民身份如何，都有权得到与实际工作相应的报酬，并且必须享有最低时薪的待遇。对以小费为主要收入来源的工人，纽约劳工局还为他们提供赚取小费的进一步指导和帮助。二是在加班工薪方面，纽约市规定，当某一工人一个星期工作超过40小时时，雇主须在超额部分支付每小时1.5倍的薪资。三是在现行工资和福利方面，工人通过承包商或分包商参与公共工程项目或根据与政府(联邦、州、市)签订的服务合同从事工作，有权获得法律规定的现行工资数额和各项福利。四是在避免受歧视方面，法律禁止雇主的各种歧视，包括种族、肤色、性别(包括怀孕)、年龄、残疾、国籍(包括出生地、血统、文化或语言)、公民身份、宗教信仰、性取向和其他方面的歧视。受到歧视的劳工有权针对其雇主提出投诉。雇用单位不得对提出投诉的劳工进行打击报复或采取不良行动。针对外国劳工，雇主应在开始工作的几天内确保雇员有适当的工作证明，并只要求对某些移民文件进行检查。雇主不得因为雇员或申请者的国籍，或因为他们的外观或声音像"外国人"而检查他们的文件。同时，除非会给雇主带来过度的困难，雇主必须合理接受员工或未来员工的宗教信仰(例如，有时允许他们在一个圣日里不工作)。五是关于职业安全，劳工有在健康与安全的工作场所工作的权利。

劳工有权了解任何关于雇主在他们工作中有可能使他们接触到有毒化学品或噪声危险的信息。劳工也有权利了解任何雇主所有关于他们的医疗记录。劳工可以针对危险的工作条件向他们的雇主提出投诉。六是在劳工工伤赔偿方面，在纽约，无论是合法或是无证的移民劳工，都有资格获得因工伤补偿的权利。七是家庭与医疗休假法案。劳工受雇于在75英里范围内至少有50名员工的雇主至少1年，并为同一个雇主至少在过去的一年里工作1 250小时后，如有一个孩子出生或收养一个子女，或照顾孩子或有严重健康状况的家庭成员或雇员本身有严重健康状况时，该雇员可能有资格申请每年无薪休假达12个星期（假期可以是间断的）。

6. 小型企业

一是设立面向外国小企业的服务机构。这些机构主要有：纽约市商业解决方案中心（NYC Business Solution Centers）。纽约小型企业服务局（NYC Department of Small Business Services，SBS）在每一个行政区都设立了纽约市商业解决方案中心，为小企业提供服务，其服务包括：商务课程及商业规划知识、律师合同合规性审查的志愿服务、政策法规指导、融资介绍、招聘协助、少数族裔/妇女的企业认证书、培训资助、企业搬迁资助等；商业外展中心（Business Outreach Centers，BOCs）。小企业还能在分布在整个纽约市的商业外展中心寻求帮助，包括：企业启动/扩张、获得融资、企业发展计划、管理和法律援助、牌照及许可证咨询、产品定价等。此外，针对难民与受庇护者、古巴和海地入境者、从越南赴美的某些美亚混血儿，商业外展中心（BOCs）还提供特殊的难民微型项目，这些项目可以帮助符合条件的难民和受庇护者在纽约市发展小型企业，为难民和受庇护者提供短期和长期的创业培训，一对一业务辅导，给予高达15 000美元的贷款。第三，拉瓜迪亚小型企业发展中心，该中心帮助小型企业制定业务计划、融资，确保执照合法及遵守法规、出口货物和服务。

二是设立支持小型企业发展的相关计划。包括：纽约认证计划（NYC Certification Programs），该项目旨在为少数族裔和妇女经营的企业以及小型弱势企业提供服务，以促进纽约市采购过程中的公平和平等。认证的企业可更方便地通过课程、网络活动以及针对性征集获取或了解业务机会；少数族裔和妇女经营的企业发展计划（Minority and Women-owned Business

Enterprise，M/WBE Program），此计划针对的企业需由指定少数族裔（非洲裔、西班牙裔及亚裔）或女性美国公民或永久居民持有51%以上股份并对其进行掌管及经营；新兴企业发展计划（Emerging Business Enterprise，EBE Program），此计划针对社会地位低或经济困难的企业所有人。申请人必须证明自己始终被美国主流社会排斥，并且这种排斥导致了其社会地位低下且经济困难；本地企业发展计划（Locally-based Business Enterprise，LBE Program），此计划对企业的要求之一是需要企业25%以上的业务在纽约市经济落后的地区运营，或者其25%以上的雇员属于经济困难人士。上述计划，由纽约小型企业服务部（The NYC Department of Small Business Services）对计划的所有参与者进行认证。

7. 消费者及财务权利

在开立银行账户方面，有些银行会接受报税证明卡号（Individual Taxpayer Identification Number，ITIN），或其他安全通行的身份证，如护照或者领事身份证明等，为外国人开立银行账户。在申领贷款及使用信用卡方面，很多银行、信用合作社和其他一些贷款机构接受报税证明卡号（ITIN）来发行信用卡和提供个人、商业及按揭贷款。同时，银行、信用合作社和其他贷款机构还会将贷款信息和借款人的偿还信息报告给信用报告机构。

此外，纽约市政府建立了财务授权中心（Financial Empowerment Centers），面向纽约市全体居民开放，主要包括提供财务管理和预算、财务策划、信用和债务咨询、帮助与贷款机构打交道、低收费的银行业务、提供政府福利咨询、推荐其他服务和机构等服务，来帮助低收入家庭达到金融稳定。[①]

(二) 日本东京、京都向外国人提供的公共服务

1. 外国人就业服务

在日本东京、京都等地外国人可以通过公共职业安定所寻找工作。公共职业安定所为在日本有就劳资格并希望在日本就职的外国人提供职业咨询、雇人信息、职业介绍等各项服务。全国主要的市、町、村的约600所公共

[①] ［美］斯考特·斯静格：《移民权利和服务手册》，https://comptroller.nyc.gov/wp-content/uploads/documents/Immigrant-Manual-2018-Chinese_fv.pdf，2018。

职业安定所通过计算机联网,在任何一个公共职业安定所都可看到全国的雇人信息。外国人就业,可就近到公共职业安定所寻找工作信息。此外,日本全国的公共职业安定所有些还设有配备翻译员的"外国人职业介绍服务台",东京和大阪还开设了"外国人雇用职业介绍服务中心",日语表达不自如的外国人利用"外国人职业介绍服务台"寻找工作。

日本的劳动基本法、最低工资法、劳动安全卫生法、工伤补偿保险法等也基本上适用于在日工作的外国人。根据劳动基本法的规定,雇用方须将劳动条件相关的主要事项通过书面形式交与受雇方。劳动合同包括有关劳动合同期限的事项、工作场所、工作内容、工作开始和结束的时间、是否有超过规定工作时间的工作、休息时间、节假日、休假、轮班等相关事项薪水的确定、计算和支付方法以及期限、支付时期等,以及有关辞职的事项(包括解雇的原因)。

劳动保险分为"工伤补偿保险"(以下称"工伤保险")和"雇佣保险"两种。一是工伤保险。从业人员在工作中或者上下班途中遭遇到生病、受伤、死亡等不幸时,向本人或家属支付保险金。雇用一个人以上从业人员的业主有义务加入工伤保险。二是雇佣保险。为了在就业人员失业时帮助其寻找新的工作或支撑在找到新工作之前的生活所支付的必要保险金,也称为失业补助。领取者须符合失业前两年间有 12 个月以上(每个月 11 天以上)加入雇佣保险,以及有再就业意愿并在可工作状态等条件方可领取。

2. 怀孕、生育、教育服务

外国人在日期间怀孕,需怀孕登记,并向区市町村政府领取该母子健康手册。公益财团法人母子卫生研究会提供有日语和外语记载的双语母子手册,包括英语、韩语、汉语、越南语、泰国语、他加禄语、葡萄牙语、印度尼西亚语、西班牙语 9 种语言。株式会社母子保健事业团提供英语等外语语种的母子健康手册。如孩子在日本出生,无论父母双方是何国籍,出生日在内的 14 天内须向所在地的区市町村政府提交出生登记。

在日本,外国人可以根据自己的意愿进入地区的公立小学和初中就学。在一些公立小学、初中、高中还开设专门面向外国人和归国子女的班级制度。外国人申请就读中小学时必须提交外国人就学申请。16 岁以上住在东京都内或者在东京都内就业的人士，无论国籍，可入学公立中学的夜校。

3. 税金

无论是在日本居住的外国人还是短暂来日非长住的外国人，只要在日本国内通过工作取得收入，均须缴纳税金。所征收的税被广泛使用在福利、医疗、公共事业、教育、警察、消防等各方面。

在日本，税金包括国税和地方税两种。第一，国税即上缴给国家的税。国税还可细分直接税和间接税，其中，直接税包括所得税、继承税、赠与税，间接税包括消费税、酒税、印花税、汽车重量税、关税等。第二，地方税是向所居住的都道府县以及区市町村缴纳的税。其中，都税有普通税，包括：市民税（个人），针对于居住在东京都的个人，按人均额和收入比例等征税；事业税（个人），向经营企业的个人针对收入金额征收的税；地方消费税，对消费税（国税）相同交易征收的税金；不动产所得税，因购买或是接受赠与获得土地和房产时须缴纳的税金，无论登记与否均须缴纳；汽车税，向汽车所有人征收的税；汽车购置税，购置汽车时须缴纳的税；汽油交易税，汽油交易时，针对领取的汽油量征收的税。区市町村税，包括：区市町村税居民税（个人），个人所居住的区市町村征收的税，按人均额和收入比例征税；固定资产税，对土地、建筑物、事业用的资产（折旧资产）征收的税金；轻型汽车税，针对轻型汽车和摩托车的所有人征收的税；城市规划税，针对城市街道化区域内的土地和建筑物征收的税；国民健康保险税，又称国民健康保险费征收，向国民健康保险的受保者户主征收的税。

4. 养老保险

所谓年金（即是养老金）分为国民年金和厚生年金两种。一是国民年金。包括外籍人员在内，凡居住在日本的20—60岁的所有人，都必须加入国民年金。日本国民养老金，即所有居住在日本国内的人可领取"基础养老金"，另有"残疾基础养老金""遗属基础养老金""高龄基础养老金"三类。其中，"残疾基础养老金"发放给符合"因病或因伤成为残疾人"特定条件的人士。"遗属基础养老金"是在缴纳者死亡时发放给符合特定条件的有孩子的配偶或孩子。"高龄基础养老金"原则上是65岁开始可领取。日本规定，对加入国民养老金并满足下列条件的外国人在回国时可领取"一次性退出金"，包括：无日本国籍、在日无固定住所、加入国民养老金或福利养老金保险超过 6 个月以上(即缴纳了 6 个月以上的保险金)、无获取养老金包括残疾津贴的权利。

二是厚生养老金。厚生养老金主要面向在私营公司工作的人士。加入者在领取养老金的同时还可享用其他各类福利设施。加入厚生养老金的外国人在回国时也可根据相应的加入时间申请一次性退出金，领取金额最高为 36 个月份。

5. 医疗保险

日本规定，加入健康保险、船员保险、共济组合(互助工会)等的雇用劳动者以外的一般居民(包括持有在留资格、并预定在日滞留 3 个月以上的外国人)可加入国民健康保险。

6. 配套服务

日本中央管辖咨询机构向外国人提供在留资格、所得税、劳动、邮政业务等配套服务。东京都提供日常生活问题、紧急咨询、日本社会制度、使用外语诊疗机构、劳动咨询、交通问题、安全等其他服务。日本司法支援中心法律平台，提供免费法律咨询，日本相关律师会也提供面向外国人的法律咨询。

表 9-1　日本中央管辖咨询机构向外国人提供的配套服务

名　称	商谈内容	使用语言
外国人在留综合咨询中心（东京） 外国人在留综合咨询中心（横滨）	在日本生活的外国人提供全方位的综合咨询 受理关于在留资格的咨询	英语、汉语、韩语、西班牙语、葡萄牙语、泰国
外国人综合咨询支援中心	在东京外国人雇用服务中心，还提供有关外国人的职业咨询和介绍	英语、汉语、葡萄牙语、西班牙语、孟加拉语、印度尼西亚语、越南语
东京劳动局外国人劳动者咨询处	劳动方面的咨询	英语、汉语
日本邮政公社咨询服务中心	英语的邮政介绍	英语
东京法务局人权咨询室	人权维权咨询	汉语、英语、德语

表9-2 东京都管辖机构向外国人提供的配套服务

名　称	咨询内容	使用语言
东京都外国人咨询中心	日常生活问题、紧急咨询、日本社会制度等 一般咨询通过电话	英语、汉语、韩语
东京外国人雇用服务中心	面向希望在日本就业的外国人、留学生,以及持有可从事专业性、技术性领域工作的人员,提供职业咨询和介绍 关于在留资格的咨询	
东京都保健医疗情报中心	介绍用外语、诊疗的医疗机构 介绍日本医疗制度	英语、汉语、朝鲜语、泰语、西班牙语
东京都劳动咨询信息中心	劳动咨询、介绍 提供日本的劳动关系法及雇用习惯等咨询和劳动情报	英语、汉语、英语、英语
警视厅综合咨询中心	相商难事 交通问题 离家出走 失踪 其他	英语、汉语、粤语、泰语、韩语、法语、西班牙语、德语、葡萄牙语、波斯语、乌尔图语、菲律宾语、俄语
东京消防厅	急救119	英语
	电话服务(119以外的紧急服务)	英语
	东京都消费生活综合中心	英语、汉语、韩语
	消费生活咨询(购买物品或签署合同时的纠纷)	

资料来源:东京外国人雇用服务中心:日本的劳动法规等,https://jsite.mhlw.go.jp/tokyo-foreigner/chinese/spec/spec_1c.html,2022。

(三)韩国首尔向外国人提供的公共服务

2008年,首尔市政府建立了首尔国际中心,为外国人提供各种生活支援服务的"一站式"服务,以4种外语向外国人提供一系列服务。主要包括:一是提供医院、学校、电力、电话、供水、垃圾分类回收等生活信息服务。二是提供手机入网、发放信用卡、开设银行账户、发放汽车驾照、延长签证、税务办理等方面的咨询。三是开设韩语教室、创业研讨会、首尔生活指导(面向首次访问首尔的外籍居民)等各项免费教育课程,开展文化交流、社会融合等方面的服务,帮助外籍居民能够更好地适应首尔生活,真正成为韩国社会的一员。四是特设多个领域的专家商谈服务,包括创业、法律纠纷、劳务诉讼、房地产交易等领域的12种语言商谈服务,挑选出具有潜力的外国预备创业者,为其提供一年免费的办公室及顾问服务。此外,首尔国际中心不仅与FC首尔足球俱乐部共同举办"外国人之日",还举办国际演唱会、跳蚤市场、节日活动等各种文化活动。[1]

1. 生活支援

首尔国际中心为解决外国居民在首尔生活中遇到的各种问题,用母语提供生活咨询和专业咨询服务。具体包括以下两个方面的支援:

一是生活咨询。例如,生活咨询方面,包括提供教育、医疗、交通、消费、金融、社会福利、出入境等服务。在专业咨询方面,提供法律、诉讼/审判、民事/刑事、家庭纠纷等咨询。在劳务方面,提供工伤、拖欠工资、退职金、不当解雇等方面咨询。在不动产方面,提供房地产交易、租赁契约、房地产纠纷等咨询。在心理咨询,提供应对抑郁、焦虑、人际关系等方面的支持。

二是综合行政服务。主要涉及:驾驶证,国外驾驶证更换为国内驾驶证;金融咨询,开设账户、海外汇款等金融相关咨询;保险,外国人保险办理及咨询,一般保险(个人保险、旅行保险)办理;移动通信,手机新开通及购买,二手手机及预付卡、网络电话开通等使用韩国移动通信相关咨询等。此外,还提供加入及查询外国人国民年金、退还咨询等服务。

2. 商务支援

一是商务咨询。面向首尔地区希望自主创业的外国人,首尔国际中心开设了不同领域的创业商谈服务,旨在支持外国人的商务活动,达到刺激创业的效果。咨询内容包括:法律(如法人设立和登记咨询)、税务/会计(申报附加税、综合所得税等税务相关咨询)、贸易(进出口通关申报、贸易咨询)、知识产权(外国人专利申请及企业商标注册)、投资申报(如外商直接投资和金融咨询)。

二是商业信息。首尔国际中心为外国人创业者及预备创业者提供创业和公司运营的基本信息,从而指引外国人创业和投资,帮助其事业顺利展开。在创业指南书《企业家指南手册》中,涉及有关签证办理、投资签证、法

---

[1] 首尔外国人门户网站,http://global.seoul.go.kr/.

人设立、税收、劳务和雇用、知识产权、商标注册制度、房地产和其他相关机构的目录等。同时,在商务咨询案例集中,提供外国人在韩创业/成立公司、公司运营及其他方面的案例。

三是商务教育课程。为满足商务或创业需求,首尔政府还为居住在首尔的外国人提供创业和商务活动相关的教育课程,这些课程包括市场营销、会计、劳务等10个基础必修课程,涉及韩国商务文化、外商直接投资(FDI)程序、融资计划和运营策略、投资者关系、项目营销战略、出入境管理相关法规、雇用和劳务、工作许可和税收、专利纠纷案例及合同制订法、韩国房地产制度等内容。

四是创业孵化。首尔国际中心不仅向预备创业或创业未满1年的外国人(预备/入门)创业者提供办公空间和商务指导,还通过构建自主创业者间的网络圈,帮助他们成功创业。同时积极通过商务对接洽谈会、国内外企业交流网络,构建商务网络圈以增进(预备)创业者与国内外企业间、人才间的信息交流,相互之间建立起稳定的合作关系,从而发挥协同效应。还举办面向外国人的创业大赛,以吸引国外优秀人才、激励外国人科技创业。

五是就业博览会。首尔国际中心为优秀的求职外籍居民、外国人投资企业以及(计划)进军海外的中小企业搭建起了一个交流的平台——就业博览会。就业博览会为求职者提供各种招聘信息、商谈服务和现场面试,实现一站式服务。

3. 文化教育活动

一是语言支持。首尔国际中心为使外国居民拥有安全的首尔定居生活开设了韩语教室。

二是首尔生活说明会。为让刚到韩国的外国居民拥有在韩定居幸福舒适的生活,首尔国际中心开展首尔生活说明会,通过实行现场访问,介绍各种有用的首尔生活信息。内容主要包括首尔外国居民现状、首尔国际中心介绍及服务指南(12种语言的生活咨询、法律·劳务·不动产等专业咨询、韩语教室、志愿者活动、商务咨询,以及创业支援、驾驶执照换发、金融咨询、文化活动等)、首尔生活信息(出入境、交通、观光、文化)。

三是驾驶执照教室。首尔国际中心为外国居民准备了驾驶执照考取过程中必备的笔试考试相关课程,内容包括道路交通法、驾驶者的态度及义务、信号顺序、交通事故发生时的应对方法等。

四是 SGC 志愿活动团。由首尔国际中心组织韩国人和外国人居民共同参与的各种志愿者活动。志愿者包括在韩外国成年人、对社会奉献及国际交流有兴趣的人、具有责任感并认真参加活动的人等。志愿活动可以是外国居民的相关活动,也可以是支援开展光化门外国居民跳蚤市场、支援首尔国际中心的宣传等活动。

五是参与首尔居民议政会议。在首尔居民会议上,持有不同国籍或签证类型的首尔地区外国人居民(企业家、留学生、劳动者、多文化家庭)可直接反映生活上的不便并提出相关建议。韩国有关部门会将相关意见反映到政策之中。至 2016 年,首尔国际中心共举办了 25 次首尔居民会议,并有 3 400 余名外籍居民参与。

4. 共同支援项目

一是共同体活动支援。首尔国际中心通过向外国居民提供共同体活动的支援,促进共同体活动的积极开展,并提供各类信息为实现外国人居民的自立自主打下坚实基础。外国居民共同体活动包括:提供共同体活动的场地、活动使用物品、宣传物的制作、共同体咨询等支援。

二是首尔通讯员。为外国居民安定的首尔生活,选任外国人居民担任首尔通讯员,用母语翻译提供相关外国居民政策和多种多样的生活信息,以及首尔国际中心及社会各种信息、活动等新闻报道撰写和宣传等。

(四) 几点启示

从上述城市的实践来看,以下三点值得关注并加以借鉴:一是必须明确管理主体,设立相应的政府部门,完善管理职能,承担外国人才公共服务的职能,在法律的框架下,依据发展的需求对外国人才公共服务诸方面进行宏观调控。二是必须明确的管理对象,建立基于知识、技能为基础的相应标准和条件,科学界定服务对象,对不同对象实施分类管理,给予不同的政策与待遇。三是政府必须承担必要职责,提供必要公共服务,为外国人生活、工作提供便利,政府一方面要在移民入境、工作许可等涉及公共利益的领域积极作为,通过政策调控,来维护本国公民的公共利益,同时也给入境的外国人依据其生存、发展诸方面需求提供内容丰富、形式多样的公共服务产品。

四、建立健全外国人才公共服务体系的对策建议

(一) 明确外国人才公共服务的基本原则

1. 公平性原则

提供外国人才的公共服务,需要突出两方面的公平,一方面,要突出外国人与本国居民之间的公平,须以不损害国内公民或市民利益为前提,适切地向外国人提供一定的公共服务产品和内容。另一方面,要突出外国人才之间的内部公平,即在保障外国人在境内基本生存不受影响的基础上,公共服务产品的获得,要基于权利义务对等、贡献享受相称的原则。

2. 多样性原则

面向外国人才的公共服务,内容丰富、品种多样、范围广泛、层次多样。在开放环境下,政府各个部门都可能涉及面向外国人才的公共服务需求,也意味着每个部门在尽力完善国内公民、市民公共服务需求的同时,要把面向外国人的公共服务纳入思考的范围,思考面向外国人才公共服务的必要性和可行性,明确面向外国人才公共服务的依据,界定面向外国人才公共服务的边界、范围和限度,积极丰富和拓展公共服务内容,创新公共服务供给的提供方式和渠道,提高公共服务的质量。

3. 适切性原则

面向外国人才的公共服务,要注意"量入为出"。能否给予以及多大程度上给予外国人才公共服务产品或内容,要与政府公共服务的提供或生产能力相关,不能超越公共服务的提供能力。

4. 法定性原则

面对外国人才的公共服务,是以法定原则为依据的,依据法律法规提供,依据法律法规评价,依据法律法规规范。

5. 国际性原则

面向外国人才的公共服务,尽管是本国或本地政府基于自身的条件给予的,但作为使用者的外国人会有意无意与国际水平、母国或经历国家的内容、水平等进行比较,因此,要求公共服务的提供者要尽可能在公共服务的内容、范围、层次、水平上体现国际化水平。

(二)建立健全外国人才公共服务体制

1. 管理体制

要加强党委的统一领导,突出移民管理部门牵头作用。党和国家机构改革后,外国人管理服务是新设立的国家移民管理系统的重要职责。要着眼于构建更加系统完备、科学规范、运行高效的国家移民管理机构职能体系,构建符合全面依法治国方略、适应现实需要和发展要求、基本完备的移民管理法律制度体系,构建统一领导、分工负责、权责清晰、协作顺畅的现代化移民治理体系,按照探索一条具有中国特色的移民管理新路子的要求,强化移民管理部门外国人管理服务的职责,加快移民管理部门的转型升级,拓展服务范围、强化服务能力、提升服务水平。全面加强外国人管理服务工作。同时,强化外国人才公共服务的牵头职责,把外国人才公共服务纳入外国人管理服务的基本范畴。

2. 协调机制

加大与外交(外事)、外商投资、外国专家、外国人就业等管理职能部门的统筹协调,制定外国人才公共服务的政策,统筹外国人才公共服务的提供。探索建立外国人才公共服务联席机制,充分发挥外国人管理服务相关职能部门的专业作用,统筹协调发展改革、财政、教育、卫健、文化、交通、住房、金融、人力资源社会保障、环境、公安、国家安全等相关部门,推动相关职能部门各司其职、主动参与、密切配合,健全外国人才公共服务管理机制,加大供给力度,制定相应政策制度,明确管理办法,丰富服务内容,优化服务流程,强化服务能力,提升服务质量,强化服务绩效。要聚焦"一带一路"建设、粤港澳大湾区建设、雄安新区建设、海南自贸试验区建设、长江经济带发展、长三角高质量一体化发展,充分调动外国人集聚多、公共服务供给能力强的地方或园区,结合本地实际,为在地工作、生活、学习的外国人才提供相应的公共服务,完善营商环境、发展环境。

3. 参与机制

要建立发动社会各方、企业、专业团体、志愿团体广泛参与的机制,为外国人提供多样化、专业化、高品质,符合外国人需求的公共服务产品,不断提升外国人在华的感受度、满意度。此外,还要善于发挥外国人的积极性,参照韩国首尔通讯员的做法,在外国人中选任联络员,联通管理部门和外国人之间的联系,发挥其在沟通政策和生活、工作、学习信息,加强与政府部门、社团沟通的作用,鼓励外国人参与社区活动,加大社会融入,共同为城市空间做出贡献。

(三) 拓展面向外国人才公共服务的内容

1. 明确外国人才公共服务的认识

在认同要向外国人提供公共服务的基础上,进一步的问题是,有没有必要将外国人的公共服务单列出来?如果外国人的公共服务需求成立的话,解决和应对这样的需求,是让外国人的公共服务纳入基本公共服务之中,让其同等地享受本土民众一样的公共服务,还是把这个问题单列出来?这是解决要不要给外国人才公共服务的非常突出的一个重要前提。对于这个问题,至少有几种观点:其一,纳入或融入的观点。对外国人而言,只要合法进入、居住,入境国就给外国人"国民待遇",其公共服务待遇即可在入境国公共服务框架里得到解决。其二,并行的观点。这一观点与前述观点相对,立足于外国人的特殊性。这种观点认为,应该构建一个专门针对外国人的公共服务体系,即与国内民众服务体系相并列的、专门针对外国人的公共服务体系。

超越上述观点,我们认为对于外国人公共服务的问题,从外国人权利的角度而言,至少有三层含义:首先是作为人的基本权利,每个人都有基本的权利,作为接纳或者同意外国人进入的主权国家,就必须给予其基本的保障,也就是每个政府必须给予其必需的、最基础的、底线的公共服务;其次是同等或者接近国民待遇,作为主权国家的政府只要其签发了居留证书,承诺其居留,就必须同时也承诺给予其与居留期限相关的公共服务便利。所不同的是对于面向本国居民、提供公共服务需求是政府的责任和义务,对外国人提供公共服务,并不是政府的义务,而只具有"有限责任",政府可以根据自身的条件和意愿决定面向外国人才公共服务的对象、数量和规模、层次、结构、范围、程度。是否给予外国人在公共服务上的国民待遇,取决于政府的意愿、能力。再次是外国人相对本国居民而言,有着相对特殊的、不同于一般的公共服务需求,有些是本国居民没有的特殊的、阶段性的需求,例如语言适应的问题,新入境、新环境适应的问题,这些也需要在一定程度上得以解决。

总体而言,对于外国人的公共服务,一方面要让合法入境工作、生活、学习的外国人获取与本国居民同等待遇的公共服务,这既包括给予国民待遇,又包括不给予超国民待遇,即不能在公共服务上给予外国人比国民待遇好得多的公共服务;另一方面,还要针对外国人的特殊性,拓展延伸与丰富对于外国人公共服务的内涵、内容以及类型,完善以及创新公共服务的方式方法,提高公共服务的质量与水平。总的来说,针对外国人的公共服务是整个全球城市公共服务创新的新的领域、新的部分。

2. 分类提供外国人才公共服务内容

我们认为,系统提供外国人才公共服务的内容,总体来说应该包括以下几个方面:

一是着眼于生命、人身安全等基本需求,给予外国人相关的基本公共服务。这些公共服务,没有外国人的身份、资格的要求,只要政府允许其入境,就应该提供必要的支持;否则会对其生存产生消极影响。包括:外国人在华生育、医疗、子女教育等方面的支持、支援。例如,给予外国人在华(沪)怀孕、产前指导、孕期医疗补助、产前护理、母子健康指导、出生新生儿疫苗接种等方面的支持和帮助,一定程度给予市民待遇;面向外国人提供紧急性疾病救治、中毒控制、健康或心理支援的公共支持;要提供外国人在华期间免除受到生命财产安全方面威胁的公共支持,包括防止家庭或非家庭暴力威胁的公共支持,给予应急避难、救助场所,给予防止欺诈的公共支持。要对外国人中的弱势群体,例如学龄前、学龄儿童、老人、残疾人以及经济困难的人群给予特定的支持。例如,应对外国人在华的新生儿、学龄前和学龄儿童,即对外国人的非成年子女给予儿童健康保险计划、儿童福利计划;对年龄长的外国人,提供一定的社会援助,例如,在交通出行、门票方面给予优惠,对在华永久居留、并长期在华工作的外国人给予一定养老方面的支持;对在华期间残疾的外国人,给予一定的社会支援和补助资助。

二是着眼于发展的视角,给予外国人享有市民同等待遇的公共服务。外国人可享有政府提供给公民或者居民的同等待遇。这些公共服务主要包括:非紧急性疾病治疗和医疗保障、人才安居保障(购租房、人才公寓)、外国人子女基础教育、就业或工作的支持(例如医疗保险、就业指导、职业发展、劳动保护、职业培训、养老保险),以及生活便利方面的公共服务(例如公共设施、公共图书馆、公共文化体育、公园等公共资源的使用,市民福利券的使用)。需要指出的是,这种公共服务待遇的获取,需要与外国人的身份关联,突出权利与义务对等的原则,外国人入境居留期限越长,对当地服务贡献越大,则享受市民同等待遇的范围就越广。

三是着眼于外国人的特殊性,给予针对外国人特点或特定群体需求的公共服务。这主要是提供面向符合外国人少数人的、新来者的特定需求的公共服务。包括:语言服务、与迁移相关的服务(例如入境初期的住宿信息支持、与新环境生活相关的银行卡和信用卡开户申领、驾驶证换证、交通卡办理等)、与新来者相关的法律援助服务(例如本地法律法规规范指导、法律援助咨询、法律热线等,还包括涉外法律咨询、外国人就业创业等方面的法律咨询、与外国人在华或在沪个人财产相关法律咨询、涉外婚姻家庭法律咨询、来华或来沪投资的法律问题咨询等,以及与出入境及居留等事务相关的法律问题)、与新来者相关的就业创业咨询辅导、外国人作为新来者与本地社会融合等方面的服务指导等。

(四) 创新外国人才公共服务机制

首先,要建立"一主多元"的公共服务供给机制。一方面要强化政府在公共服务上的提供职责;另一方面,要通过政府采购的方式,建立多元的公共服务生产机制,让更多专业机构、志愿团体、企业承担公共服务的生产职能,让包括外国人在内的各种服务对象更加公平、便捷、高效地获取各类公共服务产品或内容。其次,要深化"放管服"改革力度,加快政策制度创新,积极发展移民服务,推广更多更好的公共服务和区域性便利政策。再次,要提升公共服务智能化水平,运用大数据、互联网、人工智能等技术,打造线上与线下相结合的互联网+服务,升级政府工作方式,打破服务人员和服务资源地域空间的局限,实现远程、智能服务效应,在提高公共服务精准性、便捷度、高效化等方面实现新的突破。此外,可以对贡献巨大的外国高层次人才,加大外国高端人才服务一卡通试点的范围和力度,加大对高端人才服务聚焦力度。

(五) 加大外国人才公共服务的法律法规建设

通过法律法规建设,让本国公民对外国人才公共服务的必要性形成共识,明确外国人才公共服务供给过程中的权利义务及基本原则,界定外国人才公共服务的边界、范围、程度、渠道、途径,同时给予外国人享有公共服务的权利保障,为外国人接受公共服务保驾护航,为公共服务有序、持续发展奠定重要基础。此外,要通过立法,明确各方职责,推动制度体系建设,明晰运行规则,为有效执法创造条件。

(六) 建立外国人才公共服务载体平台

首先,要建设专门化的外国人才公共服务平台。在国家层面,要抓紧建立国家级移民服务中心,加强移民辅导、促进移民融入、做好移民服务,为深化改革开放营造高效、透明、人本、开放的移民管理环境。在地方层面,可以参照日本东京、韩国首尔的经验,建立面向外国人的综合性公共服务物理载体,集合相关部门职能,引入专业团体和志愿机构,给予包括政务申办、生活便利类、职业就业、教育培训、创业指导、语言服务、社会融入、文体活动、权益保护(劳工权益、创业投资权益、消费权益)等多项公共服务或指导。其次,抓紧建立外国人才公共服务单一窗口。要充分发挥各职能部门作用,依托现有政务服务平台,围绕加强政府关联职能部门间的协作,整合相应功能,建立统一的外国人服务单一窗口,前台增加面向外国人的服务项目、增加外语服务指导,后台增强应对外国人才公共服务需求的机制,统一标准、统一接口,强化部门之间的信息数据即时共享机制,为外国人提供更多一流的服务。再次,要依托园区、街区、楼宇等优势,建立外国人才公共服务站点,延伸公共服务网络。

五、结 论

建立健全外国人才公共服务体系是东道国政府的重要职责,是保障外国人合法权利的重要方面,是赢得人才竞争的重要基础。当前,我国对外国人才公共服务的意义还缺乏广泛认识,公共服务的内容还缺乏总体概括和系统梳理,公共服务的体制机制还缺乏必要的设计。在借鉴美国纽约市、日本东京、京都以及韩国首尔相关经验基础上,我国应突出公平性、多样性、适切性、法定性、国际性原则,着眼于共性和个性的角度,提供基于基本需求的基本公共服务、基于发展的市民待遇的公共服务以及基于外国人特殊性的特殊公共服务,抓紧建立健全外国人才公共服务体制机制,强化外国人才公共服务平台,加大外国人才公共服务法律法规建设,尽快建立健全外国人才公共服务体系。

参考文献

1. 陈振明:《公共服务导论》,北京大学出版社 2011 年版。
2. 汪怿:《全球背景下的技术移民制度:国外发展现状与我国探索进程》,第三届移民法论坛(北京理工大学),2011 年。
3. Christian Dustmann and Tommaso Frattini, "The impact of migration on the provision of UK public services (SRG. 10.039.4)", *Immigration and UK Public Services*, December 2011.
4. Economic and Social Research Council (RSTC), "Immigrants and access to public services", evidence *BRIEFING*, Aug. 2013.
5. Dahlberg, Matz; Fredriksson, Peter: Migration and Local Public Services, Working Paper, *Department of Economics*, *Uppsala University*, No.2001:12.
6. Global Migration Data Analysis Centre (GMDAC), "GLOBAL MIGRATION INDICATORS 2018", *International Organization for Migration* (IOM), 2018.
7. Poppleton, S., Hitchcock, K., Lymperopoulou, K.; Simmons, J. & Gillespie, R., "Social and Public Service Impacts of International Migration at the Local Level", *Home Office*, *UK*, 2013.
8. OECD, Perspectives on Global Development 2017: International Migration in a Shifting World, *OECD Publishing*, *Paris*, 2016.
9. [美]斯考特·斯静格:《移民权利和服务手册》,https://comptroller.nyc.gov/wp-content/uploads/documents/Immigrant-Manual-2018-Chinese_fv.pdf, 2018。

第十章
创新型政府：
引领驱动国际大都市人才发展的重要保障

一、创新型政府：缘起

创新是当前和未来竞争的主要来源和动力，从创新驱动发展的内在要求看，需要创新治理。创新治理是赢得未来的重要基础。从某种意义上说，我们所说的创新治理，是对创新的治理，虽然不直接参与或者从事创新的活动，但创新治理的好坏，有没有对创新的善治，有没有将治理融入创新的生态之中，嵌入创新的体系，直接决定了创新的方向、创新的质量、创新的速度、创新的效益。正因如此，各国都将创新治理作为创新发展的重要基础。

美国前总统奥巴马执政期的《美国创新战略》提出了美国创新战略的三个使命：联邦政府应在投资于创新基础要素、激发私营部门的创新动力以及为创新者国家赋能发挥重要作用。与此相对应的三个战略，分别是创造高质量的就业机会和持久的经济增长、推动国家重点项目取得突破，以及为了并依靠美国人民打造创新型政府。其中，"为了并依靠美国人民打造创新型政府"中，政府可以通过合理配置人才、创新思维和技术工具，为了并且依靠美国人民打造更好的政府：一是采用创新工具包来解决公共部门的问题。联邦政府正在开发一个"创新工具包"，这将增强各政府机构以更低的成本为美国人民提供更优质服务的能力。通过完善其核心流程和解决问题的能力，这些方法可以提高政府的效率和灵活性。二是通过创新实验室来培育联邦机构的创新文化。创新实验室网络可以为联邦机构员工和公众赋能，来落实各种有前瞻性的想法，从而在联邦各机构中形成创新文化，进而更有效地服务于美国人民。三是通过提供更高效的数字服务,为美国建设更好的政府。面向美国公民和企业的数字化政务服务应当和信息化程度最高的企业的在线交易一样简单直观。联邦政府要组建覆盖各部门的美国数字化服务团队,以加快采纳私营部门的最佳实践,用于设计、构建和部署易于使用的在线服务。四是积累和使用实证经验,推动社会创新。通过提倡在有现成经验的情况下利用经验,在没有现成经验的情况下积累经验,联邦政府致力于提高解决社会问题的能力。联邦政府还使用按效果付费(Pay-For-Success)方法,而不是按投入付费,并且提高以实证证据为依据的干预措施的比例。[1]OECD则认为,由于全球化和组织变迁对经济绩效的结构性影响,创新对于OECD的经济有着重要的作用,因此创新政策受到越来越多的关注,创新治理变成了一个关键性的挑战,创新治理需要政府及相关组织机构、制度程序和规章来进行议程设定、优先次序以及执行和学习政策。[2]

我国则在《国家创新驱动发展战略纲要》中提出,把改革创新治理体系作为六大战略保障任务之一。就总体思路而言,改革创新治理体系,就是要"顺应创新主体多元、活动多样、路径多变的新趋势,推动政府管理创新,形成多元参与、协同高效的创新治理格局"。2014年3月5日,十二届全国人大二次会议政府工作报告中指出,要按照推进国家治理体系和治理能力现代化的要求,加快建设法治政府、创新政府、廉洁政府,增强政府执行力和公信力,努力为人民提供优质高效的服务。其中,在创新政府建设方面,李克强提出,创新政府管理理念和方式,健全决策、执行、监督机制,推进政府向社会购买服务的改革。[3]同年10月,第三届"开放式创新"莫斯科国际创新发展论坛开幕式上,李克强指出,要破除束缚创新的壁垒,建设"创新型政府",通过简政放权,给市场让出空间,降低市场准入门槛。要构建激励创新的机制,深化科技体制改革,给创新者更大的自主支配权,让创造发明者获得应有回报。要营造保护创新的环境,不断完善法制,规范市场环境,维护市场秩序。要打造创新驱动型经济,支持企业创新,用创新的办法挖掘巨大的内

---

[1] 《2015年美国国家安全战略报告评析》,https://www.whitehouse.gov/sites/default/files/strategy_for_american_innovation_october_2015.pdf,2015。
[2] 经济合作与发展组织:《创新系统的治理》,杨庆峰等译,同济大学出版社2011年版。
[3] 十二届全国人大二次政府工作报告。

需潜力,推进结构优化升级。①

建构创新型政府,是应对全球变化,特别是回应资本、货物、技术、服务、人力资源、信息等全球范围内流动、集聚、辐射,进而回应对好的治理、好的制度、好的政策以及好的政府的诉求;是应对创新变化,尤其是科技的创新、技术的变革,对新的有效治理主体、治理内容、治理手段、治理工具、治理能力诉求的回应;建构创新型政府,还是面对政府自身变革,特别是更快地回应不断变化的公众需求、更远地引领民众走向未来、更有效地治理诉求的回应。

(一) 回应经济全球化的需求

经济全球化背景下,资本、货物、技术、服务、人力资源、信息等要素在全球范围内流动、集聚、辐射,在传统国家行为体基础之上,城市、区域以及次国家行为体、非国家行为体兴盛,跨国公司、国际组织等实体网络和无形学院、专业共同体等虚拟网络不断深化,对传统主权范围内的政治领导的传统权力提出了新的挑战,对政府组织的建构、职能的发挥等都产生了重要影响。例如,在权力结构方面,政府如何超越既有的自上而下的等级结构,适应经济全球化背景下的扁平结构、网络结构,充分发挥网络结构中作为枢纽节点的城市的重要作用。又如,在公共利益、民生福祉的对象和内涵上,政府如何超越治下公民的范畴,面对辖内包括处在流动之中的不同人群,给予不同层面的公共产品或公共服务,让来自不同地域的人群参与到当地的公共治理之中。此外,全球化背景下,好的治理、好的制度、好的政策作用下,会使社会快速成长与发展,加速全球资本、技术、信息、人才等要素向高势能、高成长地区汇集,特别是在开放条件下获得信息的便利,导致人们对政府治理优劣比较的方便程度远远甚于既往,政府之间的竞争也日益激烈。此外,经济全球化给人们带来了一系列的共同挑战:全球主义、气候变化和环境保护、人口老龄化、劳动力和移民问题、国际运输通道安全、全球互联网治理、安全威胁等。基于此,政府如何捕捉新的机遇,结合自己的资源,做出最优的选择,谋求开放环境下的新发展,这是必须要思考的新问题。

---

① 新华网:《李克强出席第三届"开放式创新"莫斯科国际创新发展论坛开幕式并发表演讲》,http://www.ce.cn/xwzx/gnsz/szyw/201410/15/t20141015_3701403.shtml,2014 年 10 月 15 日。

(二) 回应科技创新变革的需求

科技创新、技术变革使得人们能够更快、更好、更舒适的生产生活;技术的变革带来经济新旧动能的转换,使整体社会形成对创新的追逐、对创业的向往、对市场经济原则的关注;技术的变革,促进了大数据、人工智能、移动终端、互联网的使用,带来了治理手段、治理工具、治理能力的变革和提升;技术的变革,推动了新职业的兴起、专业群体的崛起,进而推动突出主体性、顾客导向的新公民群体的形成,由此影响政府与公众互动合作关系的转变,影响公共服务理念、内涵、水平、标准的转变。与此同时,技术变革带来了快速变革的不稳定、技术滥用或误用的风险,加速催生了不适应技术发展的落后者、失败者、利益受损者,带来了技术"赢家"和技术"输家"之间的社会财富的重新分配,在这种情形下,既要抓住新知识、新技术、新流程、新模式带来的机遇,推动公共行政领域的理念更新、工具手段的变革、流程的再造、效率绩效的提升,又要应对人工智能、社交媒体、共享技术、生物技术等变革所带来的挑战,有效解决公共行政滞后于创新发展、难以驾驭技术变革的问题,更加积极地拥抱创新、识读创新、理解创新、发展创新、治理创新,让公共行政插上创新的翅膀,让公共管理更好地推动和引导创新,从而打造有利于技术变革、动能转换、价值提升的成本更低、收益更多、发展更好的营商环境、法治环境、发展环境、治理环境。

(三) 回应社会公众变化的需求

在新的时代,政府一方面要回应不断变化的公众需求,以新的形式、新的方式、新的渠道、新的标准为他们提供更多内容、更多层次、更高质量、更多受益面、更令人满意的公共服务和公共产品,用新的方法、新的体制、新的组织形式、新的能力来解决层出不穷、多种多样的新问题。另一方面,政府还要更加前瞻、更加战略、更加深远地引领民众、社会走向未来。也就是说,政府不仅要解决民众当下的问题和需要,给予他们现实的利益和公共产品、公共服务,满足其现实的需要,还要考虑整个社会、全体人民的长远利益和福祉。要把握当前和未来的发展趋势,把握发展的机遇,提出发展的战略目标、战略使命、战略任务,寻找发展的路径。要给民众未来,要让国家、民众不被时代抛弃,过上更好的生活,这同样需要政府更加具有创新的禀赋、创新的属性,要分析未来发展的趋势,在准确判断未来发展机遇的基础上,确立新的思想、新的视角、新的理念、新的观点,引入新的机制,建构新的组织体系、新的体制机制、新的制度体系,运用新的方法、新的技术、新的方法,确立新的战略、新的举措,抢占先机、赢得未来。

(四)回应政府自身发展的需求

首先,面对公众需求的变化,政府需要更加强化公共价值,更加突出未来意识、战略意识和前瞻意识,不断强化公民导向,不断提高对公众的回应性,不断提高公众参与的程度和层级,不断强化公私伙伴关系,要获得私人部门、社会团体、家庭、志愿者协会、个人、公民社会的支持,建构更为广泛的社会基础,有效应对包括贫穷、疾病传播、失业、落后的教育体系、环境恶化等日益复杂的经济社会问题,更有效地提供公共服务,让公共部门更具有活力、公共行政更具韧性、公共服务更令人满意,以此避免由于政府跟不上公众需求变化所导致的(哈贝马斯提出的)社会包括经济危机(Economic crisis)、管理决策危机(Administrative crisis)、合法性危机(Legitimation crisis)、社会文化体系危机(Socio-cultural system crisis)在内的治理危机。其次,面对未来的发展,面对快速变化、信息丰富、知识密集的社会,政府必须超越基于强力的传统政府科层体制、等级制度,改变机构臃肿、层级繁多、行动迟缓、效率低下、浪费严重的现象,提升简单、基本的公共服务,以适应多样化、差异化、专业化、智能化的公共服务需求。这要求新一代的政府机构不断推动公共组织机构的变革与创新,不断加强公共部门人力资源的能力建设,不断完善公共部门的战略管理和绩效管理,提高公共管理的效率,完善公共产品的生产率;使新的政府机构人员精悍,权力分散;灵活机动,适应性强,随机应变,善于学习新东西,提供高质量的商品和服务。用更少的资源和有限的运作能力提供更容易获得、更高质量、更具有效益和效率、更富有创造性的公共产品或公共服务。再次,面对公共问题变得更大、更多、更细,面对政府工作变得更加艰巨、更加复杂和更富有挑战性,需要政府在强化自身创新探索的同时,加强国际间、区域间和全球层面的协作交流、共享理念经验、共同探索发展,有效减少全球性问题越来越多、全球治理供给不足的"全球治理赤字"。

新任务、新使命、新情况、新问题、新技术、新变革层出不穷,迫切需要政府整体转型到创新型政府,需要创新属性、创新基因、创新本领、创新实践和创新治理;否则,没有新思想、新理念、新观点,就不会看到未来发展的新机遇;没有新思想、新理念、新观点,就不会发现既有事物中的新价值、新内涵、新市场,无法捕捉到新机遇、发现新路径,就难以胜任其内在的治理职责。

二、创新型政府:内涵

(一) 既有理解

当前,关于创新型政府内涵的理解,论者主要涉及以下视角。一是基于政府的视角。这一视角重点关注政府变革、政府体制改革和职能转变、政府治理的创新。例如,李克强提出,要破除束缚创新的壁垒,建设"创新型政府",通过简政放权,给市场让出空间,降低市场准入门槛。[①]彭为民认为,创新型政府的功能在于能够促进政府职能转变,提升政府行政能力、完善社会主义市场经济体制,促进经济持续健康发展、推进国家治理体系和治理能力现代化目标的实现。[②]二是聚焦创新的视角。这一视角从促进科技创新出发,对政府是否支持、推动创新展开研究。奥巴马提出的"为了并依靠美国人民打造创新型政府"属于这个范畴。资正文的研究指出,创新型政府是一种能够与创新活动相适应,并能够对创新活动的要求做出主动、迅速、全面、有效响应,从而能够对创新活动进行推动和促进的政府。[③]三是融合的视角。这一视角既强调了政府自身的创新变革,同时也关注创新发展的需求。例如,孔令强、刘平雷认为,创新型政府就是在行政理念、行政制度、行政决策上不断科学创新并积极引导社会经济文化事业创新的政府。[④]

(二) 新的认识

我们认为,创新型政府是根据经济社会发展内外环境的变化,从公共利益出发,以创新、变革为核心,愿意、敢于、善于将创新融于政府管理诸方面、

[①] 新华网:《李克强出席第三届"开放式创新"莫斯科国际创新发展论坛开幕式并发表演讲》,http://www.ce.cn/xwzx/gnsz/szyw/201410/15/t20141015_3701403.shtml,2014 年 10 月 15 日。
[②] 彭为民:《创新型政府内涵特征及功能研究》,《智富时代》2017 年第 4 期。
[③] 资正文:《加快建设创新型政府 构建具有地方特色的现代政府治理新常态》,《建言》2015 年第 5 期。
[④] 孔令强、刘平雷:《构建创新型政府》,《前沿》2005 年第 3 期。

各个环节,不断进行改革、创新的政府。这样的政府通过引入新治理理念、拓展管理内涵、重组组织机构、转变政府职能、再造管理流程、变革管理方式与工具,有效回应公众对善治的诉求,不断提升政府的效能,积极促进经济社会发展。理解创新型政府的内涵,至少应该从以下六方面切入:一是理念。创新型政府是引入和运用创新的理念、开放的心态、前瞻的思维,并将这些理念贯穿于政府运行与改革全过程的政府,同时通过创新理念、创新精神,成为创新的提倡者、支持者,成为包括科技创新在内的全面创新的表率和引擎。二是目标。创新型政府以公共利益为基础,立足当前、着眼未来、审时度势、全局规划,通过体系构建、权力运用、政策制定与实施、资源集聚与配置、环境塑造等多方面工作,满足当前和未来发展的需要,提高政府行政效率,提高公共产品、公共服务的质量和水平,强化和夯实引领未来发展的动力与基础。同时,满足构成政府或者在政府内部工作的公务员、雇员等在内的相关人员对于创新、变革的诉求以及内在效能感的提升。三是结构与职能。创新型政府具有适应自身变革和支持、推动全社会创新发展的体制、结构,并能够高效充分地发挥相应的职能,推动自身创新变革,引导市场主体、社会组织机构和公众创新。四是活动。创新型政府不仅具有创新想法,而且开展创新活动,是主动而不是被动的创新,一方面,创新活动涵盖了政府工作的各个方面、各个环节;另一方面,创新活动不止于政府内部的创新活动,还通过政府的各个组织机构的创新,引导和激励全社会创新。五是权力运行。创新型政府的权力运行是围绕创新展开的,包含政府政策、法律法规、制度规则具有创新性等多方面内容。六是绩效。创新型政府通过引入新思想、新理念、新知识、新成果,能够对公共事务发挥积极影响、对公共价值产生重要的影响,使公众满意度提升或社会效能提升。

在以创新作为经济社会发展主导力量的现时代和未来发展阶段,创新是影响公共利益最重要的内容之一,创新型政府不止于自身内在的变革创新,还积极适应全社会对创新的要求,前瞻把握包括科技创新在内的全面创新的未来趋势,认识理解、关注重视、支持推动包括科技创新在内的全面创新;在为创新而变革自身同时,能够有效地治理创新,真正引领创新。这些构成了创新型政府不可或缺的重要组成部分。由此,能够、愿意、敢于、善于开展自身创新变革是创新型政府的普遍特征;在创新时代,聚焦、支持、服务创新,同时有效治理创新,是创新型政府在特定阶段尤其在创新为主导阶段的关键表征。政府不具备能够、愿意、敢于和善于创新的特质、自身不开展创新变革的活动,会掣肘公众的需求特别是关于创新的诉求,甚至拖累、阻滞创新驱动时代创新的发展。同时,不积极关照经济社会发展进程中的创新活动、创新空间、创新生态,即便政府推动了自身的变革或者重组、再造,其自身的创新变革也是无的之矢的创新与变革。

三、建设创新型政府:关键向度

(一) 打造"能够创新"的政府

相较于传统的政府,创新型政府首先是内在具有创新基因或者创新气质、创新的基础、创新的能力或潜力,具有创新属性的政府,这是创新型政府的内在基础和首要前提。

1. 树立创新理念

具有创新基因、创新属性的政府,要对创新具有全面的认识和理解,要识读创新、懂得创新、嵌入创新。没有新思想、新理念、新观点,不会看到未来发展的新机遇;没有新思想、新理念、新观点,不会发现既有事物中的新价值、新内涵,无法捕捉到新机遇、发现新路径,就难以胜任其内在的治理职责。在创新型政府视角中,创新不是单项的突破,而是多方位的革命;不单是科技创新,而是全面创新;不单是研发环节的创新,而是全过程的创新;不单是一类人的创新,而是涉及科研者、教育者、发明者、工程师、生产者、管理者、投资者、服务者、消费者以及政府等数量庞大的异质多主体、多层次融合的创新;创新不是跟着别人亦步亦趋的创新,还要考虑包括成本创新、流程创新、应用创新、供应链创新、产品创新、技术创新、商业模式创新、非客户创新等在内的具有中国特色、中国风格的创新。

2. 涵养创新偏好

具有创新基因、创新属性的政府,对创新具有内在的偏好。创新是新的发现,是对旧事物的超越,是标新立异,是敢为人先,是物质生产的本质,是社会进步的动力。登哈特夫妇提出关注创新的政府组织文化,包括:为个人、部门和城市成就感到自豪;考虑未来,创造新的挑战;建立合作关系,培养参与;服务公民;信任和授权;制定核心价值观;尊重并培训工作人员;承担风险并从经验中学习;表彰和奖励人们的努力;构建一个稳定的基础并坚持到底。[1]显然,创新型政府,超越了传统政府程序化、低风险、尽量不试验的偏好,超越了例行公事的、稳定的、标志的行政程序,鼓励创新、支持创新、激励创新,相互信任,崇尚失败是成功之母的理念,允许试验、允许探索。同时,创新型政府接受新理念、新事物,具有多样化的创新动机,倾向于采用集体评价,激励和认识创新。

3. 夯实创新基础

一是要具有创新的人。人是创新型政府的核心。创新型政府建设源于人、始于人、系于人,人的知识、能力、态度、行为、服务等质量水平的高低,是创新型政府建设内在的基础。创新型政府的人员构成,包括公务员、政府授权的公共服务人员以及通过公共服务外包形式出现的、为创新提供服务的服务人员等在内的执行者,政府的咨询者,与建设创新型政府相关的利益相关者等。创新型政府要具有创新的意识和职责,有以运用创新理念、提出创新模式并将此付诸实践并取得成效的领导者、决策者、执行者、咨询者;他们还要有效激励授权相关人员积极探索新想法、进行新实验、寻找新方法、建构新流程、形成新模式。二是具有创新能力或者潜力。OECD 2017 年提出了六项核心能力和三个发展阶段的创新型政府能力框架,即主要包括迭代性、数据读写能力、以用户为中心、好奇心、故事叙述能力、叛逆性等六个方面的核心能力,更要具有善于"无中生有、从无到有"的能力,具备敢于适应发展、破旧立新的能力。三是具有创新的结构。有没有一个更加扁平化、灵活化和有效授权、有效变革的组织结构,有没有支持和推动跨部门、跨领域甚至跨国之间合作的组织结构,有没有有效满足知识、信息、数据、经验与创新活动互通互补的组织结构,有没有打破控制型府际关系、给予基层一线更多资源配置主动权,有没有推动公共部门与其他创新主体及利益相关方进行更高效的双向互动的组织结构,这些直接决定着政府内在创新的基础、创新的属性。

---

[1] Mark A. Abramson, Ian D. Littman, *Innovation*, Lanham: Rowman and Littlefield Publishers, INC, 2002.

(二) 打造"开展创新"的政府

是否敢于、善于、乐于突破旧有的限制,对行政理念、组织机构、工作流程、人员结构、服务项目、政策制度、工具方法、技术等一系列方面展开变革的政府,亦即开展、实践创新是创新型政府应对内外部因素的变化、面对新的机遇和挑战、面对新的问题的重要价值向度。

这样的政府至少要关注以下六方面:一是理念创新,指的是引入新的理念、新的体系,以此重新认识问题的本质,寻找新的方法等。二是产品或服务创新,指的是创造新的公共服务或公共产品。三是管理和组织的创新,要敢于打破传统的垂直型权威结构,打破部门与部门之间的壁垒,为人才之间的创新合作提供更好的结构、网络,另一方面,要创新和变革政府内部的财政机制,在政府内部探索财政资金与创新相结合的机制,设立支持公共部门内部创新项目的专门基金,优化创新成果的政府采购机制,完善创新融资机制,积极主动帮助开拓公共领域的创新市场。四是流程创新,主要指改善内外部过程的质量和效率,主要包括行政过程创新和技术过程创新,其中行政过程创新主要是创造新的组织形式,引入新的管理方法、技术,引入新的工作方法,例如公共部门创设"一站式"服务窗口,方便公众一次获取多种公共服务;技术过程创新,指创造或使用新的技术,将其引入组织,供使用和公众有效获取服务。五是工具创新,公共服务会越来越私人化、个性化,"以用户为中心",这要求公共部门能够依据其数据收集与数据分析确保对于问题及问题背景有详尽的了解,明了多种不同需求的存在并根据不同需求进行政策服务设计。这种"以用户为中心"的趋势被认为是公共部门服务创新的一个重要走向,但在提供个性化公共服务的同时必须注重公共部门的透明性、规则性与对隐私信息的保护等问题。六是治理创新,指的是开发新的模式,服务提供新的方式和路径,新的流程,以此有效应对新的社会问题。创新型政府要致力于增加公民的参与度,确保创新的形成、政策设计、提供创新服务到监督公共服务各个环节都有公民的参与,从而将公民塑造成为公共部门政策服务的伙伴,强化政府与公民之间的信任,实现公共部门向创新型政府转变。

(三) 打造"为了创新"的政府

创新型政府,不仅是面对公共问题愿意、勇于和善于展开自身创新的政府。某种程度而言,围绕公共问题展开创新的政府,是一般意义上创新型政府的属性或者活动。不同时代、不同发展阶段,都需要政府顺应发展进行变革、创新和突破。面对以创新为发展动力的时代,一个内在具有创新基因,并且积极致力于自身变革的政府,会更加聚焦于时代的命题使命,更大程度把创新活动放在突出的位置,更加积极拥抱、支持、推动、服务和治理创新。

1. 聚焦创新

聚焦创新的政府,指的是政府是以创新为宗旨和核心目的,政府顺应创新要求,聚焦创新主体,围绕着创新过程,重视创新活动,在资源、政策、活动等诸方面都以创新为规约,同时以创新绩效的提升作为评价政府成效的重要尺度。这体现在四个方面:一是突出创新。在创新驱动发展阶段,政府关注创新并把创新放在优先发展的位置,突出创新的价值和意义,把创新视为引领发展、形成增长动力、赢得未来竞争的核心要素。二是围绕创新。一方面,政府的相关活动、战略规划、政策设计等各方面工作都以创新为目的,把创新作为出发点和归宿点,展开政府相应的活动,并将创新的效果作为衡量政府绩效的重要尺度。另一方面,政府的相关活动,是围绕着包括科学家、工程师、企业家、投资家、专业服务人才、技能人才等创新主体展开的,是围绕着包括科技创新在内的一系列创新活动展开的,是围绕着影响未来、决定未来的战略领域、优势领域等创新领域展开的,是围绕着创新生态的成长发展展开的。三是把握创新。把握创新发展的规律,明晰创新发展的未来趋势,了解创新发展的总体格局。四是驾驭创新。能够有效抓住当前和未来创新发展带来的机遇和挑战,做出有利于未来发展、引领发展的战略决策、顶层设计、政策举措。

2. 支持创新

一是明确支持创新的对象。一方面,面向社会、面向全体,给予创新者整体性的支持,另一方面,面对不同类型、不同属性、不同发展阶段、不同领域、不同区域等方面的创新者给予了不同的支持。例如,对引领创新的企业家、主导创新的科学家、研发人员甚至企业的科技人才以及参与创新的职业经理人、投资者、技能人才等不同类型的创新者,对处于基础研究、应用研究、成果转化以及商品化、市场化不同环节,对种子期、初创期、成长期、成熟期等不同阶段,对战略领域、前沿领域、优势领域、重点领域以及成熟领域等不同领域,对国有企事业单位、民营企业、外资企业等不同属性,对东中西、超大城市以及京津冀、粤港澳、长三角等区域乃至"一带一路"沿线国家以及更为广阔区域的不同区域,应给予不同内容、不同强度、不同深度、不同广度、不同工具的支持。

二是明确支持创新的内容。基于全球竞争环境、科技日新月异的背景,制定发展战略,推动全面创新,积极发展产业技术创新、源头创新、军民融合创新、开放创新。健全国家和区域创新体系,建立支持创新发展的体制机制,培育和支持企业、高校、科研机构、实验室、孵化器和加速器、众创空间、专业服务机构发展,并在此基础上建构协同互动的创新网络,有效配置、凝聚吸引资本、技术、人才、项目、网络等,打通创新要素顺畅流动的障碍瓶颈,激发创新主体的内在活力,建设创新载体平台和基础条件设施,发展和完善创新服务,使创新的要素有效结合,形成强大的创新力量,提升创新发展的水平,提升科技与产业融合的程度。积极发展科技金融创新,创新融资模式,拓展创新融资渠道,提高金融支持创新的灵活性和便利性,发挥金融工具在创新发展中的独特作用。支持创新的环境,指的是为各类创新主体构建一个敢于创新、勇于创新、直面创新风险的外部环境,构建鼓励创新的社会环境,最大限度释放创新活力。

三是明确支持创新的方式。一方面,善于运用行政手段支持创新,即通过政策、项目、资金、载体平台等一系列制度安排、政策工具,支持、推动创新的活动;另一方面,明确政府和市场分工,构建配置创新资源的机制,善于发挥市场在创新资源配置中的决定性作用,敢于让市场和企业在竞争性领域、新兴领域发挥主导作用,给高校、科研院所、科技领军人才等创新主体具有更大自主支配权,更多的科技成果处置权、收益权、使用权,加大成果处置、收益分配、股权激励等政策落实力度,维护市场公平竞争的环境。同时,创新型政府还善于通过建立与科技创新直接相关的科技成果转化、技术创新合作、知识产权保护等法律法规和与创新证券、税收、会计、公司治理、破产、移民等一系列规范支持保障创新发展。

3. 服务创新

一是明确服务创新的职能。在服务职能方面,创新型政府不是全能的政府,而是有限的政府。这种有限,体现在以激发创新主体活力、增强发展内生动力、推动和实现创新发展为出发点,以满足创新者需求、降低创新者成本、提升创新者绩效、增加创新者财富、提高创新者满意度、增强创新者获得感为出发点,以创新发展水平有没有提高、创新者满意不满意作为衡量的标准;这种有限,体现在明确区分政府、市场、社会三者之间的边界,明确政府在推动创新发展的角色及其边界,提供政府职责边界之内的管理服务职能。这种政府,不是对创新发展发号施令的指令性政府,而是聚焦创新需求,为创新提供满意服务的政府,从研发管理向创新服务转变;不是直接进入微观具体管理的政府,而是更加注重宏观统筹协调的政府,减少科技创新领域中微观的管理和具体审批事项,不直接实施和管理具体科研项目,而是完善科技创新制度和组织体系,加强宏观管理和统筹协调,加强事中事后监管和科研诚信建设,委托项目管理专业机构开展项目受理、评审、立项、过程管理、验收等具体工作。

二是健全服务创新的内容。第一,面向创新的公共服务,主要是指由公共服务机构运用公共资源,向创新者提供的满足其科技创新活动相关需求的公共服务,包括面向创新的教育培训、信息、研发、法律等公共服务平台等。第二,面向科技创新的社会服务、市场服务,主要指的是发展、壮大和调动服务于创新的社会服务、市场服务主体,为创新者提供合乎其发展需求的科学研究、研究开发、技术推广、技术转移、信息数据交流、检验检测认证、创业孵化、知识产权、科技咨询、科技金融、科学技术普及、评估鉴证、人才交流等诸方面服务活动,有效提升对创新的支撑能力。第三,面向科技创新的政务服务,主要指以创新创业发展需求为核心,以减少创新者成本、提高便捷度和满意度、促进创新绩效为重点的政务。至少需要突出以下五个方面:其一是"少",就是尽可能减少行政许可、行政审批事项,减少职能交叉、加大减权放权力度,做到放得放开、减得彻底、清得干净。其二是"明",指的是面向包括创新者在内的公众,推进阳光政务服务、透明政务服务,推进行政权力清单、政府责任清单、投资负面清单、专项资金管理清单,让创新者明了在创新进程中有关政务服务的全部内容,明白哪些要办、要办什么、谁来办、去哪办、怎么办?其三是"易",指的是面向市场主体和创新者的服务事项内容、服务流程、办事效率要简单明了、方便易行。其四是"短",指的是再造政务服务业务流程,缩短办事时间。其五是"智",要以创新者、企业等用户为中心、以大数据为核心、以公众参与为基础,建立智慧政务系统,加强信息公开、信息查询回溯和数据可视化、数据共享、智慧服务、智慧决策、政务监督等功能,实现整体协同、高效运行、精准服务、科学管理,推动与创新关涉的公共服务提供精细化、智能化、社会化,为创新主体提供更多个性化服务事项和特色应用。

4. 为创新而变

一个具有创新属性的政府,往往会受到企业、创新者等一系列市场主体的创新的影响,引发和推动自身系统的变革,因创新而变:一是为创新而变的理念、观念,创新型政府愿意转变既有的政府管理理念,以拥抱创新、追求卓越作为政府内在的追求,形成以创新为核心、以创新者需求为核心、更多面向全体创新者的理念,善于将创新价值观、创新效益有效推向整个社会。二是为创新而变的行为模式,创新型政府愿意更快地抓住、策应创新带来的机遇与变化,更准确地驾驭因为创新可能带来的不安、不适,更为全面、宽容地面对创新的风险或者失败,更广泛地建构共同学习模式,形成分享知识、信息和创新的理念,包括鼓励思考问题、收集信息、分析数据、分享成果,以此共同促进知识的发展与共同学习。三是为创新而变的组织及其架构,创新型政府一方面愿意为了整体的创新,不断优化政府部门机构设置,尤其是优化组织机构内部和跨组织机构的设置,适应创新的需求,建构灵动和融合的政府,推动和支持创新发展;另一方面,愿意为了创新,不断突破政府边界,面向创新者开放政府的数据、信息乃至决策、执行、监督过程,更多地适应外界的变化,面对创新等外部压力的时候,更加具有韧性。四是为创新而变的政策工具,创新型政府愿意建立支持创新的操作规则和程序,健全决策、执行、监督机制,破除束缚创新的壁垒,简政放权,给市场让出空间,简化法律/规范框架、编制预算和审批流程等,降低市场准入门槛,为政府内部或外部的创新提供机遇,给创新者更大的自主支配权,让创造发明者获得应有的回报。同时愿意基于创新的要求,采用需求侧、供给侧等多重创新工具,促进与公民互动,提升创新的绩效。此外,创新型政府愿意为创新构建应用场景,开展政策试验,通过小规模的实验、政策试验来减轻风险,推进创新发展,克服可能的障碍。

(四) 打造"治理创新"的政府

在创新时代创新驱动发展的阶段,能不能全面认识、深刻理解对创新的治理,会不会把创新的治理列为优先的事项、抓紧建构创新治理体系,是不是精通创新治理之道、不断提升创新治理能力,并将此付诸实践、取得卓越的成效,这是识别创新型政府的重要标志和重要尺度。

1. 具有创新治理体系

创新治理体系是由政府、创新者、社会等多个治理主体构成。一定意义上说,治理是政治国家与公民社会的合作、政府与非政府的合作、公共机构与私人机构的合作、强制与资源的合作。①因此,合理界定政府、市场、社会等治理主体的行为边界,形成三者既相互制约又相互支撑的治理框架,是创新治理的重要基础,也是创新型政府的重要基础。

Kuhlmann 和 Edler 指出,科技治理的核心思想是中央(联邦)政府不再是公共研究、科技及创新政策的唯一制定者。②欧盟把大学、企业、政府与民间社会联系在一起,建构创新的四螺旋。③因此,创新治理的主体是创新活动的多元主体,包括:个人,组织,公私机构,次国家、国家、超国家,权力机关、非权力机构,社会、市场、国家等。其中,既有知识的生产者(高校、科研院所及有关企业的科学家、工程师、研究人员等),也有知识的应用者(企业,包括创业者、中小微企业、大型企业、跨国公司等),还有知识服务者(金融、信息、人力资源、法律、知识产权、科技服务等),还包括知识的消费者(个体抑或机构消费者)。在这个由各个领域、各个层级的行为体构成的复杂网络结构中,关涉创新的公共部门、私人部门与第三部门之间的界限变得模糊,同时,公共部门、私人部门和第三部门之间的合作因相互之间壁垒的打破而变得日益密切和多样化。

2. 健全创新治理机制

凯特指出,治理是政府与社会力量通过面对面合作方式组成的网状管理系统。④萨拉蒙也认为,治理是政府与非政府组织之间建立复杂伙伴关系

---

① 俞可平:《治理与善治》,社会科学文献出版社 2000 年版。
② Kuhlmann S., & Edler, J., Scenarios of technology and innovation policies in Europe: Investigating governance, *Technological Forecasting and Social Change*, 2003, 70(7): 619 - 637.
③ 欧盟:《开放创新 2.0 年鉴 2014》,http://bookshop.europa.eu/eu/open-innovation-yearbook-2014-pbKKAI13001/。
④ Kettl, D. F., *Sharing Power: Public Governance and Private Markets*, Washington., D.C, Brookings Institution, 1993.

的安排。[1]从中我们可以看出,创新治理不单纯基于单个主体特别是政府的管制行为,而是各行为体在互信、互利、相互依存的基础上,通过不断协调谈判、参与合作、求同存异,形成的创新共识,以此作为互动的规则约束,共同展开对创新及其行动的规约。

一般而言,在遵循自愿、平等与协作的基础上,创新治理的基本路径主要分为三种:其一是多中心治理,这一治理路径旨在扩大治理主体实现主体多元化,不断地将公民社会与公众纳入其中,尤其重视专家决策群体的参与;其二是多层级治理,这一治理路径来源于欧盟国家的实践经验,通过打破等级制打造一种非等级制的科层关系来促进国家内部及国家与国家之间的分权合作;其三是网络化治理路径,通过网络化促进各创新主体之间更为紧密的交流与联系,从而使得对于治理而言至关重要的信息能够加速流动,并有力地刺激创新的形成与发展。通过以上三种治理路径,创新治理在治理过程中倾向于运用理性工具、协商工具与新政策体系工具等来实现民主协商与多元参与,这使得它在手段上与传统的行政工具区分开来,强制性的行政手段较少在创新治理中使用,相反经济手段、市场机制与新政策体系建构往往是更优选项,通过将各类创新工具以更为市场化、制度化与民主化的手段进行嵌套与组合来达成创新治理手段上的转型,简而言之,即从控制型手段转向诱导型手段。在具体治理过程中,目标的选择、行动的确定、方式的采取是多样的,既可以采用单中心、一元化、强制性的自上而下方式,又可以采用多中心、多元化、协商性的自下而上方式。作为创新重要主体的政府,其采用的治理工具是多样化的,超越了管制型的治理工具,创新治理的工具还可以包括制度供给、政策激励、外部约束等。

3. 提升创新治理能力

创新型政府是具有创新治理能力的政府。创新型政府所需要具备的创新治理能力,具体包括以下几方面:政府如何把创新治理的角色、责任承担好,如何把建立起来的创新治理体系及其机制发动好、运行起来,如何把创新治理的本领提升起来,最终把创新治理的作用发挥出来、创新治理的目标

---

[1] Salamon, L. M., *Beyond Privatization the Tools of Government Action*, Washington, D.C. Urban Institute Press, 1989.

落到实处,体现到创新成果上来、创新绩效上来。总体而言,提出创新治理能力,重点是要提升以下三方面的能力:

一是战略能力。即创新型政府要洞悉科技创新发展动态,预见科技创新发展的未来,把握创新发展的战略方向,确定创新发展的道路,明确创新发展的战略目标,在公共科研机构科研战略、企业创新发展战略基础上,发动创新者、企业、社会团体凝练国家创新战略,制定并指导重大科技创新计划,以战略引领创新发展。在制定科技创新战略过程中,要广泛沟通研究机构、出资机构、企业、公众以及地方政府等相关主体,通过智库、论坛、圆桌会议等决策咨询形式开展战略协商,聚合意见,形成共识。

二是干事能力。国家层面超前谋划,加强基础科学研究,前瞻布局重大专项,遵循技术发展规律,做好体系化技术布局。要在若干重大创新领域组建一批国家实验室,发挥骨干引领作用,带动国家战略科技力量的优化强化。聚焦重大战略需求,开展国家科技资源和力量的战略空间布局,重点推动科创中心建设,打造创新策源地,强化科技创新的集聚放大效应和示范带动作用。

三是资源集聚和配置能力。要更加广泛地筹集创新资源,更加公平地分配创新资源,更加有效地使用创新资源,以求获得最佳的效果。一方面,在筹集创新资源方面,要提高创新资源的筹集能力,筹集越来越多的创新资源,为创新使用。要通过税收获取创新资源,在财政比例上不断提高对创新分配的比例,从政府各项收入来源中不断增加对创新的投入,从全球创新资源中不断拓展对本国创新的投入和支持,不断加大制度创新力度,"无中生有",赋予资源以新的内涵,形成新的价值;同时,要运用财税、行政、法律等工具,积极鼓励、支持、推动民间资本和力量,加大对创新投入的积极性、主动性和收益性,引导私人部门加大对公共研究机构、高校的创新研发投入,建立政府、市场、社会三方联结的资源统筹或整合模式。另一方面,在分配创新资源方面,要优化创新资源的配置能力。在坚持政府科技创新计划、工程项目等分配形式之外,要善于建立公共科研机构、高校、企业相互整合的科技创新共同体,建构以重大科技创新计划为基础,基于治理要求的创新资源分配协同机制,明确创新资源的分配原则,明确创新资源分配的边界、内容、形式、方法和渠道,建构多元治理的创新资源分配过程,加强对创新资源分配成效的评估,确保创新资源分配满足发展需要。要突出创新资源分配的公平性,让每一个具有能力、具有资格的创新者都有获得科技计划项目、科技基础设施、载体平台、数据信息资源使用等诸方面创新资源的机会,不论其身份、学历、职称、年龄、户籍、国籍或者单位属性。要突出创新资源分配的能力性,要把最有限的创新资源给予最具战略价值的创新者,最具有创新效率、能够带来经济社会发展效率的创新者,最具有创新潜力,带来创新绩效、带来创新突破的创新者,以及最急需创新资源的创新者及其团队。要突出创新资源分配的透明性,强调程序公开、决策透明。要突出创新资源分配的效率性,为最需要资源的人、最需要资源的阶段、最需要资源的环节,提供最合适的资源,使资源发挥最明显的作用,不断增强创新资源分配和使用的效率。运用行政、市场力量,在各部门、各地区以及各企业、创新者之间合理分配资源,最大限度地满足创新者的需要,尽可能多地产生创新成果,实现创新资源分配的帕累托最优。在使用创新资源方面,发挥市场在资源配置中的决定性作用,鼓励引导社会资本深度参与科技创新。加强经济资源统筹,强化科学有效监管,推进预算绩效评价体系建设,提高科研资源的使用效率。发挥经济资源在推进科技创新中的重要支撑和保障作用,不断激发创新活力。

参考文献

1. 经济合作与发展组织:《创新系统的治理》,杨庆峰等译,同济大学出版社 2011 年版。
2. 李立明、吴刚:《政府创新是全面提高行政效率的重要途径》,《政治学研究》2001 年第 1 期。
3. 李兆友、董健:《西方政府创新研究》,《黑龙江社会科学》2015 年第 5 期。
4. 沈祥:《改革创新治理体系 助力创新驱动发展》,http://china.chinadaily.com.cn/2016-05/23/content_25430198.htm,2016 年 5 月 23 日。
5. 泰勒,马克·扎卡里:《为什么有的国家创新力强》,任俊红译,新华出版社 2018 年版。
6. 田凯、黄金:《国外治理理论研究:进程与争鸣》,《政治学研究》2015 年第 6 期。
7. 杨雪冬:《简论中国地方政府创新研究的十个问题》,《公共管理学报(哈尔滨)》2008 年第 1 期。
8. 俞可平:《论政府创新的若干基本问题》,《文史哲》2005 年第 4 期。
9. 俞可平:《建设一个创新型政府》,《人民论坛》2006 年第 11 期。
10. 俞可平:《大力建设创新型政府》,《探索与争鸣》2013 年第 5 期。
11. 王慧、叶永茵、文海斌:《创新＋政府:创新型思路的价值重构》,《南方日报》2016 年

7月22日。

12. 曾婧婧,钟书华:《科技治理的模式:一种国际及国内视角》,《科学管理研究》2011年第1期。

13. Ari-Veikko Anttiroiko, Stephen J. Bailey and Pekka Valkama, "Innovations in Public Governance in the Western World", *Innovations in Public Governance*, edited by A-V. Anttiroiko, et al., IOS Press, 2011.

14. Avidor, Jonathan, Building an Innovation Economy: Public Policy Lessons from Israel, *Northwestern Law and Economics Research Paper*, No.11-18, 2011, http://ssrn.com/abstract=18566.

15. Bloch, C., "Measuring Public Innovation in Nordic Countries: Final Report", (MEPIN), Feb 2010.

16. Boekholt, Patries & Arnold, Erik, *The Governance of Research and Innovation: An international comparative study*, Technical Attachés of the Ministry of Economic Affairs, 2002.

17. Bouvard, François, Dohrmann, & Lovegrove, Thomasand Nick, The case for government reform now, *McKinsey Quarterly*, 2009 Number 3.

18. Eggers, W. D., & Singh, S. K., The public innovator's playbook: nurturing bold ideas in government, *Deloitte Research*, 2009, https://www.deloitte.com/dtt/cda/doc/content/dtt_ps_innovatorsplaybook_100409.pdf.

19. Dingwerth, Klaus, Pattberg, Philipp, Global governance as a perspective on world politics, *Global Governance*, 2016, 12(2):185-203.

20. Irwin, Alan, The politics of talk: Coming to terms with the "new" scientific governance, *Social Studies of Science*, 2006, 36(2):199-320.

21. Koch, Per andHauknes, Johan, *On innovation in the public sector-today and beyond*, NIFU STEP, Oslo, 2005.

22. Kohli, Jitinder & Mulgan, Geoff, *Capital Ideas: How to Generate Innovation in the Public Sector*, Center for American Progress, www.americanprogress.org, Jul 2010.

23. Mulgan, Geoff, Innovation in the Public Sectorhow Can Public Organisations Better Create, Improve and Adapt? www.nesta.org.uk, Nov 2014.

24. OECD, *Innovation in Public Services: Context, Solutions and Challenges*, OECD, Paris, 2012.

25. OECD, The Innovation Imperative in the Public Sector: Setting an Agenda for Action, OECD, Paris, 2015.

26. OECD, *The Innovation Imperative: Contributing to Productivity, Growth and Well-Being*, OECD, Paris, 2015.

27. OECD, *Innovation in the Public Sector: Making it Happen*, OECD, Paris, 2016.

28. OECD, *Embracing Innovation in Government Global Trends*, Feb 2017.

29. Remøe, Svend Otto, Innovation Governance: Getting the Most out of Innovation Systems, *paradigmes*/Issue no.O/May 2008.

30. Rhodes, R. A. W., The New Governance: Governing without Government, *Political Studies*, 1996, 44(4).
31. Simon P. Taylo, Innovation in the Public Sector: Dimensions, Processes, Barriers and Developing a Fostering Framework, International Journal of Research Science & Management, 5(1): Jan 2018.
32. Smith, D., The politics of innovation: why innovations need a godfather, *Technovation*, 2007, 27(3).
33. Vries, Hanna De, Bekkers, Victor and Tummers, Lars, Innovation in the Public Sector: A Systematic Review and Future Research Agenda, *Public Administration*, Vol.94, No.1, 2016.

后 记

2015年至2023年,是我在上海社会科学院政治与公共管理研究所宽松的学术氛围中研究人才问题、思谋人才战略、触摸人才未来的八年。在此中,自己经历了从政府下属研究机构的政策研究人员向哲学社会科学抑或智库研究者的角色转变,经历了从对人才相关命题有所思考向对人才及其问题更宏观、更系统、更深层思考转变的过程。

初入政治所时出版的《创新创业人才开发研究》一书里,我曾有一种体悟:归于平实、具有信念、心无旁骛的时候,不惑即福。四十岁以后,的确如此,研究如斯,人生如此;尤其是当自己以人才研究作为志向的时候,内心是富足的、收获是巨大的。开启知天命的阶段,我决意将这几年主持上海市政府决策咨询课题、软科学课题、承担有关委办局课题或者平日里有关问题的思考、积累的只言片语结集付梓。这既是对不惑阶段的一种回望,更是对未来的一种期许。在此,对给予我研究机会、课题资助的有关单位致以谢忱,对给予我支持的王振老师、刘杰老师,一直以来给予我教诲的王通讯、吴江、赵永乐、李志刚、毛大立等老师、老领导致以敬意,对结成深厚友谊的朱雯霞、薛泽林以及政治所的同仁、社科院的伙伴们都表示感谢。

本书呈现的是国际大都市人才发展的相关命题,既有高水平人才高地、战略科技人才、创新创业人才、企业科技创新人才等内容,也有国内人才引进、外国人才从业自由的问题,还有人力资源服务、外国人才公共服务相关主题,涉及人才队伍、人才机制、人才服务、人才管理等方面。坦诚的说,当初可能着力更多的在于回答:问题是什么?改革的重点是什么?怎么创新突破？但在穿珠成串时突然发现，诸多问题的背后有一种力量在推动前行：在推动社会主义现代化国际大都市建设进程中，人才发展具有什么样的地位？扮演什么样的角色？应该对谁、在哪、如何改革创新突破，为引领驱动发展提供澎湃动力？这是时代的脉搏，是现代化国际大都市发展的叩问，也是作为引领力量、驱动力量的人才发展的涌动。真的得要感谢这个时代、这个城市，为人才研究提供的宏大的背景、丰富的养料，让我们能够去探索、驰骋。

需要说明的是，对书中涉及不少展现当时情景、具有时代印记的名词或者表述，为保留原貌，未作大的改动。以今天的视角来看，这种保留，反而能让我们感受到这个发展如此之快、变动如此之大的时代。那些词句，虽然距离今天去时不长，此刻再回望，就创新突破而言，真的只道当时"不"寻常。

6月15日下午，正在整理本书校样之时，人力资源社会保险研究所所长少华兄急报沈荣华老师逝世消息，我怔住了、停顿了，虽然内心以为这对近7年来一直卧床的他而言是一种"解脱"，但想在电脑里、在相册里急切寻找沈老师照片的手却总是在不由自主地颤抖……

一听到"人才"就兴奋，一听到"人才"就睡不着觉，这是沈荣华老师最常说的一句话；"人才资源是第一资源""人才高地建设"新思想、新观点，是沈荣华老师对我国人才理论和实践研究、人才发展战略、人才规划、人才制度建设等方面影响深远的重要贡献。在沈老师身边耳濡目染十余年，感受最深的是他敦实宽厚、谦虚谨慎、团结同辈、提携后辈的人品，印象最为深刻的是他三度受中央组织部邀请、赴京起草有关文件研究时，万寿路招待所宿舍里另外一个单人床上满床的书、满房间的材料，是青灯之下他报摘卡片、笔耕不辍的身影；是他奔走各地，与各级领导、高校、科研机构、企事业单位交流、座谈、访谈时，发现问题的敏锐度，提出解决方案的前瞻性、战略性。当然，他也是一个简单、可爱的老头，喜欢从饭碗里抠出一个小饭团或者小面团，边捏边思考问题，喜欢唱"为了谁"，喜欢吃花生米，喜欢在喝酒时自诩"沈一斤"，喜欢在喝高时爽朗地笑、止不住地笑、不由自主地笑——这是他即将进入醉醺状态的信号。

承蒙沈老师家人的信任，由我在沈老师追悼会上介绍他的生平。那时，在介绍我所知道、我所认识、我所以为的沈老师的时候，我真的是不能自已的;这里,我想以此书献给敬爱的沈荣华老师:从此之后,更要思考和践行的是,之于他所开创、所致力终生的发时代先声、为人才鼓呼的事业,何以赓续、如何传灯?

是为记。

汪 怿

甲辰小暑于清水石湾

图书在版编目(CIP)数据

引领驱动：现代化国际大都市人才问题探索 / 汪怿著. -- 上海：上海社会科学院出版社，2024. -- ISBN 978-7-5520-4434-8

Ⅰ. C964.1

中国国家版本馆 CIP 数据核字第 2024V31D81 号

引领驱动：现代化国际大都市人才问题探索

著　　者：汪　怿
责任编辑：杜颖颖
封面设计：裘幼华
出版发行：上海社会科学院出版社
　　　　　上海顺昌路 622 号　邮编 200025
　　　　　电话总机 021-63315947　销售热线 021-53063735
　　　　　https://cbs.sass.org.cn　E-mail: sassp@sassp.cn
照　　排：南京理工出版信息技术有限公司
印　　刷：上海颛辉印刷厂有限公司
开　　本：710 毫米×1010 毫米　1/16
印　　张：15.5
字　　数：238 千
版　　次：2024 年 7 月第 1 版　2024 年 7 月第 1 次印刷

ISBN 978-7-5520-4434-8/C・234　　　　　　　　　　　　定价：78.00 元

版权所有　翻印必究